历史新阅读丛书

宋朝果然很有料

第九卷

张晓珉◎著

中国工人出版社

图书在版编目（CIP）数据

宋朝果然很有料·第九卷 / 张晓珉著. —北京：中国工人出版社，2019.7
ISBN 978-7-5008-7228-3

Ⅰ.①宋… Ⅱ.①张… Ⅲ.①中国历史—宋代—通俗读物 Ⅳ.①K244.09

中国版本图书馆CIP数据核字（2019）第148835号

宋朝果然很有料·第九卷

出版人	王娇萍
责任编辑	葛忠雨
责任印制	黄　丽
出版发行	中国工人出版社
地　　址	北京市东城区鼓楼外大街45号　**邮编：**100120
网　　址	http://www.wp-china.com
电　　话	（010）62005043（总编室）　（010）62005039（印制管理中心） （010）62379038（社科文艺分社）
发行热线	（010）62005049　（010）62005042（传真）
经　　销	各地书店
印　　刷	三河市东方印刷有限公司
开　　本	710毫米×1000毫米　1/16
印　　张	22.25
字　　数	285千字
版　　次	2019年9月第1版　2022年11月第6次印刷
定　　价	49.80元

序 言

岳珂，字肃之，号亦斋，岳霖的儿子，大英雄岳飞的孙子。

史料记载，对比祖先的“武”，岳珂不行，但他继承了祖先的“文”，而且青出于蓝而胜于蓝。

岳珂是宋朝著名的学者，长于经学，工于辞章，主要著作有《桯史》《愧郯录》《宝真斋书法赞》《玉楮集》《宋少保岳鄂王行实编年》《金佗粹编》等。

在这些著作中，《宋少保岳鄂王行实编年》是唯一一本详细记录岳飞生平的著作，因此是研究岳飞的重要资料。元朝编纂的《宋史·岳飞列传》，就是以这本书为蓝本。

虽然岳珂文采出众、博学多才，但是在历史上却不是一个好官。人们认为其“令人不齿”，辱没了祖先的英灵。

清代有一个大学者，叫全祖望，他对岳珂的评价就非常低。全祖望认为其“借天子之法令，吮百姓之膏血，外事苞苴，内实囊橐”，就是一个结党营私的小人、一个残害百姓的酷吏、一个啃食国家的蛀虫！

宋朝《贵耳集》的作者张端义，对岳珂的评价也不高，认为其是一个小人！

当然，对于上述的说辞，大家可以反驳。有人认为清朝距离南宋太远了，史官根本不了解真实情况。因此，全祖望的评价，有误解之嫌。

张端义虽然是南宋人，但在那个史弥远专横跋扈的时代，就连陆游的儿子陆子聿为保住自己的官职，也选择委曲求全，只能“祸害一方”，“官逼民反”。在那个时代背景下，陆游的儿子尚且如此，何况是岳珂乎？想必那岳珂，也是一个忍辱负重的人，他一定是暗地里造福百姓，只是大家不知道而已。

虽然上述这番言辞看似合情合理，但我可以很负责地告诉大家——在中国历史上，岳珂就是一个小人！

从岳珂陷害同僚的手段上，就可见其为人。

南宋有一个名将叫杜杲，此人曾是岳珂的下属。因为跟岳珂政见不合而辞官回家。

本来，在宋朝的历史上，上下级不合是很常见的事情。比如，当年寇准和李谘、晏殊、范仲淹都不合，把他们分开办公就行了。何况，岳珂的祖先岳飞，也跟王彦交恶过，不跟他合作不就行了。

然而，得知杜杲要走，岳珂勃然大怒，竟然捏造了一个贪污腐败的罪名陷害杜杲。后来，若不是朝廷查明了真相，还了杜杲一个公道，杜杲就真被岳珂害死了。

一言不合，就陷害同僚。岳珂这么做，与小人有什么区别？

何止是陷害同僚，在贪污腐败方面，岳珂也干得可以……

岳珂担任涂州行政长官时，在茶盐的科目上坑蒙拐骗、横征暴敛，导致当时的商人都不敢来涂州了，全都躲着这个地方走。后来，朝廷发现了这个情况（平白无故地赋税少了），就派专人调查，岳珂这才东窗事发，最终被罢免。

那么，问题来了，这么一个人品恶劣的小人，他写出的文章，怎么能够让人信服呢？岳珂陈述的真的就是历史吗？这些历史，有没有加工成分在里面呢？

答案不说自明。

要知道，在中国史学家眼中，岳珂书写的东西不足为信。因为这个人爱慕虚荣，特别喜欢贬低别人，以抬高自己。

根据岳珂的《桯史》记载，辛弃疾晚年在镇江时，经常把自己叫到府衙内，点评他写的诗词。

有一次，在一个宴会中，辛弃疾朗诵了最新写的《永遇乐·京口北固亭怀古》。吟诵完毕，请大家点评。当时，大家皆赞不绝口、无人敢指正。结果，岳珂跳了出来，对辛弃疾道："你这首诗，写得不咋样，有两个致命的缺点。一是'首尾两腔，警语差相似'。二是'新作微觉用事多耳'。"换句话说，就是历史人物、历史典故太多！

听完了岳珂的指正，辛弃疾哈哈大笑道:“你说得对！”于是，就开始修改，后来改了十余遍，改了数月，这才改好。

要知道，人家辛弃疾是什么人，岳珂又是什么人。岳珂竟然敢改辛弃疾的文章！而且辛弃疾当镇江知府时已是暮年，那个时候他的文章已经千锤百炼、天下闻名。而那个时候的岳珂，不过是一个刚刚步入社会的年轻人（二十多岁），他当时不过是一个从八品的仓库小官（恩荫获得），没有一丁点儿生活阅历，甚至连科举都没有通过。在这种背景下，岳珂竟然敢改写辛弃疾的文章，还让辛弃疾对其称赞不已，这怎么可能呢?

岳珂这么写，真是欺负辛弃疾已经病逝了。要不然的话，他一定会提着一把刀，来找岳珂玩命了。

因此，在这种背景下，部分史学家认为，鉴于岳珂的为人，他在书写《宋少保岳鄂王行实编年》时，一定虚构了很多历史，给祖先脸上贴了不少金。更有甚者，有的史学家怀疑，岳飞赫赫有名的“三大北伐战役”根本就不存在，都是岳珂杜撰的。

对此，宋史研究学者邓广铭先生的一番话，最为精辟:“一个为了攫取物质利益和排除异己不惜经常使用捏造、欺诈、诬告等作假手段的人，他在用文字给自己家族乃至自己本人增加荣耀的时候，我们当然不能指望他会诚实……”

这句话真可谓一语中的。

那么，如果岳珂书写的《宋少保岳鄂王行实编年》不可信，那么真正的历史又是什么样子呢?

对于这个问题……也许从这本书中能够找到答案，也许根本没有答案。

毕竟，在本卷的故事中，您会惊讶地发现，那些熟悉的人物，实际却非常陌生；那些曾坚信的事情，其实也十分虚伪；而历史的本来面目，要比想象的精彩得多。

目录

第一章　宋金新格局 / 1

明君还是昏君 / 1
金人败盟 / 6
金国的新老交替 / 9

第二章　海陵王完颜亮 / 13

我有一个梦想 / 13
第二个志向 / 16
太后惨死 / 20
开战前夕 / 23

第三章　宋金重新开战 / 27

逼迫宋朝败盟 / 27
宋金之战 / 30
新皇登基 / 33
无名小卒立大功 / 37
完颜亮惨死 / 41

第四章　新的时代 / 43

宋高宗禅位，宋孝宗登基 / 43
“四明家族”的前世今生 / 46
史家第二代成长记 / 50
大侄子逆袭记 / 53
三个功劳 / 55

第五章　孝宗北伐 / 60

御前辩论 / 60
一拍两散 / 63
猛将李显忠 / 67
开始北伐 / 71
符离之败 / 73

第六章　隆兴和议 / 79

张浚病逝 / 79
艰难的谈判 / 82
隆兴和议 / 84
卧薪尝胆 / 88
破除党争 / 91
练兵修武 / 92

第七章 宋孝宗的孝道 / 100

父子博弈 / 100
这个老爹难伺候 / 102
不在其位，也要谋其政 / 103
帝国真正的当家 / 105

第八章 放翁的那些事儿 / 109

生于忧患 / 109
沈园之恋 / 114
“东风恶”的由来 / 118
人间悲剧 / 123

第九章 步入官场 / 128

毛遂自荐 / 128
第一次下岗 / 131
侍奉新君 / 134
第二次下岗 / 135

第十章 巴蜀参军之旅 / 140

重新出山 / 140
投笔从戎 / 144
涅槃重生 / 147
“放翁”别名 / 150

第十一章 “老子”出世 / 154

这个爷爷不简单 / 154

辛弃疾的文 / 156
辛弃疾的武 / 162
揭竿而起，建功立业 / 163
投奔南宋 / 169
千古之谜 / 171

第十二章　南宋新星 / 175

回归宋朝 / 175
《美芹十论》 / 179
进宫面圣 / 183
失宠原因 / 186
杭州的岁月 / 188

第十三章　地方政绩 / 192

滁州为官 / 192
出相入将 / 196
戎马上阵 / 198
闲愁最苦 / 203
治理潇湘 / 207
湖南建军 / 210

第十四章　英雄下岗 / 215

小人陷害 / 215
用钱如泥沙 / 218
杀人如草芥 / 220
两上两下 / 221
艰辛的“辛” / 222

第十五章　辛弃疾的好友们 / 226

狂人之徒 / 226
打击嫖娼 / 230
狂人之友 / 232
一生的挚友 / 235
陈亮病逝 / 240

第十六章　理学宗师的那些事 / 243

朱熹理论 / 243
不打不相识 / 245
诬陷下岗 / 248

第十七章　叛逆的时代 / 250

宋高宗病逝，宋孝宗禅位 / 250
第二次禅位大典 / 252
宋孝宗的子女 / 255
这个女人不简单 / 258

第十八章　刁蛮皇后 / 262

宋朝最刁蛮的皇后 / 262
刁蛮胡来，天下无双 / 265
嫉妒成性，吓傻皇帝 / 268
过宫风波 / 272

第十九章　绍熙内禅 / 275

死不瞑目 / 275

造反进行时 / 278
力挽狂澜，此人也 / 280
绍熙内禅 / 283
新的时代 / 286

第二十章 祸起萧墙 / 289

窝里斗 / 289
弱智皇帝 / 291
陷害贤良 / 293
重用小人 / 296

第二十一章 庆元党禁、讨伐金国 / 300

南宋第二个权臣 / 300
庆元党禁 / 302
这个女人也不简单 / 304
谋划北伐 / 307
陆游出山 / 309

第二十二章 重新出山 / 313

辛弃疾复出 / 313
开禧北伐 / 316
吴曦造反 / 321
四川平叛 / 323

第二十三章 嘉定和议 / 326

可怜白发生——辛弃疾病逝 / 326

强打精神，继续和谈 / 329
诛杀韩侂胄 / 332
嘉定和议 / 335

尾声　这个时代的最后一个人 / 338

第一章 宋金新格局

明君还是昏君

在中国历史上，一直有这么一个辩论——南宋的开国皇帝宋高宗，到底是一个昏君，还是一个明君？

我个人认为，宋高宗是一个明君。至少，从以下几个方面来讲，他确实是一个明君。

第一，这个皇帝很爱才。

根据元人李有（一说李东有）《古杭杂记》记载，宋高宗很喜欢养鸽子，还天天在后宫遛鸽子。一个书生得知此事后，认为皇帝是在玩物丧志。为此，书生写了一首诗，讽刺此事："鹁鸽飞腾绕帝都，暮收朝放费工夫。何如养个南飞雁，沙漠能传二帝书！"

这首诗的意思是说：皇帝有那闲工夫养鸽子，不如养几只大雁。大雁飞得远，可以让这些大雁飞到北国的沙漠，传递被俘二帝的家书！

这首诗把宋高宗偏安一隅、不思进取的形象，描写得那叫一个淋漓尽致！

讽刺完皇帝后，这个书生竟然还把这首诗贴在了皇宫的墙上，让所有人都能看见。

这一下子，事情闹大了。

看见这首诗后，皇宫的守卫吓得不轻，他们立刻抓捕了书生，并且奏请皇帝，请求将其治罪，必须千刀万剐、株连九族。

毕竟，历朝历代，谁敢这样公开讽刺当今圣上，谁就死定了。即使大罗神仙求情，也没用。

然而，负责审理的官员惊讶地发现，宋高宗一点也没有生气，他反而对群臣道："如此忧国忧民、敢于直言进谏的书生，是一个人才呀。"宋高宗赦免了这个书生，还给了他一个官职，让他去报效朝廷了。

第二，这个皇帝很仁慈。

根据《西湖游览志余》记载，宋高宗每次吃饭都要准备两副筷子，一副公筷，一副私筷。

吃饭时，宋高宗会先使用那副公筷，把要吃的饭菜拨出来，再用私筷吃。拨出来的饭菜，宋高宗会全部吃完，绝不浪费。没有拨出来的饭菜，宋高宗绝不会用私筷去夹，即使想再吃两口，宋高宗也一定会用公筷去夹。

对于皇帝的这个举动，嫔妃们百思不得其解，吴皇后也不知道其中的道理。于是，在一次聊天时，大家询问此事，希望皇帝给一个解释。

听完问题后，宋高宗哈哈大笑道："吾不欲以残食与宫人食也！"

原来，皇帝吃剩下的那些食物，会给下人们拿去分食。宋高宗不想让其他人吃自己的残羹冷炙，所以才特意用了两双筷子。

宋高宗说完后，宫女宦官们都甚为感动，大家下跪磕头，三呼万岁。

跟自己的祖先宋仁宗一样，宋高宗也有一颗顾及他人感受的心，这种"委屈自己，成全别人"的君主，焉能是一个昏君？

第三，这个皇帝知错能改。

根据明人刘绩《霏雪录》记载，有一天早上，宋高宗吃早餐时，发现厨子不用心，给自己煮的馄饨竟然还是生的。宋高宗雷霆大怒，下令把这个厨子打入大理寺，依律治罪，等待圣裁。

厨子因为糊涂，没煮熟御膳，最多打一顿便是。然而，厨子被关押到大理寺后，官员们一看，这是皇帝钦定的罪犯呀，于是，官员们不等皇帝下旨就对厨子严刑拷打，几乎把厨子打死。

后来，有一个滑稽艺人知道了此事，就想为厨子打抱不平。于是，滑稽艺人安排了一出表演，特意演给高宗看。

表演时，滑稽艺人安排了两个演员上台，问他们的年龄。一人道："我是甲子年出生的。"另一人道："我是丙子年出生的。"滑稽艺人大怒道："来人，将这二人缉捕归案，押送至大理寺治罪！"

一听这话，宋高宗大惑不解，问其缘故。

滑稽艺人回答道："夹子（宋朝的煎饼叫夹子，与'甲子'音近）和饼子（'丙子'谐音）都是生的，他们跟馄饨一样，都不熟，所以同罪！"

滑稽艺人这么一解释，宋高宗茅塞顿开，哈哈大笑。在大笑之余，宋高宗也明白了这个滑稽艺人的隐喻。于是，宋高宗不仅把那个厨子释放了，还让他继续负责自己的饮食。

第四，这个皇帝明是非、辨忠奸。

根据《西湖游览志余》记载，宋高宗也讨厌女子干涉朝政。对于干涉朝政的女子，宋高宗跟宋仁宗一样：来一个，杀一个；来两个，杀一双。

而且，在这个方面，宋高宗比宋仁宗还狠，即使是自己最宠爱的女子也照杀不误！

当时，为了扳倒自己的政敌刘锜，秦桧跟宋高宗最宠爱的刘贵妃勾结了起来，秦桧希望这个女人能多吹吹枕边风，借皇帝的手把刘锜扳倒。

有一天，刘贵妃在侍寝前，看见宋高宗在浏览奏折，便问道："天色已晚，官人为何还不休息？什么样的奏折，让官人如此废寝忘食？"

因为是自己宠幸的女子，宋高宗便回答道："是大将刘锜的奏折，说金人正在调兵遣将，好像要攻打我们，让我们加强防备。"

一听是刘锜的事情，刘贵妃立刻来了精神，她羞答答道："区区小事，定是那刘锜妄言，让官家烦恼！"

这里的话外之音是——刘锜肯定是谎报军情，以战邀功，以功请赏。

刘贵妃本以为这么说，能将刘锜一军。然而，她话音未落，就见宋高宗怒气冲冲地看着她，大吼道："你一个妇人女子，怎么能够知道外面的事情？这些话，肯定是有人告诉你的！"

皇帝的话外之音是——这个女子不守妇道，勾结大臣！

宋高宗下令，把刘贵妃打入冷宫。不管刘贵妃如何哭喊，宋高宗还是毫不留情地把她轰走了。当然，由于宋高宗非常宠爱这个妃子，因此没过多久，就把刘贵妃释放了。

其实，宋高宗驱除的，又何止是宠爱的女子？在这位皇帝的眼中，即使是自己需要的大臣，甚至是掌管自己性命的大臣，一旦发生了干涉朝政、祸乱朝纲的事情，也要驱逐。

比如，宋高宗的私人医生王继先。

王继先原是一个卖黑虎丹的医生。按道教之说，“黑”指的是肾。按古代生物学之说，“虎”也指的是肾。这个“黑虎丹”，就是补充肾脏、增强生育功能的药。

当时，宋高宗因惊吓而阳痿、无法生育，王继先就负责治这个疾病，他给皇帝开了一服药，叫作淫羊藿。

宋高宗吃后觉得还不错，就擢升了王继先的官职，让他当自己的“私人医生”。

就这样，王继先凭借这一手绝活一飞冲天了。然而，王继先品德极差，为人奸黠，喜谄佞，善亵狎，仗着皇帝对自己的宠爱，横行不法，无恶不作。

当时，针对王继先的所作所为，大家接连上疏，要求严惩此人、以儆效尤。

然而，收到了群臣的弹劾奏章后，宋高宗却选择了护犊子，他只用了一句话，就给怼了回去——“桧，国之司命；继先，朕之司命！”

这句话的意思是说：宰相秦桧，掌管着大宋王朝的性命；而这个王继先，则掌管着自己的性命！

宋高宗把话说到这个份儿上了，已经没法商量了。看来，用不了多久，宋太宗时期发生的那场为了诛杀侯莫陈利用而爆发的“讨价还价”的闹剧，也将如期而至了。

然而，群臣还没有发动进攻，就惊讶地发现，宋高宗罢免了王继先，把他轰出朝廷了。

原来，是王继先干了一件蠢事，把自己给解决了。

神奇的是，王继先罢官，竟然也跟刘锜有关。

原来，为了扳倒刘锜，秦桧一计不成，又施一计，他偷偷与王继先结成联盟，让王继先替自己出头，去弹劾刘锜。

两人完成交易后，有一天，在与皇帝闲聊时，王继先故意摆出了一副苦大仇深、忧国忧民的嘴脸，对宋高宗道："新进主兵官，好作弗靖，若斩一二人，和好复固。"

这句话的意思是说：现在呀，有一些年轻的将领，一心喜欢生事，就喜欢打仗，好建功立业，这样的人，不利于两国和好。我们应该斩杀一两个这样的人，打压一下主战派的气焰，好跟金国继续交好。

王继先本以为这么说，能够打压一下天天要求打仗的刘锜，狠狠地将他一军。他认为，即使自己说错了，宋高宗也不会怪罪他，毕竟皇帝还得用他。而且，这个皇帝是一个铁杆求和派，根本不想打仗。

然而，王继先惊讶地发现——自己错了，而且还错得一塌糊涂！

王继先话音未落，宋高宗已经勃然大怒，他痛骂道："你这话的意思，是让我斩了刘锜吧（是欲我斩刘锜乎）！"说完，不等王继先辩解，宋高宗立刻颁布了一道圣旨，把王继先逐出宫廷、回家待罪了。

王继先应该知道，擅自干涉朝政只能迎来这个结局。毕竟，在宋高宗的眼中，私人医生固然重要，但这种人一旦干涉朝政，就会变成一个阴险小人。宋高宗绝对不能让这种人危害江山社稷。

王继先失宠后，群臣立刻开启了"痛打落水狗"模式，他们像秋风一样，玩命扫这个"落叶"。

御史们弹劾王继先十大罪状，要求对其严惩不贷。对于这些罪证，失去圣宠的王继先毫无还手之力，只能乖乖认栽。

于是，宋高宗颁布圣旨，将王继先罢官抄家、永世不再起用。那些攀附王继先的官员，也都得到了应有的惩罚。

从中可见，在宋高宗眼中，身体诚可贵，江山价更高，若要二选一，宁将健康抛！在这个方面，宋高宗比祖上宋太宗还要出色。

综上所述，宋高宗还是一个昏君吗？这不就是一个明君嘛！

那么，在中国历史上，宋高宗到底是一个昏君，还是一个明君呢？

历史自有公论！

不管宋高宗干了多少漂亮的事情，只要干了那一件坏事，他就是一个昏君，一个"终制于奸桧，恬堕猥懦，坐失事机""偷安忍耻，匿怨忘亲"的昏君！

毕竟，他曾诛杀了岳飞！单凭这一件坏事，他就要永远地被钉在历史的耻辱柱上，万死不足赎其罪！

金人败盟

熬死了秦桧、诛杀了其党羽后，宋高宗终于大权独揽了。至此，这位皇帝终于可以放松一下，好好地享受自己的后半生了。

然而，没过多久，宋高宗就惊讶地发现——自己没法休息！因为对面的金国竟然撕毁协议，跟自己开战了！

这是什么情况？

原来，此时此刻，金国已经换了一位皇帝。之前的那位残暴的皇帝，已经被一位更加残暴的皇帝杀了！金国的这位新皇帝，就是金国乃至中国历史上有名的暴君——海陵王完颜亮。

关于金国的这两位残暴皇帝的故事，还得从头说起。

咱们前面讲过，金国第三代皇帝金熙宗之所以能够登基，是因为太祖派与太宗派达成一致。因为自己登基是一个妥协的结果，所以金熙宗上台后，立刻诛杀了那些功臣元老、皇族宗亲，以防止他们再次抱团，废除自己。

在金熙宗大杀四方下，那场在中原王朝已经上演了无数次的悲剧，也在这个少数民族建立的王朝上演了。且对比中原王朝，这幕大戏也同样精彩无比、同样让人唏嘘不已。

当时，金熙宗挥舞着手中的屠刀，将一切威胁自己的大臣和宗室全部斩杀。不仅如此，在诛杀大臣期间，金熙宗惊讶地发现——杀人，竟是这样愉快。

从此，这位皇帝上瘾了，他每天都必须杀人，否则就全身不舒服！

有一年天降雷火，闪电把金国上京（今黑龙江哈尔滨）的建筑物劈着了，引发了一场火灾，死了不少人。

按照中国传统的“天人感应”学说，出现了这等事情，皇帝应该颁布一道罪己诏，并虔诚地斋戒数日，以请求上天的原谅。结果，看见翰林学士们为自己起草的罪己诏后，金熙宗怒了，说你们写了一些什么玩意？老子什么错也没有！凭什么就要被骂一个狗血淋头，还要斋戒数日，不能喝酒，不能玩乐，你们是疯了不成！

一听这话，翰林学士就解释，说上天降火，这是苍天在示警！您应该检讨一下自己的罪行，好好反省一下。否则的话，若再一次惹恼了苍天，闪电劈在了您的头上，到时候咋整？

听完这番话后，金熙宗气得歇斯底里，他抽出腰间的宝剑，对着身边的翰林学士就是一剑，一下把他刺死了。

刺死了翰林学士后，金熙宗还是怒气未消，他当着众人的面，又把这个翰林学士砍成了数段。

对此，满朝震惊，大臣们人人自危，说见过皇帝杀人，但没见过皇帝这样杀人呀！好家伙，这算什么呀？一言不合，直接把人剁成“辣条”，皇帝疯了呀！

当时，金熙宗已经彻底失控了。对于身边的人，稍不顺眼，挥剑就砍。对于下人，是如此；对于自家的兄弟，也是如此。

有一次饮酒时，金熙宗的一个弟弟不堪酒力，不能再喝了。结果，金熙宗竟然认为他瞧不起自己，直接将其满门抄斩了。

对于自己的亲弟弟，金熙宗尚且如此，对于其他人，就可想而知了。在这位疯子皇帝眼中，不管是谁，只要敢忤逆自己，就全部斩杀。即使这个人，是他的皇后。

原来，诛杀了自己的弟弟后，金熙宗一看，这个弟媳妇长得不错呀，他就给笑纳了，把其册封为一个后妃。

得知皇帝纳了弟媳，皇后就怒了，她第一时间冲到了皇帝的面前，质问道：“陛下这么干，算怎么回事？无故诛杀了自己的亲弟弟，已经是不仁了。如今，还纳了弟弟的媳妇，这就是不义了！如此一个不仁不义的君主，这不是一个昏君吗？”

本来皇帝就不喜欢这个皇后，认为其专权乱政，不把自己的娘家人全部提拔为官员，她就不会罢休。而且，这个皇后是出了名的“醋坛子”，一直阻碍自己纳妾。

一想到这些“国恨家仇”、又见皇后如此肆无忌惮地痛骂自己，金熙宗一琢磨，说，行了，咱俩的夫妻情谊，今天就算是到头了！

盛怒之下的皇帝冲上前去，拽住皇后的头发，把她摔倒在地。随后，金熙宗抽出腰间佩刀，对着皇后就是一刀。

听见皇后的惨叫后，后宫的妃子们闻声而至，那个前弟媳也来了。

看见前弟媳后，金熙宗对其道："看见没有？这个贱人祸国乱政，还要拆散我们，我早就想杀她了。今天，我忍无可忍，把她捅死了。你来得正好，从今以后，你就是朕的皇后。"

一听皇帝要立前弟媳为皇后，当时有三个妃子就不干了。她们站出来，说什么要论资排辈、要讲规矩。我们是先进宫的，凭什么要立初来乍到的？我们不服，请先立我们为皇后，等等。

要说这三个妃子，也是倒霉催的，你们没看见皇后的尸体吗？在这种场合，还敢提这样的要求，真是天堂有路你不走、地狱无门自来投！

于是，"噗、噗、噗"三声，又有三具尸体倒在了血泊里。这三个妃子追随皇后去了，她们可以去另一个世界打麻将了。

看见四具尸体后，所有的妃子都吓傻了，大家再也不敢提反对意见，只能任皇帝由着性子来，册封前弟媳为皇后。

然而，虽然在金熙宗的恐吓下，后宫不嚷嚷了，但这并不表示，前朝就此安定了。

得知皇帝要册立前弟媳为皇后后，所有大臣都不干了，他们告诫皇帝："擅自诛杀弟弟，已经不对了，怎么能一错再错、让弟媳当皇后呢？这样一来，天下会怎么看您？您不就变成一个贪图美色、陷害弟弟的昏君了吗？而且，若你诛杀弟弟的行为是对的，那这个弟媳就是罪犯家属，她应该被投入监狱，等待审判。如今，您立一个罪犯的家属为皇后，这让天下怎么看您？让我们这些大臣情何以堪？"

关于这件事，正着说、反着说，都是大臣们有理。然而，碰上一个不讲理的皇帝，群臣再有道理，又能管什么用呢？

面对大臣的集体劝谏，金熙宗根本不听，他指着地上的尸体道："看见没有，前车之鉴！再有劝朕者，别费口舌了，直接躺着去！"

于是，金国大臣集体闭嘴了，他们再也不敢劝谏皇帝，而是任由其胡作非为了。

后来，随着时间的推移，大家再也受不了这个疯子皇帝了，金国上下都期盼着他去死。然而，皇帝正值盛年，一时间驾崩不了，这让群臣怎么办呢？

最终，群臣达成了一致——既然皇帝没法驾崩，那就找一个人“帮助”他驾崩吧！

这个人，就是金国第四代皇帝——海陵王完颜亮。

金国的新老交替

金熙宗完颜亶和完颜亮是一代人。完颜亶是金太祖完颜阿骨打的嫡长孙，完颜亮是金太祖完颜阿骨打的庶长孙。他们是一对堂兄弟，完颜亶比完颜亮大3岁。

除了年龄相近外，这对兄弟的关系还特别好，他们都是跟着一个父亲长大的。

原来，金熙宗的父亲死得早，他的母亲就带着完颜亶改嫁到了完颜亮家。于是，完颜亮的父亲就成为完颜亶的养父，他们成了一家人。

因为是一家人，所以完颜亶登基后，对这个弟弟非常好。在他的扶持下，完颜亮二十五岁就位极人臣，成了当朝副宰相。

对于这个结果，完颜亮也清楚地知道这是谁赐予他的。因此他对金熙宗誓死效忠，成为他的一个亲信。

就这样，在很长的时间内，完颜亮辅佐着金熙宗的江山社稷，金熙宗也非常信任完颜亮，让其大权独揽。当时，他们君臣亲密无间，也没有任何不和谐的声音。然而，等金熙宗“疯癫”后，他们之间的这种亲密无间的关系就彻底一去不复返了。

前面讲过，金熙宗“疯癫”后，有胡乱杀人的习惯。皇统九年（1149年）四月，金熙宗看完一份诏书后满脸不悦，认为这个官员在辱骂自己，于是将其残忍地杀害了。

杀死这个官员后，金熙宗还是不解气，他认为一个小小的官员胆敢辱骂自己，此事必有幕后主使。于是，金熙宗下令，要彻查这个事件的幕后主使，查不出来，查案的官员全部提头来见。

查案的官员说人都死了，这怎么查呀？最后，万般无奈下，这些官员就诬告了完颜亮，说这个幕后主使，可能是您的弟弟完颜亮。

当时，完颜亶可能酒醉未醒，一听是自己的亲弟弟指使的，龙颜大怒二话不说就颁布了一道圣旨——免除完颜亮宰相职务，命他速速离开上京（今黑龙江哈尔滨），去汴京（今河南开封）赴任。

完颜亮都不知道发生了什么，就稀里糊涂地离开了老家，踏上了前往河南的旅程。

咱们都知道，在那个全靠腿的时代，从黑龙江到河南绝不是一趟轻松的旅程，完颜亮路上吃的苦头可想而知。

孰料，郁闷的完颜亮还没有走到开封，就得到了一份圣旨，命其速速回京，也官复原职了。

原来，金熙宗酒醒后一琢磨，说我这个弟弟这么忠心耿耿，他不可能造反呀，他也不可能指使人骂我呀。我肯定是中了小人的挑拨离间之计了。于是，金熙宗立刻颁布了一道矫正的圣旨，把完颜亮召回来了。

然而，经过这件事情后，完颜亮就是不想造反也得造反了。毕竟，在完颜亮眼中，他的这个堂哥，就是一个喜怒无常的疯子！昨天，他不高兴了，就把我发配边疆；今天，他高兴了，就让我官复原职；后天，他再不高兴呢？我是不是就身首异处，成为一个冤死鬼了？

完颜亮担心的这种结局，绝非危言耸听，看看那些惨死的人吧。他们中有皇帝的弟弟，有皇帝明媒正娶的皇后，还有皇帝宠爱的妃子……这些皇帝最亲近的人，都被乱刀捅死了，我一个旁支的堂弟，算个啥呀！鬼知道哪天皇帝一不高兴，就把我砍成肉段了。

完颜亮越想越怕，准备先下手为强，杀了这个昏君。他找两位宰相唐括辩和完颜秉德，准备跟他们联手。

当时，这两位宰相也已经被金熙宗折磨得忍无可忍了，一听完颜亮要领头，这两位二话不说就同意了。

除了说服两位宰相，完颜亮还说服了皇宫的侍卫长大兴国，让其反水了。

大兴国与皇帝之间有矛盾。就在前不久，完颜亮过生日时，金熙宗很高兴，送给他很多礼物。结果，皇后（当时还没被砍死）在没有经过皇帝同意的情况下，也送给了完颜亮很多礼物。

得知皇后瞒着自己送礼物后，金熙宗大怒，认为这个女人在结交外臣、培养自己的势力，就把她痛骂了一顿。同时，负责送礼的侍卫长大兴国，也被痛骂了一顿，还被打了一顿板子。

无故挨打，大兴国恨死金熙宗了，自己就是一个送礼的，凭什么挨打呀？你们夫妻不和，凭什么让我受罪呀！

因此，当完颜亮找到大兴国后，大兴国二话不说，当即交出了皇宫寝室的钥匙，并拍胸脯表示，愿意带领他们进宫，去杀这个昏君。

至此，得到了大臣的支持又得到侍卫的内应后，完颜亮万事俱备，终于可以下手了。

在一个伸手不见五指的黑夜，完颜亮带领十几个死党，拿着武器，偷偷摸摸入宫行刺去了。

在叛徒大兴国的帮助下，完颜亮等人不费吹灰之力，就来到了金熙宗的寝宫门口。大家附耳一听，金熙宗正呼呼大睡呢。于是，完颜亮大喊一声，众人当即踹开房门。

金熙宗是游牧民族的皇帝，警惕性还是很高的，一听有人进来了，就知道是怎么回事了。这位皇帝马上拿开枕头，想抽出枕下的刀自卫。然而，大兴国早就把刀偷走了。

一个赤手空拳的人，对付十几个全副武装的人，结果可想而知。可怜的金熙宗惨叫了几声，就被砍死了。

古人有云：生于刀剑者，必死于刀剑之下。

这，就是金熙宗的命。

金皇统九年十二月初九丁巳日（1149 年 1 月 9 日），金熙宗被海陵王完颜亮所杀，享年 31 岁。

除掉这个昏君后，对于下一任皇帝的人选，两位宰相竟然争执了起来。唐括辩说，应该立谁谁谁当皇帝。完颜秉德则说，不可能，我不同意，应该立谁谁谁当皇帝。这哥俩吵了起来。

这哥俩吵架期间，完颜亮一直没说话，他握着手中的刀，一脸铁色地在一旁听着。

两位宰相吵了一段时间后，一琢磨，这个气氛不对呀，怎么杀气这么重呀？再一看完颜亮的脸，这哥俩吓得不敢再说话了。

这时，完颜亮开口道:“两位宰相想清楚了吗？立谁当皇帝呀？”

“您，您，肯定是您！”唐括辩和完颜秉德吓得跪倒在地，一起道，“参见我主万岁，吾皇万岁，万岁，万万岁！”其余人等，也都跪倒在地，三呼万岁。

至此，金国的第四代皇帝闪亮登场，是为海陵王。

那么，为什么不称完颜亮为“金某宗”呢？因为，这个皇帝压根没有庙号！

原来，完颜亮未来被废了，是一个废帝，死后追封为海陵王，所以在金国的历史上，此人没有庙号，史书中一直称其为海陵王。

那么，在这位海陵王的带领下，金国又将何去何从呢？金宋之间又因为什么事情重新开战了呢？

第二章 海陵王完颜亮

我有一个梦想

在金国历史上，完颜亮是一个昏君。然而，大家可能不知道，刚刚登基时，他可是一个人民拥护的好皇帝。

完颜亮一登基，就第一时间颁布了一系列好的政策，如“励官守、务农时、慎刑罚、扬侧陋、恤穷民、节财用、审才实”，表明自己是一位施仁政、爱百姓、尚节俭、重人才的好皇帝。除了会喊口号外，完颜亮也付诸行动。

据说，有一次出巡时，完颜亮看见百姓的车陷入泥潭里了，他下令让侍卫们帮忙推车。后来，见推车的人不够，这位皇帝竟然跳下来亲自帮百姓推车。

一个九五之尊的皇帝，竟然亲自为百姓推车，不管是作秀，还是真心，完颜亮的这种表现，都是值得称道的。

于是，在百姓眼中，这位既会喊口号，又会付诸行动的完颜亮，绝对是一个好皇帝，堪称圣君明主。

然而，没过多久，金国百姓就惊讶地发现，他们眼中的这位皇帝，既不

“圣”，也不“明”，根本不是一个好皇帝。而且，随着时间的推移，这个人竟然成为一个无道昏君了。而且相比前任昏庸无道的金熙宗也毫不逊色，甚至有过之而无不及。

这是怎么回事呢？

原来，完颜亮有一个宏伟的梦想，即三个伟大的志向，这让他彻底变了一个人。

《续资治通鉴·宋纪》说：“尚书省令史高怀贞素与亮狎昵，亮尝与各言所志，亮曰：‘吾志有三：国家大事，皆自我出，一也；率师伐国，执其君长，问罪于前，二也；得天下绝色而妻之，三也。’”

下面，为了故事的流畅性，我按照“一、三、二”的顺序，为大家讲解完颜亮这三个志向。

第一个志向：国家大事，皆自我出。

完颜亮的第一个志向，就是要大权独揽，唯我独尊。按说他当上皇帝了，这个志向就完成了。但是，完颜亮知道自己来位不正，为了防止别人造反，他要巩固自己的皇位。

这个办法就是——诛杀所有宗室子弟，干掉所有竞争对手！

一时间，皇家历史上已经上演无数次的人间惨案，又在金国上演了，且更加悲惨。

要知道，金熙宗虽然浑蛋，但对于宗室子弟，还是比较仁慈的，否则完颜亮早就人头落地了。但是，等到了完颜亮执政后，这个人就不那样宅心仁厚了。

简单来说，完颜亮登基后，他先是以各种罪名（有的就没罪名，直接在上朝的路上被完颜亮安排的刀斧手给暗杀了），诛杀了太宗一脉的子孙。紧接着，完颜亮又清洗了太祖一脉的子孙，把他们也都送到了地狱里。

诛杀了太祖、太宗的子孙后，除了几个流落在外的“漏网之鱼”外，朝中连一个姓完颜的人都没有了！完颜亮终于清除了所有竞争对手，大权独揽，唯我独尊了。

这里多说几句，如今，一些史书上说，完颜亮执政期间，改革官制，排除民族歧视政策，重用其他民族的人，史称擢用人才，为金国的“民族团结”建立了不朽的功绩，在他的统治下，全国各族人民齐心协力，共同促进了金国的发展，最终让这个国家繁荣，等等。

其实呢，上述的这番言论，真值得好好商榷一番。

要知道，完颜亮重用其他少数民族的人，是为了搞好民族团结吗？是为了擢用人才吗？根本不是！他之所以重用这些外人，是因为本族的亲戚们都被杀了。他不用这些外人，用谁呀？

当然，虽然完颜亮诛杀了无数的亲戚，但光凭这一点，还不能说他是一个无道昏君。毕竟，很多君主为了巩固自己手中的权力，都得沾点自家兄弟的血。即使是旷世明君，也不例外（比如李世民）。

然而，等完颜亮开始履行自己第三个志向时，百姓就忍无可忍了。

完颜亮的第三个志向——得天下绝色而妻之。

在中国历史上，好色的君主很多（比如宋徽宗），但像完颜亮这样好色到六亲不认、天怒人怨的皇帝，也就仅此一人了。

当时，完颜亮不是诛杀了本族兄弟吗？把兄弟们送走后，他竟然颁布了这么一道圣旨——命这些罪臣的遗孀、女眷们进宫，他要对她们挨个"定罪"。

怎么"定罪"呢？长得好看的，留下，充实后宫；长得不好看的，斩杀示众。

这一下子，这些冤死的宗室子弟的遗孀们，就"前仆后继"地进入后宫了。完颜亮也不管辈分，管你是自己的外甥女、堂妹、表姐、兄弟媳妇，还是自己的婶婶、姑妈，只要你长得好看，全都充入后宫。

毕竟，朕的目标是"清风满天下"，有多少女人，都不够！

当然，完颜亮的这种行动，跟前任金熙宗的所作所为其实也差不多。但问题是，完颜亮除了"收编"罪臣的家眷外，连满朝文武的家眷也不放过。

收编了罪臣女眷后，完颜亮还是嫌后宫人数不够，他逼迫皇后出面，去宴请满朝文武的女眷们，让她们进宫。

女眷们进宫后，完颜亮就在一个屏风后面藏着，看中谁了，就传令给皇后，让那个女人别走了，直接充实自己的后宫。

完颜亮这么干，群臣全都急了。说皇帝这么干，算怎么回事呀？我的夫人进宫就回不来了，成他夫人了！

要知道，兔子还不吃窝边草呢，皇帝却把他们的窝都端了！

后来金世宗完颜雍起兵造反时，之所以宫中人人响应，没有一个人替完颜亮效忠，其实都跟这件事情有莫大关系。

得道者昌，失道者亡……此言不虚。

第二个志向

当时，为了充实自己的后宫，完颜亮是大杀四方、玩命收集美女。那些年方十八、貌美如花、冰清玉洁的少女，自然是跑不了，而那些半老徐娘、风韵犹存的少妇，完颜亮也是照单全收。

后来，金国搜刮得差不多了，完颜亮就把魔爪伸向了敌国。他玩命收集高丽、西夏、南宋的美女，有一个算一个，全部收入后宫。

最终，完颜亮这样收集来、收集去，就瞄上宋高宗的女人了。

原来，有一个小人告诉完颜亮，说南宋皇帝的刘贵妃长得老好看了。此女有闭月羞花之貌，沉鱼落雁之姿，号称姿质艳美，蜀之花蕊、吴之西施所不及也。跟她一比，咱们后宫的那些也能叫美女？全是一群庸脂俗粉、不堪入目。

听完这番话后，完颜亮的哈喇子都流了一地。他立刻下令，在自己居住的宫殿里修建一座寝宫，取名招贤馆，作为以后刘贵妃入住的居所。

当然，把刘贵妃收入后宫，不仅可以完成完颜亮“得天下绝色而妻之”的志向，更可以完成他第二个志向。

这就是完颜亮最雄伟的一个志向——率师伐国，执其君长，问罪于前。

这个男人，要统一这片中原大地。

从登基时起，完颜亮就有了这个志向。当时，完颜亮汉化程度很深，他非常喜欢读中原的史书。有一次，完颜亮读完《汉书》后，对左右道：“汉之封疆不过七八千里，今吾国幅员万里，可谓大矣。”

意思是说，古代的大汉王朝虽然很大，不过才七八千里，如今我们这个金国已经幅员万里了。我们才是一个大国家！

说这句话时，完颜亮脸上的骄傲之情，不说自明。孰料，完颜亮话音未落，汉人大臣张仲轲就站起身来，狠狠地泼了一盆凉水，他说道：“启奏陛下，我国虽然幅员万里，但跟大汉帝国没法比。因为，此时天下有四主，南有宋，西有夏，东有高丽，中间是我们。我们只是天下四主之一，只有把剩下的三个国家都吞并了，我们的疆域才叫大。”

爱卿的这番话，有点儿意思……

正是张仲轲的这番话，让完颜亮准备率军出征，讨伐敌国，“执其君长，问罪于前”了。

主意已定，问题接踵而来——先讨伐谁呢？

这还用问吗？当然是宋朝了！

毕竟，完颜亮对于宋高宗的刘贵妃，可是垂涎三尺。而且，通过读柳永的诗句，完颜亮很是向往南宋都城杭州的景色。

历史上的柳永，是最著名的“流行乐歌词创作者”，他主要以写词为主，唱歌由歌伎代劳。当时，柳永创造的歌词家喻户晓，最鼎盛时，史称有井水的地方，就有柳永的诗句！

这句话是什么意思呢？按照今天的说法，大概就是有华人的地方，就有金庸的武侠小说。

写歌词能够写到这种地步，柳永应该步入朝廷的眼帘了吧？实际根本不是那么回事。

由于柳永创作的歌曲，大多是不堪入目的“艳诗”；他与无数的青楼女子，也有着不清不楚的关系。因此，“品德恶劣”的柳永被士大夫所不齿，也被他们排斥。柳永一生满腹才华无处释放，只留下一个“白衣卿相”的虚名，郁郁而终。

虽然柳永郁郁而终了，但他创造的那些“艳诗”，却都保留了下来。其中，那首《望海潮》勾起了完颜亮无限的遐想，让他想把杭州占为己有。

这首《望海潮》，全文如下：

东南形胜，三吴都会，钱塘自古繁华。烟柳画桥，风帘翠幕，参差十万人家。云树绕堤沙，怒涛卷霜雪，天堑无涯。市列珠玑，户盈罗绮，竞豪奢。

重湖叠巘清嘉。有三秋桂子，十里荷花。羌管弄晴，菱歌泛夜，嬉嬉钓叟莲娃。千骑拥高牙。乘醉听箫鼓，吟赏烟霞。异日图将好景，归去凤池夸。

根据《鹤林玉露》记载，完颜亮读了这首《望海潮》后，被杭州的美景吸引了。完颜亮对“三秋桂子，十里荷花”这句更是爱得要命，他发誓一定要去看看这些美景，并在杭州安家落户。

最终，完颜亮打定了主意，准备出兵灭宋。

此时此刻，宋金已经休战很久了，金国上下也习惯了这种两国相安无事的和平生活。在这种背景下，伐宋会不会遭到群臣的反对，完颜亮心里一点谱也没有。

为了试探群臣的反应，完颜亮自导自演了一出戏。

有一天早朝时，完颜亮突然对群臣道："朕昨天晚上做了一个梦，大家帮我看看这个梦是什么意思。"

群臣问是一个什么样的梦，完颜亮便慢慢道来："朕正熟睡，突然来了两个青衣小童，他们手拿玉牒来到朕的床边，对朕道，天帝要见我，让我赶紧跟他们走。

"朕赶紧起床，穿好衣服，推门出来。结果，出门后，就看见仙气环绕，小童们已经牵来了朕的乌骓马，搭好了天梯，就等着朕动身了。

"在小童的服侍下，朕骑上乌骓马，就随他们出发了。一路无语，直接来到了一个雄伟的宫殿前，小童告诉我此乃天庭。从此只能步行，不可骑马。

"朕下了马，随他们进宫。走了一段时间，朕看见了一个身穿红袍的人，正坐在一座雄伟的宝殿上望着朕。这时，小童道：'此乃天帝，速速跪拜。'朕一听，马上下跪，没敢抬头，所以没看清天帝的模样。但是，朕听见天帝的言辞了。

"天帝告诉我，如今妖孽四起，百姓苦不堪言。天帝册封朕为天策上将，命朕去讨伐那些不义之徒！

"朕接到命令后走出大殿，骑上宝马准备回家。结果，回家途中，突然从南面来了一群妖孽，要伤害朕。朕大怒，拉弓射箭，就把这些妖孽杀死了。妖孽死后，朕也醒了。

"朕醒后，觉得这个梦非常奇怪。于是，朕马上跑到兵器架那里，结果发现朕的箭也少了一支。朕又赶紧跑到马厩，结果看见朕的乌骓马累得浑身是汗，仿佛跑了数百里地。"

说完这个故事后，完颜亮不怀好意地看着群臣，道："各位爱卿，你们说，这个梦是什么意思呢？"

……这还需要回答吗？

要知道，能够站在皇帝面前的大臣，那都是“人精中的人精”。当大臣们听见“讨伐不义之徒”“南面来了妖孽”等词语后，就清楚地知道皇帝的目的了，也明白完颜亮讨伐南宋的决心了。

虽然知道了皇帝的心思，但满朝文武并不打算跟宋朝开战，于是，大家集体闭口，没人回答完颜亮的问题。

见大家都不说话了，完颜亮大怒，心想老子说了这么多，你们连一个回话的都没有，这怎么行呢？于是，完颜亮索性摊牌了，他问宰相道：“朕欲南征，讨伐宋国，如何？”

一听这话，宰相吓得不轻，他撩袍跪倒道：“南征之事，事关重大，需从长计议。而且，臣夜观天象，赵室必不长久，不用出兵，可待其自亡。”

完颜亮大吃一惊，道：“宰相此话何意？”

宰相道：“陛下您看，那宋王赵构连儿子都没有，只能让别人家孩子做皇储。这样一个没有继承人的国家，早晚得兄弟阋墙、内乱四起。到时候，咱们不用出兵，宋朝就自己亡国了。”

听完这番话后，完颜亮摆摆手，失望道：“爱卿此言差矣。纵观中国历史，过继的孩子当皇帝后，并不会引起特别大的动乱。用这种事情等待宋朝内乱，要等多长时间？朕可等不了，还是亲征来得快！”

完颜亮说完后，群臣立刻劝谏，大家都不让皇帝亲征宋朝。其中，尚书令温敦思忠更是极力反对，说切不可轻举妄动，不能打宋朝。

最终，温敦思忠规劝的言辞把皇帝说急眼了，完颜亮大怒道：“今天讨论的问题，不是要不要讨伐宋朝，而是你告诉我，灭亡宋朝需要多长时间（汝勿论可否，但云何时克之）！”

温敦思忠回答道：“要想灭掉宋朝，最少需要十年时间！”

完颜亮大怒道：“十年？等不了！你告诉我，需要几个月？”

温敦思忠大声反驳道：“几个月灭亡宋朝，不可能！太祖皇帝讨伐一个腐朽的辽国，都花费了数年。如今，我们师出无名，不得民心。江南之地又水网密布，丘陵密集，不利于我军骑兵的进攻，而且，江南一带暑热湫湿，我军无法久留。在这种情况下，我说用十年时间都是保守的，怎么可能用区区几个月灭掉宋朝呢？

一听这话，完颜亮勃然大怒，环顾左右，想拿兵刃砍死温敦思忠。

在这危急时刻，温敦思忠不愧为一位忠贞大臣，他面不改色道："老臣历事四朝，从太祖、太宗打天下就当官了！如今，我已经为国家尽忠职守了，死又何憾？陛下要杀便杀，来吧！"

一听这话，完颜亮反倒被深深地感动了，他饶了温敦思忠一命。当然，死罪可免，活罪难逃，完颜亮把温敦思忠轰到了地方，让他远离中央了。而伴随着温敦思忠的离开，前朝再也没有一个正直的大臣敢站出来，反对完颜亮伐宋。

殊不知，前朝没有正直的大臣，后宫却有这样的人。

这就是当朝皇太后——徒单氏。

太后惨死

得知完颜亮要出兵宋朝后，太后徒单氏非常着急，她把完颜亮叫来，对其好言相劝了一番。

太后道："孩呀，听说你要讨伐宋朝，可有此事？"

完颜亮道："是的，朕意已决！"

太后道："好，既然皇帝执意如此，哀家也没有什么可说的。只不过，在出征前，陛下能回答哀家两个问题吗？"

完颜亮道："母后请讲。"

太后道："陛下跟太宗相比，谁更英明？"

完颜亮道："太宗骁勇善战，吞并了宋朝一半的土地，朕不如他。"

太后道："你手下的将领跟梁王（完颜兀术）比，谁更厉害？"

完颜亮道："梁王南征北战，攻无不克战无不胜，自然比我手下更厉害。"

太后道："这就对了，你不如太宗，你手下的将领也不如梁王，那些勇猛之人去攻打南宋都无功而返，甚至惨败而归！你比他们差远了，怎么可能打得赢？你好好琢磨琢磨，是不是这个道理。"

说完，太后不再言语，只留下完颜亮独想问题了。

殊不知，想了一段时间后，完颜亮想明白了——"这个老东西，她是活腻歪了呀。敢骂我，这是主动找死！"

原来，太后徒单氏不是完颜亮的生母，只是他的嫡母，所以完颜亮并不尊重这位母亲。

完颜亮的生母姓“大”，是一个渤海贫苦人家的子嗣，因为有点姿色，被完颜亮的父亲看上了，成为他的一个小妾。

因为大氏身份卑微，所以看见正室夫人徒单氏后，大氏都要卑躬屈膝、低头做人，这让幼小的完颜亮很是不爽。后来，完颜亮当上皇帝后，就更加不爽了。

当时，完颜亮登基后，根据规定，尊称他的嫡母徒单氏为皇太后，他的生母大氏只得到了一个皇太妃的头衔。

对于这样的结果，完颜亮很不爽，说凭什么呀，老子的生母不能当皇太后？一个毫无关系的外人却占据着这个位置？凭什么！

完颜亮就跟宋朝的宋哲宗一样了，也对这个“老妖妇”颇有微词，越看她越不顺眼。

后来，在徒单氏的一个生日宴会上，完颜亮的不满彻底爆发。

在这个生日宴会上，金国的嫔妃、公主们，要挨个给徒单氏敬酒，完颜亮的生母大氏也不例外。结果，在大氏跪拜敬酒时，不知道是徒单氏成心，还是她真没看见，徒单氏净顾着跟别人喝酒，怠慢了大氏，让她跪了一段时间。

徒单氏跟别人喝完酒后，突然看见了大氏，这才恍然大悟道:“哎呀，妹妹呀，你咋在这跪着呢？快起来，这算怎么回事呀。”说着，徒单氏就把大氏搀扶起来了。

虽然徒单氏有亡羊补牢的诚意，但一旁的完颜亮看见此事后，还是愤怒无比。完颜亮认为她故意给生母难堪，于是愤然离席。

第二天，完颜亮把昨天跟徒单氏喝酒的嫔妃、公主们都叫进了宫，狠狠地打了她们一顿板子，才解了自己的心头之恨。

因为那件事情，完颜亮还记恨着徒单氏。如今，这个老妖妇还敢冷嘲热讽自己，真是天堂有路你不走，地狱无门你自来投，活腻歪了你！

于是，完颜亮召集侍卫、宫女们开会，质问他们太后最近有没有干“失节”的事情。

要知道，完颜亮对后宫的统治，那是非常残暴。当时，完颜亮下令，所有后宫里的男性（包括太监），必须四个以上结伴而行，怕他们跟后宫的女人有染。落单者或人数不够者，全部格杀勿论。任何男性，不能看嫔妃的脸蛋，甭管什么原因，只要是看了，直接“戳目”。

如此残暴的统治，导致后宫人人自危。当时，大家听完完颜亮的问题后，全都面面相觑，不知道该如何回答。

最终，有一胆大的侍卫道：“太后干了什么失节的事情，我们不知。但是，据说太后在外面豢养了几个面首，跟宫外的男子私通。”

这全是诬告。莫说完颜亮的后宫统治如此血腥、没人敢干，单说这个“宫外的面首”，就是一个胡说八道的词语。太后久居深宫，怎么可能去宫外，还去宫外找男人？你以为太后微服出宫吗？

当然，对于这是不是诬告，完颜亮没兴趣。他唯一的兴趣就是，有这么一个罪证，就行了。

于是，完颜亮找了几个侍卫和宫女，告诉他们：“去，找太后算账去。待会儿，你等见了太后，只说有诏书，令太后跪受。太后一跪，你们立即击杀之！”

一听这话，这些侍卫和宫女们都傻了，说皇帝要干什么？要杀太后！陛下疯了不成？话虽如此，但君命难违，不帮助皇帝杀太后，皇帝就要杀自己，这些侍卫和宫女也只能硬着头皮上了。

这些人来到后宫时，徒单氏正休息呢。见到这些人后，太后诧异地问道：“无缘无故地，你们来这里干吗？”

对于太后的问题，这些人也懒得回答，一个侍卫大喊道：“陛下有旨，太后跪接！”

徒单氏一听，什么！让我跪拜迎接圣旨，有没有搞错？

虽然徒单氏想反驳几句，但这些人根本不给她机会。一个侍卫见太后没有跪拜的意思，便飞起一脚，照着太后的膝盖就是一下，把太后踹得跪在地上了。紧接着，一个宫女拿起桌上的镇纸（压纸张或书籍的一种文房用具），照着徒单氏的脑袋就是一下，直接把徒单氏打倒在地了。

由于宫女的手劲小，这一下没有打死太后，只是把徒单氏打晕了。为了弄死这位太后，一个侍卫解下了腰带，把太后勒死了。

就这样，徒单氏稀里糊涂地被缢杀了，死时五十三岁。徒单氏死后，完颜亮还是不解气，下令焚烧太后的尸体，并将她的骨灰弃在水中，这才解了心头之恨。

伴随着太后的惨死，大臣们算是看明白了——谁劝，谁死。皇帝连自己的嫡母都敢弄死，弄死咱们，还不就跟捏死一只蚂蚁一样容易。

得，啥也别说了，就让皇帝一意孤行吧。

就这样，凭借一个虚无缥缈的梦和自己的铁血政策，完颜亮“统一”了思想，他终于可以率军南下，讨伐宋朝了。

虽然完颜亮可以出兵了，但他以什么借口出兵呢？师出无名怎么行呢？

当时，在完颜亮的眼中，最好的出兵借口，就是让宋朝背盟。但是，话虽如此，要找一个什么借口，让宋朝背盟呢？

这真不是一般难办。

开战前夕

“统一”了思想、可以南下用兵后，完颜亮并没有着急出兵。他下令迁都，先迁至燕京（今北京），再迁至汴梁（今开封），然后再做打算。

金国的首都上京（今黑龙江哈尔滨）距离中原太远了，不利于完颜亮就近指挥，也不利于他统治中原。迁都，除了能就近指挥外，完颜亮还可以以迁都为由，偷偷摸摸调集人马，以迷惑宋朝。

当时，完颜亮下令，征调六十万大军，作为运输队，以作迁都之用。

整整六十万的运输大队，这个数量让金国百姓苦不堪言。

为了征调这六十万的大军，完颜亮颁布了一系列的死命令。他下令，所有境内的百姓，不管是汉人，还是契丹人，抑或是渤海人、女真人，都要服兵役。每一户人家中，若父母老迈了，可留下一个儿子，其余儿子全部当兵；若父母不老迈，那就连大带小，老子儿子一起当兵。

除了肆无忌惮地征调百姓外，完颜亮还收缴民间所有的马匹，以备军用。当时，完颜亮下令，七品以上的官员，家中只能留下一头驴，剩下的马匹充公；七品以下的官员和平民，家中的马匹全部充公，一匹不留。

征调百姓和马匹，已经让百姓苦不堪言了，完颜亮竟然还下令，要征调百姓的兵器和粮食，以备军用。

完颜亮征调到了什么地步呢？百姓家的一只鸡、一粒米，都不放过。百姓防身的武器自不必说，他们家里的生活用品（剪子、菜刀）和干活的农具（耙子、铁叉）等物，也都被征调走了！

任何一个王朝出现了这种情况，必然迎来那个结局。所以，后来完颜亮为什么会身首异处，其实从这里已经埋下了一个伏笔。

经过这么一顿乱搞，国内混乱、人民怨声载道，但完颜亮并不在意，他在意的事情只有一件——为什么自己这样搞，宋朝竟然一点反应都没有？他们真的不明白自己在干什么吗？

整整六十万大军的聚集，外加数百万马匹的云集，宋朝君臣，你真的不明白我到底意欲何为吗？

宋朝，你不是一个傻子吧？

对于这个问题，我只能说——不是，也是。

说“不是”，是因为宋朝的大臣们，都不是傻子；说“是”，则是因为他们的皇帝，就是一个傻子。

得知完颜亮迁都开封城后，宋朝的官员反应强烈。

当时，主战派义愤填膺，他们告诉宋高宗：“金人毁了我们的家园，还用我们的旧都当首都，这是忍无可忍之耻，我们要出兵讨伐金人，以告慰旧都百姓的在天之灵。”

主和派也忧心忡忡，他们委婉地告诉宋高宗：“金人迁都南京（金改汴梁为南京），恐怕来者不善，他们很可能想以汴梁城为基地，率军攻打我们，还请陛下早做打算。”

在群臣的劝说中，宋高宗竟然不相信金人会攻打自己，他只是委婉地告诉大家——金人迁都，那是人家的家事，我们要相信合约，不要一惊一乍的，以免激怒了金人。

可见，此时此刻的宋高宗已经什么都不相信了，他只相信合约的力量，甚至到了迷信的地步。在他的眼中，只要自己不撕毁合约，战争就不会降临，自己就能永享这个“太平盛世”。

宋高宗安于宋金和议的局面。不管别人怎么劝，他都不听。即使有人冒着必死的决心通风报信，说金人必来，让宋高宗做好防御，宋高宗也毫不理会，反而把这个通风报信的人害死了。

这个被宋高宗害死的人，就是金国的使者——施宜生。

绍兴二十九年（1159 年）九月，韦太后病逝后，金人派遣施宜生出使宋朝，进行各种吊祭活动。而南宋接待他的人，是跟他有同门之谊的张焘。

施宜生虽然在金国为官，但他心系宋朝，想把金人准备攻打南宋的消息告诉张焘。

虽然施宜生想通风报信，但在公众场合，他没法说，而且他也没法单独联系张焘，同他私下见面。施宜生想了半天，终于想到了一个传递信息的好办法。

当时，双方谈了一段时间后，施宜生突然指着窗外道："怎么刮大风了？今日北风甚紧！"随后，施宜生站起身来，指着桌上的文房四宝道："我就要回国了，咱们同门一场，我也没有什么东西送给你。这样吧，我写一首诗，以纪念咱们的友谊。"说完，施宜生指着桌面，对仆人道，"笔墨纸砚伺候，笔来，笔来！"

要知道，张焘多聪明呀，一听"北风甚紧，笔来，笔来"这些词语，他就明白了，施宜生不是在写诗，而是在通风报信，告诉我们北方的金国已经准备入侵了。必来，必来，这是让我们做好准备呀。

跟施宜生分手后，张焘立刻进宫面圣，把施宜生透露的消息告诉了宋高宗。结果呢？宋高宗不仅不信，反而认为张焘无中生有，故意挑唆金宋之间的关系，把他骂走了。

出宫后，张焘郁闷不已，没过多久，他就直接痛不欲生了。

原来，施宜生回国后，以为自己泄露军情的事情干得天衣无缝，结果还是被人告发了。完颜亮命人把他扔进油锅，活活炸死了。施宜生的家人，也都被完颜亮杀死了。

其实，完颜亮杀死施宜生就已经充分说明了，金人就是打算攻打宋朝，否则，他们也不会如此严惩人。然而，金人都这样干了，宋高宗还是执迷不悟，他根本不相信金人会出兵攻打自己。

不管用什么办法，宋高宗都坚持己见，即使给他戴上一顶绿帽子，他也执迷不悟。

没错，就是给他戴一顶绿帽子。

施宜生惨死的消息传回宋朝后，文武百官都明白金人打算对自己动手了。于是，为了劝慰这位执迷不悟的皇帝，官员们使用了一个损招，准备激皇帝一下，让他“冲冠一怒为红颜”。

当时，官员们告诉皇帝：“金国的完颜亮看上您的女人了，他准备南下，把您的刘贵妃抢走占为己有。据说，完颜亮在宫中修了一座招贤馆，作为刘贵妃的寝宫。咱们都知道，自古以来，有两大仇恨不能忍，即‘杀父夺妻’。如今，杀父之仇您不报，难道夺妻之恨也不报吗……”

官员们本以为，用这种激将法治宋高宗，肯定一治一个准。要知道，昔日诸葛亮整周瑜，用的就是这个招数。

想那三国的“美周郎”，文韬武略，统领东吴所有水军，何等英明神武，也被这条计谋折腾得服服帖帖的。现在的这个昏君宋高宗，他焉能不中计？

然而，群臣机关算尽，还是输了。

面对群臣的激将法，宋高宗毫不动摇，他只用了一句话，就让群臣闭嘴了。这句话就是——“讲和之策，断自朕志”。朕意已决，不管出现什么情况，也要跟金国讲和！

见宋高宗如此执迷不悟，官员们只能另找计谋，去劝慰这位无药可救的皇帝了。

宋朝官员们在想办法呢，结果对面的金人却帮了他们一个“大忙”。金人不费吹灰之力，就彻底击碎了宋高宗的希望，并让这两个国家兵戎相见了。

那么，金人用了什么招数呢？他们又是怎么逼迫宋朝败盟的呢？

第三章 宋金重新开战

逼迫宋朝败盟

见不管干什么事情，宋朝都选择了隐忍不发，完颜亮彻底坐不住了。心想道:“我干了这么多事情，宋朝要是不败盟，我找不到借口揍它呀？”

其实，完颜亮真是多虑了。想杀就杀，想抢就抢，何必找什么借口呢？真是多此一举。

统一天下，征讨四方，卧榻之侧，岂容他人酣眠……这些就是最好的借口呀，何必另寻他处？

话虽如此，但完颜亮还是希望找到一个出兵的借口，好师出有名。最终，完颜亮从一个人身上，找到了突破口。

这个人，就是刚刚惨死在马蹄之下的宋钦宗赵桓。

原来，绍兴二十六年（1156 年），为了侮辱宋钦宗，完颜亮举办了一场马球比赛，逼迫已经五十七岁的宋钦宗上马打球。结果，宋钦宗从马上跌了下来，被乱马践踏而死。

本来，宋钦宗的死，是金国的一级机密。因为，完颜兀术在临终前（他是病死的，并不是评书演义中所说被牛皋气死的），曾留下了一个击败宋朝的“好招数”。

这个招数就是——如果打不过宋朝，就立宋钦宗为傀儡皇帝，让他像张邦昌、刘豫一样统治中原。这样一来，宋朝就彻底没招了。因为宋钦宗是宋高宗的哥哥，弟弟怎么能跟哥哥打仗呢？而且弟弟打仗的口号，不就是收复中原、迎回二帝吗？你的帝王已经“坐镇”中原了，你还有什么借口打仗呢？

因为有这么一个好招数，所以即使宋钦宗死了，金人也没透露他死亡的消息，以保留这张有用的“牌”，让宋朝投鼠忌器。然而，现在为了让宋朝败盟，完颜亮豁出去了，他打算告诉宋朝宋钦宗死亡的消息，并借此侮辱宋朝，让宋高宗败盟。

说干就干，完颜亮找来两个使者，命他们出使宋朝，名义上是去给宋高宗祝寿（宋高宗的生日是五月二十一，叫天申节），实则去向宋朝找碴儿。

这两个使者一个叫高景山，渤海人（也可能是契丹人）；另一个叫王全，汉人。

完颜亮告诉他们：“你们到宋朝后，甭干别的，就去找碴儿。你们质问宋高宗，为什么要在边境买马，还收留金国的叛民，是不是要造反？如果他不想造反，就让他割让长江以北的土地；如果他不割，你们就骂他，骂到他割让为止；如果宋高宗还是不割，你们就一直骂他，骂到他急眼为止。”

交代完任务后，完颜亮就让王全走了。

王全走后，完颜亮单独留下高景山，继续嘱咐道：“你们到宋朝后，骂得越狠越好。但是，你别骂，让那个姓王的骂，他是汉人，万一把宋朝皇帝骂急了，杀了他死不足惜。你是金人，死了有点可惜。”

就这样，得到了不同的任务后，两位使者高高兴兴地出发了。他们抵达临安后，宋高宗立刻迎接了他们，并用最高的礼仪接待了他们。

见到目标后，这两位使者就开始工作了。高景山因聆听了完颜亮的指导，便“自称语呐，不能敷奏”，请求副使王全代奏。

对于高景山的这个请求，王全想都没想就同意了。他也想借此机会，好好地表现一番。

于是，中国历史上神奇的一幕，就此诞生。

王全奏报时，一副目中无人的表情，他不仅连敬语都省了，还指着鼻子痛骂宋高宗，让这个“臣构”聆听他们主子完颜亮的旨意。

可想而知，宋高宗直接被骂傻了，心想这么多年过去了，我对金人一直客客气气的，这些年金国使者来时，也对我客客气气的呀。今天这一出，算怎么回事？这个使者是得了什么疾病，抽风了吧？

宋高宗见这个使者毫无客气的意思，他终于忍无可忍了，大吼一声：“今日到此为止！”随后，起身离开，直奔后宫。

看见宋高宗要走，王全着急了，心想我还没骂痛快呢，你走了，我骂谁呀？而且，我还没有把你骂急眼，我这任务还没完成呀。

于是，为了把宋高宗骂急眼，王全也不管不顾了，他竟然在宋朝大殿上直呼宋钦宗的名讳，大喊道：“赵桓已死，赵桓已死（赵桓今已死矣）。”

这句话一出，宋朝举朝哗然。听完这句话，宋高宗也如五雷轰顶一般，大吃一惊，他以袖掩面，快步退到屏风后面去了。随后，屏风后面传来了号恸之声，皇帝伤心地流泪了。

即使把宋高宗骂哭了，王全也意犹未尽，他继续大骂道：“别走呀，我还没说完呢，赶紧的，出来，咱们继续聊。”

由于南宋惧怕金国很久了，面对王全这种嚣张跋扈的表演，满朝文武竟无一人敢吱声。最终，参知政事杨椿以“押宴”的名义，把王全送走了。王全意犹未尽、不甘心地离开了皇宫，去参加天申节的礼宴了。

送走了金使后，内侍来屏风后面找宋高宗，宋高宗还在哭呢。

宋高宗之所以这样悲痛欲绝，原因有二：

第一，他与宋钦宗是血浓于水的亲兄弟。如今，哥哥惨死在了异国他乡，身为弟弟，怎能不悲痛欲绝？

第二，你终于死了！我的位置，终于稳固了。

两个原因，到底是哪个，还请读者自己定夺。

不管宋高宗悲痛的原因是什么，有一点却毋庸置疑，那就是——经历了这么一件事情后，宋朝不可能再委曲求全了，即使是假装报仇，宋高宗也必须跟金国撕破脸了。当然，这样一来，完颜亮也达成目的，他可以以“宋朝败盟”为由，出兵征伐宋朝了。

至此，宋金在经历了二十年和平后，终于重新兵戎交战了。

宋金之战

绍兴三十一年（1161 年）八月，完颜亮按捺不住激动的心情，终于下手了！

为了踏平宋朝，完颜亮调动了六十万大军，对外宣称“百万大军”，开始南下。

一时间，金军分兵四路，西路军攻川陕，中路军攻荆襄，东路军攻淮西，还有一支水军从海上进攻，直捣临安。

除了全线进攻外，完颜亮还特别强调军纪的问题。他再三告诫全军，此次出征，不许焚烧一所房屋，不许滥杀一个南方百姓。因为此行的目的，是要统一天下，而不是来这里“打草谷”。灭亡了宋朝后，这些房屋都会变成自己的不动产，而这些百姓，也会变成自己的子民。

倾国来袭，态度明确，完颜亮此行，真是不达目的誓不罢休。

那么，面对金国的倾国来袭，我们的这位大宋皇帝宋高宗，在干什么呢？他是在后宫瑟瑟发抖、彷徨无助呢？还是站在朝堂之上，调兵遣将、指挥若定呢？

历史自有答案。

面对金国的大兵压境，赵构尽显“帝王”本色，他二话不说，立刻颁布了一道手谕——大事去矣，“欲散百官，浮海避敌”。

这个让人无话可说的**人……当然，他要是不**的话，也就不是宋高宗了。

当时，左相陈康伯收到这封手谕后，气得语无伦次，一把火把这个手谕给烧了。

得知手谕被烧，宋高宗竟然还生气了，他找来陈康伯，当面质问道：“说，为什么烧我手谕？”

这个问题，您竟然还怪我！

结果，在陈康伯的一顿争辩下，宋高宗又**了，他不再追究陈康伯烧毁手谕的事情了。但是，宋高宗还是不改初衷，仍旧“欲散百官，浮海避敌”，执意逃跑。

见皇帝如此执迷不悟，御史吴芾豁出去了，他说了一句千古名言，彻底堵死了宋高宗的嘴。这句话就是：“今日之事，有进无退，进为上策，退为无策！”

事已至此，是进是退，您自己看着办吧！

就这样，在群臣的劝慰和威胁中，宋高宗只能强打精神，调兵遣将，与金人决一死战。

虽然宋高宗没有跟金人开战的觉悟，骨子里也害怕金人，但战争的局势，并没有他想象的那么悲观。毕竟整个战场的局势，对宋军有利。

简单来说，在吴璘的防守下，金军的西路大军根本无法进犯川陕一步，他们被打得灰头土脸，全线溃败。同时，宋朝荆襄一代的防线也固若金汤，金军在这里损失惨重，只能惨败回营。

至于那个被完颜亮寄予厚望的金国水军，还是忘了他们吧。在唐岛海战（也称胶西海战）中，不熟悉海战的他们根本不是宋军的对手，被宋军水军统帅李宝打得全军覆没，无一生还。

这里说一段不为人知的历史。

绍兴十一年（1141 年）夏，岳飞在临死前曾进行了一次巡视。在巡视时，岳飞敏感地意识到——假以时日，金人一定会打造战船，从海上进攻，宋军必须有一支强大的海军，才能应对这种局面。

于是，岳飞找到了一个叫李宝的将领，给了他一个艰巨的任务——招募水手，打造战船，建立水军，以备不时之需。

岳飞死后，李宝没有忘记岳飞的嘱托，他打造了一支强大的水军，日夜操练，毫不怠倦。

再后来，李宝操练了整整二十年，终于在这一刻，迎来了自己的最终考验。

唐岛一战，李宝一举击溃了金国的水军，让完颜亮从海路进攻临安的战略意图彻底破产。同时，李宝烧毁了金国的战船，让金军无船可用，也顺势减少了长江防线的压力。

最终，在论功行赏时，朝廷一致认为，在这场战役中，李宝应该立首功。若没有这个唐岛大捷，金人就会顺利渡江；若金人顺利渡江了，也不会有后面的采石矶大捷；没有了采石矶大捷，南宋也就岌岌可危了。

《宋史·李宝传》这样说：“向微唐岛之捷，则亮之死未可期，钱塘之危可忧也。宝之功亦大矣。”

综上所述，李宝理应记头功。

那么，这个头功，真是李宝的功劳吗？

要知道，若没有岳飞当年的未雨绸缪，宋朝根本不会组建水军；若没有岳飞的谆谆教诲，李宝也不会二十年如一日地操练水军，最终打赢了这场战役！

换句话说，是二十年前惨死的岳飞拯救了这个赵宋王朝！是他的孤魂，还在守护着这片他热爱的土地！

书归正传，经过了一系列的战斗后，完颜亮精心谋划的四路大军，有三路大军全线溃败。只剩下他统率的东路大军，还在做殊死一搏。

但是，即使御驾亲征，孤注一掷，这支大军的推进速度也并不让完颜亮满意。

因为，他根本突破不了宋朝的长江防线。

虽然当时，宋朝那些能征善战的将领已经死的死、赋闲的赋闲，但宋朝还有一位能征善战的将领，成了这个帝国的擎天一柱。

这就是之前在顺昌一战中大败完颜兀术的老将——刘锜。

刘锜在前线虽然吃了几个败仗，但他不愧为一位百战之将。知道在平原上无法抵御金人后，刘锜立刻龟缩防守，全线死守长江防线。

刘锜的目的很简单——饮马长江，随便；但是，甭想踏过这条“绝望之河”一步！

被死死抵挡在了长江北岸后，完颜亮终于明白了曹操、苻坚的心情，更明白了当初梁王完颜兀术的苦衷了。

杨坚、赵匡胤，你们当年是怎么过去的呀？！

面对这条“绝望之河”，完颜亮使尽了招数，都毫无办法。金国与宋朝的战争，也变成了僵局。

孰料，就在完颜亮前线受阻时，他的后院竟然着火了。当时，完颜亮突然收到了一封金国皇帝发来的圣旨，声称要替天行道，讨伐逆贼完颜亮！

完颜亮不是金国的皇帝吗？这位突然冒出来的皇帝，又是怎么回事呢？

这个新登基的天子，就是金国第五代皇帝，人称“小尧舜”的金世宗——完颜雍。

新皇登基

正当完颜亮全线攻打宋朝时，他突然收到了一份圣旨，一个新皇帝已经即位，并且新皇帝把他贬为庶人了。

这就是金世宗——完颜雍。

关于这个皇帝，还得从头说起：

金世宗完颜雍，原名完颜褎，女真名完颜乌禄，汉名完颜雍。他是金太祖完颜阿骨打的孙子，完颜亮的堂兄弟。

咱们前面讲过，金国金熙宗、海陵王统治的时代，可不是皇子们生活的好时代。这两个皇帝都嗜杀成性，也都喜欢杀自己的兄弟。在他们的统治下，皇室成员人人自危，大家都不知道什么时候就人头落地了。

那么，在这个血腥的时代里，完颜雍是怎么存活下来的呢？

原因很简单，他有一个贤内助、他的妻子——乌林答氏。

在金熙宗时代，见这位皇兄如此滥杀无辜，完颜雍如惊弓之鸟一般惶惶不可终日，害怕有一天皇帝的屠刀就落了下来，让自己身首异处。

为了避祸，贤内助乌林答氏就出了一个计谋，说咱家有两个宝贝，是灭亡辽国时缴获的辽骨睹犀佩刀和吐鹘良玉茶盏，值大钱了，金熙宗对这些东西也垂涎很久了，咱们把它们送出去吧，这样就能避祸了。

一听这话，完颜雍拿起这些宝物不断地摩挲，舍不得交出去。他告诉乌林答氏："这些宝物乃先祖功勋的证明，已经是家传之宝，怎能轻易送人呢？"

乌林答氏反驳道："全家的性命跟这些玩物比，孰重孰轻？这么一笔账，你算不清楚吗？如果你想死，就留着这些东西吧。"

最终，完颜雍听从了夫人的建议，他忍痛割爱，把这些宝物献给了金熙宗。金熙宗得到这些宝物后，龙心大悦，也没有再为难这个弟弟。

就这样，在夫人的帮助下，终金熙宗一朝，完颜雍平安存活了下来。海陵王登基后，完颜雍在夫人的劝说下，又故伎重施，他一车一车地送礼物，以表忠心。同时，在贤妻乌林答氏的建议下，完颜雍频繁地上疏朝廷，说皇帝不要跟自己"客气"，哪个地方恶劣、哪个地方不好管理，就让自己去。自己不贪图朝廷的高官厚禄，就想当一个基层干部。自己就是皇帝的一块砖，哪里需要就往哪里搬。

因为频繁上贡和勇于吃苦，完颜亮对这个弟弟很是满意，他也没有杀了这个弟弟，让他存活了下来。

当时，在贤妻乌林答氏的帮助下，完颜雍虽然生活不如意，但还算过得去，他并没有打算造反，也没有取而代之的意思。然而，有一件事情发生了，完颜雍恨死完颜亮了，他时刻想要报仇，甚至想取而代之了。

那就是一个男人绝对不能容忍的——夺妻之恨。

原来，完颜亮不知道从哪里得来的消息，说这个乌林答氏长得非常漂亮，号称“金国第一美女”。这一下子，完颜亮就把持不住了，他立刻颁布圣旨，让完颜雍把妻子送进中都为质。

接到这封诏书后，完颜雍气炸了，他当即表示，要起兵造反。结果，贤内助乌林答氏告诉他：“夫君实力不够，若现在造反，咱们全家都得死。还是让我去吧，牺牲我一个，能保住咱们一家，我也值了。”

说完，这对夫妻抱头痛哭。乌林答氏梳妆打扮了一番，随钦差入宫了。乌林答氏知道自己入宫后肯定会被完颜亮这个淫贼凌辱，就趁守卫不备，投湖自杀了。

得知美人香消玉殒后，完颜亮恨死完颜雍了。在他的思维里，完颜雍肯定是让夫人替自己守节了，要不然入宫这么美的事情，乌林答氏会不干吗？她会无缘无故投湖自杀吗？

完颜亮想找一个办法，把完颜雍弄死。正好，机会说来就来。

当时，因为完颜亮的横征暴敛，东北一带的契丹人造反了，他们聚众起义、自立为国。得知此事后，完颜亮先是大惊，随后大喜。他立刻命完颜雍出兵，去讨伐这些反贼。

完颜亮要用敌人之手，杀死这个弟弟。这次出征，完颜亮故意给完颜雍老弱病残的部队，以达到“鹬蚌相争，打赢平外患，打不赢平内乱”的效果。

虽然完颜亮想让完颜雍跟反贼一起玩完，但他没想到，这个弟弟太能打仗了，完颜雍仅仅凭借这支老弱病残的军队，就能跟数倍于自己的对手打得不分胜负，这个弟弟太厉害了。

后来，见完颜雍老是不打败仗，完颜亮派去监视的两个亲信就不干了，他们不想留在这个苦寒之地，继续跟完颜雍打仗。

这哥俩一合计，说陛下给咱们的任务，不就是搜集完颜雍的罪状，诛杀他吗？反正结果都一样，咱们就自己来吧。

于是，这哥俩就伪造了一份奏章，说完颜雍来到东北后，不去剿匪，反而拥兵自重，私自打造铠甲，擅自招募军队，这是要造反！请求朝廷降旨问罪，严惩不贷。

写完这封诬告信后，这哥们又一合计，说这封信上呈后，这一来一回又得耽误好些天，咱们还得在这里继续受冻。这样吧，反正也是杀，谁杀不是杀，咱就来一个先斩后奏。明日议事时，就把完颜雍砍了吧，随后再向皇帝报告，谅皇帝也不会怪罪咱们。

这哥俩安排好了计划，就安心睡觉了。然而，这哥俩根本不知道，就在自己的窗外，有一个人正盯着他们，并把他们的言语全部记录了下来。

原来，这哥俩在监视完颜雍，完颜雍也在监视他们。得知他们的所作所为后，完颜雍仰天长叹道："行了，我与海陵王之间的兄弟恩情，今日到此为止，我不得不反了！"

说干就干，完颜雍立刻带着部队杀奔监军的住所，把那哥俩斩杀了。第二天，完颜雍提着他们的头颅，通告三军，并表明了自己造反的意愿。

当时，在完颜亮的横征暴敛下，士兵们早就痛恨这个皇帝了，大家群起响应，拥立完颜雍登基称帝。

正隆六年（1161 年）十月八日，在士兵们的簇拥下，完颜雍在东京辽阳城登基称帝，成了金国第五代皇帝，是为金世宗。金世宗即位后，立刻下诏书废黜完颜亮。

至此，就出现了之前的那一幕。

完颜雍登基时，完颜亮正率军跟宋军死磕呢。收到这封诏书，完颜亮立刻就慌了，说我还是下手晚了，没把这个小子弄死，才引来今日之祸。

完颜亮虽懊悔不已，但事已至此，只能寻求解决的办法。

完颜亮下令封锁消息，不让士兵们知道此事，以免动摇军心。同时，完颜亮下令召集诸将开会，商量对策。

商量之后，大部分将领认为——如今后院着火，要赶紧班师回营，消灭这股叛军。要不然，等叛军做大做强了，就全完了。

事实证明，这是一个正确的建议，也是当时局面下唯一可执行的建议。然而，完颜亮反而听从了吏部尚书李通的建议，一个莫名其妙的建议。

这个建议就是:“陛下亲师深入异境，无功而还，若众散于前，敌乘于后，非万全计。若留兵渡江，车驾北还，诸将亦将解体。今燕北诸军近辽阳者恐有异志，宜先发兵渡江，敛舟焚之，绝其归望。然后陛下北还，南北皆指日而定矣。”

这段话的意思是说：陛下亲自率军来到这里，若无功而返，多丢面子呀。如果我们现在撤兵的话，就会造成一种人心尽散的结果。到时候，众散于前，敌乘于后，咱们就死无葬身之地了。因此，现在只剩下一条路了，孤注一掷渡过长江，并将船烧毁，破釜沉舟，灭亡宋朝，然后率领大军北还，届时天下就都平定了。

虽然说这段话的人，是靠阿谀奉承之术上位（以便辟侧媚得幸于海陵）的完颜亮的亲信李通，但是，我怎么都觉得李通“另有所谋”呀。他不是在帮助海陵王，而是嫌他死得太慢，让他赶紧去死呀！

这个李通，真是一个“狗头军师”。

虽然一开始对于这个“狗头军师”的建议，完颜亮还是比较犹豫的，但最终，他还是听从了这个建议。完颜亮下令——全军渡过长江，灭亡宋朝。

本来，完颜亮差点儿就此改变了自己的悲惨命运，差一点儿就渡过长江，一举灭亡了宋朝。

对此，用两点说明。

第一，完颜亮选择突破长江的点，非常好。这个突破点，就是永载史册的采石矶。

前面讲过，采石矶是长江的薄弱点，那里水浅流缓，军队不仅好渡江，而且可以在那里搭浮桥。昔日，赵匡胤统一天下时，就是从采石矶造的浮桥，一举渡过了长江，灭亡了南唐。可见，完颜亮选择这里作为突破口，其眼光和水平真不是一般的高。

第二，就在完颜亮打算渡江时，对面的宋军出现变故了，更增加了完颜亮渡江的概率。

原来，负责镇守长江防线的，是宋朝的老将刘锜。在刘锜的防守下，金人吃尽了苦头，没法越江半步。然而，在防守期间，刘锜突然生病了，史称“气息奄奄，乍醒乍迷”，已经病得非常严重了。最终，刘锜只能退离战场，去后方养病去了，没过多久，刘锜就病逝了。

刘锜离开后，接任者叫王权。此人号称“逃跑将军”，他畏敌怯战，竟然逃之夭夭了。

王权逃跑后，朝廷大惊，宋高宗马上调李显忠去前线，去接替王权的职位，但调李显忠去前线也需要时间，不能让他飞过去。

此时，前任无故离开，继任还未到来，南宋的长江防线出现了一个真空带。群龙无首、没有统帅的部队，就是一群乌合之众。而完颜亮面对的，就是这么一群对手。

可见，凭借这个“天时”和“地利”，若完颜亮大举入侵，瞬间就可以击败这支乌合之众，一举攻破长江防线。届时，宋朝就会亡国，那百年后宋朝皇帝悲惨的漂流出海的场景，也绝对会提前上演了。

然而，历史就是这样荒诞不经，他赐给完颜亮希望的同时，也让另外一个人把希望彻底击碎，只剩下了一地破碎的绝望。

这个人，当时还是一个无名小卒，叫作虞允文。

无名小卒立大功

虞允文，字彬父，一作彬甫，南宋大臣，抗金名将。史料记载，虞允文自幼非常聪明，他六岁诵九经，七岁能属文，绝对是一个神童。

虽然非常聪明，但虞允文的仕途却非常不顺。他看不惯权臣秦桧的所作所为，在秦桧执政期间，一直没有升迁。

秦桧死后，虞允文才得到朝廷的重视，被授予了礼部郎官、中书舍人、直学士院等官职，成了一名朝廷大员。

虽然被授予了要职，但此时此刻的虞允文已经老了，年过五旬的虞允文已经没有太多的机会建功立业，他也只能发出岁月不饶人的感慨了。

不出意外的话，虞允文的一生，都将在平淡中度过，死后的名字也会跟多数官员一样，悄无声息地躺在纸上，不会掀起太大的波澜……

然而，宋金的这场大战，成全了无名小将虞允文的千古英名。

那么，这个千古英名，是怎么炼成的呢？

说实话，这完全是一个“时势造英雄”的经典案例。

宋金交战时，为了鼓舞士气，宋高宗命中书舍人虞允文入军营，去前线犒军。

中书舍人，类似今天国务院办公厅秘书一类的官职。换句话说，虞允文根本不是将领，跟这场战役没有一丁点关系。但虞允文“好管闲事”，他进入军营后，什么都要管、什么也要问。结果，虞允文惊讶地发现，此时此刻的宋军，根本没有打仗的意识。士兵们三三两两地或聚众赌博，或喝酒聊天，根本没有操练。而且，很多士兵卷起了铺盖，准备随时跑路。反观对面的金军，都在操练武功、忙着造船，大有入侵之势。

军无斗志也就算了，更可怕的是，长江防线上本应该有十余万宋军，结果在群龙无首下，士兵大规模逃跑了，现在只剩下不到两万士兵了。

虞允文大吃一惊，他立刻以天子的名义召集将领们开会。将领们来到后，虞允文大吼一声道：“本官是奉命来此督军，帮助各位破敌！”

此言一出，虞允文身边的随从都傻了，有人偷偷摸摸拉了虞允文的衣服，小声道：“大人，您说错了吧，我们是来犒赏三军的，不是来督战的。咱们可没有打仗的义务。”

虽然随从声音很小，但还是让一些将领们听见了，他们质疑道：“大人此次前来，真是来督军的？”

虞允文甩开袖子，大义凛然道：“我就是来这里督军的。现在，朝廷已经罢黜了王权，命大将李显忠接替他的官职。在李显忠将军到来前，我暂时是这里的全军总指挥。”

李显忠将军声名远播、战功显赫（后面再说），一听说他要来前线，宋军立刻安心了很多。但是，还是有极端悲观者问道：“如今，我军兵少粮缺，士气也极其低落，若此时金人进攻，为之奈何？”

一听此话，虞允文大吼道：“你们可以逃跑呀！”

众将一听，大吃一惊，集体质疑道：“大人，您刚才说啥？”

在这种微妙而尴尬的气氛中，虞允文气运丹田，开始了自己振聋发聩的演讲：“害怕与金人战斗的人，可以速速离开，老夫赦免你们的逃兵之罪。那些想让家人遭金人蹂躏、家园被金人破坏的人，也可以速速离开，老夫同样赦免你们的逃兵之罪！”

此言一出，宋军集体语塞，随后爆发出了雷霆般的怒吼，大家都愿意留在这里，保卫家园、保卫自己的妻儿老小，与金人决一死战。

至此，凭借自己的三寸不烂之舌，虞允文收编了一支士气高涨的两万人部队，成为这支部队的总指挥。虞允文准备率领他们，与金人决一死战。

上天没有让虞允文等多久，很快，他就迎来了前来进攻的金人。

正隆六年（1161 年）十月八日，完颜亮倾尽全力，率领十万大军开始渡河。然而，宋朝无敌的科学技术，给了完颜亮一记当头棒喝，让他苦不堪言。

宋军的科学技术主要有三。

第一个科技产物，当时最先进的人力驱动战船。

在唐末，我们的祖先就发明了用脚踏轮驱动的战船。到宋朝时，我们更是将这个技术发扬光大。当时，宋朝拥有全世界最大的人力脚踏轮子的战场船。史称“船长三十六丈，广四丈一尺，船高两重或三重，可载千余人。上设拍竿，长十余丈。上置巨石，下作辘轳贯其颠，遇官军船近，即拍竿击碎之”。

这种船速度奇快，有一个非常好听的名字——海鳅船。

金人从来没有见过这种“其迅如风，其飞如龙”的船，他们惊得说不出话来。完颜亮甚至惊叹道：“宋人造船的本领真是精湛，竟然能够用纸造船！”

在金人眼中，只有纸船，才能跑得如此之快。

可想而知，面对这种“快如闪电、远了能砸你，近了能撞你”的船，金人损失相当惨重。

然而，更让金人痛苦不已的是，这种船上还配备了当时最先进的火炮，一个劲儿地轰自己。而这个武器，就是宋朝的第二个科技产物。

第二个科技产物，宋朝的火箭炮。

虽然在历史上，是元朝人将火药大批量地用在了战争上，但在宋朝时，我们也有火药武器，甚至比元朝的武器有过之而无不及。

在这次战斗中，虞允文使用了一种当时最先进的火箭炮射杀敌军。这种火箭炮有点像今天的“二踢脚”，或者是“二级火箭”，点着火，飞出去，命中目标后爆炸，烧毁敌船。

除了能爆炸杀敌外，宋军还在火箭的尾部添加了大量的生石灰。这样一来，火箭一爆炸，石灰就会喷射出来，灼烧敌军的眼睛。就是在石灰的攻击下，很多金人士兵被迫跳江了。即使他们不会游泳，也只能跳江……

第三个科技产物，神臂弩。

除了在水中给完颜亮准备了“礼物”，宋军在陆地上也给完颜亮准备了一份大礼。这就是他们引以为傲的远程杀伤性武器——神臂弩。

神臂弩是一种威力巨大的弓箭，它射程远（可射三百步），威力大（三百步外贯铁甲），数量多（一次可射几箭甚至几十支箭），真可谓诛杀敌军之“必备良药”。

当时，宋军在长江防线上配备了数万个神臂弩，就等着给金人留下一个最惨痛的回忆。

因此，在海鳅船、火箭炮、神臂弩这三种武器的攻击下，金人损失惨重，他们留下了一个刻骨铭心的体会——科学技术，真是第一生产力。

两军交战，武器虽然重要，士气更加重要。在这个方面，虞允文不仅给宋军当了一个很好的表率，更是宋军必胜信念的源泉！

虽然金军在宋军高科技武器的攻击下损失惨重，但毕竟人多势众，交战一段时间后，很多“敢死队”突破了长江，登陆南岸，开始攻打宋军。

看见这些满腔愤怒、蜂拥冲向自己的金军，宋军产生了怯战心理，想脚底抹油开溜了。就在此时，一旁督战的虞允文抽出一把刀，大吼一声，就要冲向敌军，与金人决一死战。

见此情景，大将时俊一把抓住他，劝慰道:“先生是一个文人，抓只鸡都费劲，就别去杀敌了，去了只能添乱。”

一听这话，虞允文大骂道:“我虽是文人，也有上阵杀敌的勇气。不像你们，明明是武人，却像女人一样胆小无比！”

在古代，骂人的最高境界，就是骂将士是女人。昔日，诸葛亮为了激司马懿出战，就送他女人的衣服。

可想而知，一听“女人”二字，时俊瞬间就怒了，说我乃一堂堂七尺男儿，竟然被说是一个女人，真是气炸我也！现在，我就带兵出阵，让你看看我这个纯爷们的厉害！

说罢，时俊挥舞双刀，带领手下奔赴前线，跟金人决一死战。

时俊勇猛无比，杀敌无数。在这名将领的鼓舞下，宋军士气倍增，发动了潮水般的进攻，把金军杀得落荒而逃，重新把他们轰到了河里。

至此，这场改变中国历史的采石矶大战，就以宋军大获全胜、金军大败而归告终，而交战的双方，也只能迎来了各自的结局。

完颜亮惨死

虞允文大获全胜的消息传到朝廷后，宋朝群臣乐坏了，宋高宗更是高兴地蹦起来了。他心想，金人呀金人，你们也有今天！看来，你们是甭想突破长江了，朕的天下也彻底安稳了。

当时，高兴的宋高宗甚至颁布圣旨，要御驾亲征，亲自去前线杀敌，以扬眉吐气一把。后来，在群臣的劝慰下，宋高宗才悻悻然地顺坡下驴，收回了成命（其实也没打算去）。

总而言之，宋朝的表现就是一个字——爽。而金国的表现也是一个字——衰。

被虞允文打得大败后，完颜亮的脸都阴得不行了，他下令开会，痛骂这些不中用的将领。

完颜亮痛骂道，你们都是干什么吃的？刘琦，你们打不过，还情有可原；一个手无缚鸡之力的文人，你们竟然也打不过，全是饭桶不成！

痛骂完，完颜亮给诸将下达了一个死命令——明日，全军必须过江，不管死伤多惨烈，都不许逃跑！小兵跑了，杀伍长；伍长跑了，杀十人长；十人长跑了，杀百人长；百人长跑了，杀千人长；千人长跑了，杀将军；以此类推，谁也别想跑！

交代完这个连带责任后，完颜亮就睡觉去了。

散会后，这些将领不约而同地聚在了一起，大家面面相觑，不知道该怎么办了。

沉默了一段时间后，有一个叫完颜王祥的年轻将领道："各位都看见了，宋军防线坚不可摧，我等明日一出战，就死无葬身之地。既然完颜亮逼迫咱们去死，咱们不如反了吧。如今，新皇已在辽阳登基，他完颜亮不过是一个忤逆之人，咱们还效忠他干吗？不如杀了他，用他的首级向新天子报功，还能保住咱们的荣华富贵。"

完颜王祥的这番话，说到大家心坎里去了，于是大家群起响应。大家拿着刀，带着兵，直奔完颜亮的中军大帐。

来到完颜亮的大帐前，完颜王祥下令放箭，并率军攻了进来。

完颜王祥造反时，完颜亮正睡觉呢，一听外面有动静，还有箭射进来，完颜亮发现事情不妙了。他本以为是宋军的偷袭，结果一看地上的箭矢，竟然是金军的武器装备。至此，完颜亮清楚地知道，大势已去了。

是的，一切都结束了，自己那个“率师伐国，问罪于前”的梦想，只能变成一个梦想了。而那个“三秋桂花，十里荷花”的景色，他也看不见了……

完颜王祥率军攻进来后，对着丧失斗志的完颜亮就是一刀，直接将他砍倒在地……

为了怕完颜亮不死，几个金军将士蹲下腰，用弓弦勒住了完颜亮的脖子，直到把完颜亮的脖子勒出了深紫色的痕迹才松开手……

至此，这位被后人称为“天下第一昏君”的海陵王完颜亮，就这样遗憾地离开了历史的舞台。而伴随着他的去世，无论是金，还是南宋，又将迎来自己崭新的一页。

因为，在这场政变中，金国换了一位皇帝，而南宋也将换一位皇帝。

那么，这位南宋的新皇帝是谁呢？

第四章 新的时代

宋高宗禅位，宋孝宗登基

得知完颜亮惨死、金人退兵后，宋高宗长嘘了一口气，他也开始重新考虑自己的未来了。

毕竟，在这位皇帝的眼中，自己虽然称帝长达三十五载，却没有一天顺心的日子。别的皇帝登基后，能释放自己的天性；自己登基，不仅没过一天好日子，连天性还给剥夺了。

与金人斗，与武将斗，与奸臣斗，斗了一生的宋高宗厌烦了，他打算退隐江湖，不再过问这些事情了。

日暮苍山远，天寒白屋贫；柴门闻犬吠，风雪夜归人……朕累了、困了、乏了，让朕好好地休息吧。

在这种背景下，圣心厌勤的宋高宗颁布了一道圣旨，打算禅位给太子，退居德寿宫（原秦桧的相府），去那里颐养天年。

至此，宋朝历史上第一次禅位大典，就此开始。

绍兴三十二年（1162年）六月十一，南宋朝廷举行了赵构的内禅仪式，宋高宗正式退位，传皇位给太子赵昚，是为宋孝宗。

当时，在退位仪式上，高宗说了这么一句话，也满是心酸："朕在位失德甚多，更赖卿等掩覆。"说完，宋高宗流下了眼泪，宋孝宗等人也落泪不止。

仪式结束后，赵构起驾前往隐居的德寿宫，宋孝宗身穿黄袍，冒着雨为父亲送行。当时，瓢泼大雨，宋孝宗一不打伞，二不举盖，就在大雨中为父亲送行，任由雨水把自己浇成了一个落汤鸡。宋孝宗直到把父亲送进了德寿宫，才跪拜离开。

看着儿子渐行渐远的背影，宋高宗满意道："朕托付的人是对的，朕再也没有遗憾的事情了。"这里的潜台词是——这个儿子太孝顺了，简直比亲生的还好！

这一年，宋高宗56岁。

宋高宗退位后，这位新上任的宋孝宗皇帝，是一个什么样的人呢？他对金人的态度，又是怎么样的呢？

历史自有答案。

对比软弱无能的父皇，宋孝宗是一个坚定的主战派。他登基后，立刻干了三件事情，以表自己的决心。

第一件事情，改国号"隆兴"。

何为"隆兴"？就是要"务隆中兴之政"！取了这样一个想有所作为的年号，宋孝宗心中的意愿就不说自明了。

第二件事情，替岳飞平反。

为了振奋人心，宋孝宗颁布了一道圣旨——追复岳飞官职，以礼葬之；访求其后，特予录用。他要用这种方式，给天下一个表率，振奋将士之心。

对于宋孝宗而言，寻找岳飞的后代很好办，毕竟岳飞的后代被发配到了哪里有案可查，只要派当地官吏寻找便是，但是，安葬岳飞的尸体就比较难办了。

因为，当时诛杀了岳飞后，衙役们把岳飞的尸体草草扔在了大理寺的墙角下，如今已经不知所踪了。

好在，就在此时，一个小人物站了出来，他替身亡的父亲，把岳飞的尸体奉献给了朝廷。

这个小人物的父亲，叫作隗顺，是一名狱卒。岳飞被杀死后，好心的隗顺含悲忍痛，冒险把岳飞的尸体偷了出来。他把岳飞的尸体埋在了临安城西北外。隗顺在岳飞坟前种了两棵橘树，以作标记。他还把岳飞墓改名为贾宜墓，用来掩人耳目。

在宋朝，宜人是官员“外命妇”的名号。而取这个“贾”字，就是告诉世人，这是一座假墓。

安葬好岳飞后，隗顺死守这个秘密，他等待有朝一日岳飞沉冤昭雪。

然而，令人痛苦的是，隗顺死守了一辈子秘密，也没有等到那一天。他把这个秘密传给了儿子，让儿子继续等待。

得知此事后，宋孝宗立刻找来岳飞的后人和部属，大家一起去开棺验尸。开棺后，大家看见此尸上有一个特别的玉环，全都抱头痛哭。因为，此玉环是岳飞生前一直佩戴的东西，身为岳飞的家属和部下，不可能不认识此物。

就这样，确认了岳飞的身份后，朝廷花费重金把他好好地安葬了。天下百姓看见此举皆感动不已，更加拥护这位宋孝宗。

第三件事情，重新起用张浚。

隆兴元年（1163 年），宋孝宗复起了宋高宗痛恨不已的张浚，任命其为江淮宣抚使（江淮战区的最高长官），并赐予其少傅头衔，加封其为魏国公。

虽然宋孝宗复起张浚的事情，堪称他人生中的最大败笔，但不管怎样，看见主战派的张浚重新上台后，“天下为之一振”。百姓欢呼雀跃，认为这个天下有救了。

综上所述，看见了新皇帝的这“三板斧”后，天下百姓皆认为，这位新皇帝会重振朝纲，带领大家北伐中原、恢复失地，重现大宋王朝的昔日繁华。

百姓们是这么想的，这位皇帝也是这么做的！宋孝宗一登基，立刻摆出了一副北伐的架势，他要趁金国内乱，北伐中原！

然而，宋孝宗万万没有想到，自己的北伐大业，竟然差点儿被一个人给搅黄了。更可气的是，这个唱反调的不是别人，而是他最器重的老师！

这个人，就是永载史册的四明家族的一代帝师——史浩。

"四明家族"的前世今生

在南宋的历史中，要想躲开明州（今浙江宁波，宋朝也称"四明"或"庆元府"）的史氏一族、不去研究这个"四明第一望族"，基本上是一件不可能的事情。

因为，虽然在漫长的北宋历史中，史氏一族一直默默无名，直到北宋亡国，这个家族才出了一位进士。但是，在那个英雄难继、竖子成名的南宋王朝，史氏一族却抓住机会壮大了起来，并创造了显赫的历史。

当时，在数代人的努力下，史氏一族从一个默默无名的小族，变成了一个名门望族。纵观整个南宋历史，史氏一族一共为朝廷贡献了三任宰相、超过两百多名高级官员。

在这么多史姓官员的共同努力下，史氏一族的势力达到了巅峰。他们不仅把持着朝政，在宋宁宗、宋理宗两朝，更是饕餮天下，成了帝国的掌权者，史称"满朝朱紫贵，尽是四明人"。

在巅峰时代，史氏一族所拥有的权力无人能及！当时，各级官员对他们卑躬屈膝，太后妃嫔对他们毕恭毕敬，就连皇帝本人也得看他们的脸色行事。

更可怕的是——当时的史氏一族，竟然拥有撤换皇帝的权力！

那么，这个无敌的家族，是怎么出现的呢？这个权倾朝野的家族，又是怎么成长的呢？

现在，让我们一一道来。

根据史家家谱记载，史家的祖先，源自声名显赫的溧阳（今江苏溧阳市）史氏。这个溧阳史氏非常了不起。他们世代为官，是当地的名门望族。

"世代"二字是溧阳史家的骄傲资本。因为他们世代为官的时间太长了。

这个"太长"，有多长呢？

一百年，够了吧。

一百年？少了一个零！

从一千多年起，在两汉时期，溧阳史家就出来为官了。后来，不管王朝如何更替，溧阳史家都能入朝为官，书写自己家族的历史。

虽然在历史上，溧阳史家没有出类拔萃的表现（可能也是好事，要是太出色了，估计就被灭门了），但官员辈出，一直参与朝政，家道也从未中落，号称“世代封爵，连绵不绝”(《萧山史氏宗谱·卷八》)。

后来，在唐末时，溧阳史家出现了一个名人，他就是唐朝著名的学者和官员——史惟则。这个人不仅在历史上留下了璀璨的事迹，还率领家族从溧阳迁徙到了四明，并在这里安居了下来。

就这样，在明州史家的家谱中，他们就认为自己是溧阳史氏史惟则一族的后裔。然而，很多学者认为，这两个家族之间应该没有任何关系，是史家人自己认亲的结果。而且史学家们极度怀疑，这个史家有可能不是汉人，而是少数民族的后裔。

因为，在唐朝，史姓更多是边境线上的异族姓氏，比如史思明等。也许，在逃难的过程中，史姓的异族祖先到了中原，并在这里安居乐业、改头换面。

虽然史学家们对史氏一族的族谱产生了怀疑，但不可否认的是，当史氏一族崛起时，他们到底是谁的后裔已经无关紧要了。那个时候的他们声名显赫，已经不需要再去认祖归宗，反而还要防着别人来认祖归宗了。

那么，这个家族的第一任“太祖爷”，又是谁呢？

在明州史氏家族的记载中，第一个在历史中占据分量的，是史浩的三世祖史简。

这里多说一句，史浩的四世祖，即史简的父亲史成，在历史上也有记录，但只有区区数笔，无法成书。所以史学家们公认的史家祖先，就是有历史记录、官职在身的史简。即使史简英年早逝了，也把他认定为史家的“开山鼻祖”。

史简兄弟三人。他的哥哥无后，这支断脉了；他的弟弟虽有一子两孙，不过为了发展，弟弟带着孩子们远走他乡，很早就离开明州了。并且，从此以后，弟弟一脉就杳无音讯、不知所终了。

哥哥无嗣、弟弟远走他乡，所以四明的史氏一族，基本上都是史简的子嗣。然而，大家可能不知道的是，伴随着史简的早逝，这个家族差点绝后。

史简是当地的一名县吏，不知道犯了什么事情，英年早逝了，享年仅仅20多岁。

关于史简英年早逝的原因，则是一个谜。在现存的史料中，只写了史简的出身、名讳、生死时间等，但对他的死亡原因等细节，只字不提，这就引起人们的无限猜想。

更神奇的是，在史家自己写的神道碑上，对于这个祖先的事情也是只字不提。

要知道，当时史家极其受宠，皇帝都听史浩的（他是帝师）。在这种情况下，如果史家人美化自己的祖先甚至是篡改历史，都是完全可能的。

对于这个结果，是他们不知道呢（有可能，毕竟战乱时资料严重丢失，史家人自己就曾承认，家族记录“铭残文阙，难以卒读”），还是故意不写呢？那就不得而知了。只能寄托更多的史料出炉，来解决这个难题了。

虽然不知道史简的死亡原因，但我们知道他死后的结果——史简英年早逝后，家贫如洗，只留下一个生病的儿子、一个幼女和正在怀孕的妻子叶氏。

没过多久，生病的儿子也病逝了。换句话说，如果叶氏没有生下那个男孩，这个家族就绝后了！

在这种情况下，叶氏咬紧牙关，终于克服了一切困难，生下来一个男婴。

这个史简的遗腹子，就是史浩的爷爷——史诏。

就在这个遗腹子的手中，史家开始步入正轨，打好了入仕的基础。

虽然史诏是史家基业的创始人，但他也跟自己的父亲一样，给后人留下了谜团，还是两个谜！

第一个谜，史诏是怎么生活的。

史诏博学多才，后来成了州学教授。但是，问题来了。在那个时代，读书识字不仅费力，还极其费钱（参考范仲淹），普通人根本付不起这个读书钱。

跟寇准的经历不同，虽然都是单亲家庭长大的孩子，但寇准是官宦之后，家里有余钱供他读书。史诏则是衙役之后，家里没有钱，史称“清贫特甚”。在这种情况下，叶氏又是怎么拿出钱让儿子读书的呢？

此外，没有任何资料显示，史家拥有自己的土地。在那个封建时代，没有土地，就没有收入来源；没有收入来源，只能等着饿死，更不可能交得起高额的学费。

无余财、无背景、无年龄（子幼）、无土地……不管怎么看，都是一贫如洗的贫民。

史诏读书的问题，真的成为一个谜了。

如今，最新的研究表明，史家之所以有钱让史诏去读书，是因为他的母亲非常了不起。叶氏是一个足智多谋且颇有胆识的经商高手，是她用经商挣来的钱，养活这个家、供儿子读书。

据《冀州夫人叶氏传》记载，叶氏有一个小型的纺织厂，她雇用了一些女孩为其纺织，然后卖出去换取财富。据称，这个纺织厂的年收入还可以，完全可以自给自足，还能做一下慈善活动，造福乡里。

虽然历史是这样记载的，但依旧是疑点重重。毕竟，这里面很多都解释不通。

比如，叶氏的启动资金是哪里来的？在女子大门不出二门不迈的时代，叶氏又是怎么劝说其他女子出门挣钱、去抛头露面的？而且，像叶氏这样的生意人，是一定要频繁应酬的。在那个理学森严的时代，叶氏又是怎么应酬的呢？

因此，部分史学家们坚信，叶氏没有创建过纺织厂。这个所谓挣钱办法，就是杜撰。

至此，史家的谋生手段、史诏的读书问题，只能是一个谜团了。

第二个谜，史诏是怎么声名远播的。

大观元年（1107 年），朝廷下令，要各地官员用“八行取士制度”寻找德高望重之人，举荐“八行”之人入朝为官。

“八行取士制度”，是喜欢创新的宋徽宗建立的一种取士制度，用来录取品德高尚、德高望重的寒素之人。

当时，宋徽宗下令，要各级官员举荐本地的“孝、友、睦、姻、任、恤、忠、和”之典范（合成“八行”）入京培训。培训合格后，入朝为官。这种制度，完全绕开了科举和荫补两条路线，为寒门之子开辟了一条新的仕途之路。

明州的官员想都没想，就推荐了史诏，让这个“八行老人”入朝为官了。

这次举荐，是另一个不解之谜。

因为，没有任何资料显示，史诏是一个博学多才的学者。史诏既没有参加过科举，又没有出版过文集，更没有留下什么“惊世骇俗”的诗词。那么，这么一个平庸之人，当地官员为什么选定他作为本地的儒家道德典范呢？

这让人百思不得其解。

也许，因为史诏年龄太大了，年过五旬的他有倚老卖老的资本；也许，因为史诏太孝顺了，就如同他的传记里记录的那样——父母在，不远行，虽然史诏可以进入中央为官，但为了年迈的老母，史诏选择了“笃定不移”，毅然放弃了升官发财的机会。

到底是什么原因，让史诏得到了一个“八行典范”的头衔，已经不得而知了，但所有的史料都记载了他得到这个头衔后的结果。

史诏得到“八行典范”的头衔后，他的家族成为当地的名门望族。即使这个家族没有入朝为官，但凭借这个头衔的威望，史家人逐步得到足够的政治资本。

这不，到了史浩的父亲辈，史家终于冲出了地方，来到了中央，在宦海中展翅翱翔，书写自己的历史了。

史家第二代成长记

史诏一共有五个儿子，分别是史师仲、史才、史木、史禾和史光。

在这五个儿子中，史诏最看重的是长子史师仲。这个孩子也没有让父亲失望，他顺利步入仕途。

史师仲能那么顺利地步入仕途，是沾了一种崭新录取制度的光——他并不是通过常规的科举制度步入仕途的。

这个崭新的录取制度，叫作“三舍法选举制”。

“三舍法选举制”，是喜欢“返古”的宋徽宗创建的一种录取人才的制度。当时，这个皇帝特别喜欢古代的东西，如古代的称谓（赐自己的女儿名为柔福帝姬）。

这个皇帝废除了科举制，建立了返古的“推荐制”，他让各级官员推荐优秀的学生进入太学，在里面学习深造。成绩优秀者，就可以授予官职。

对比科举制，这种制度无疑是一种倒退。但是，这个制度特别受豪门世族的拥护（大家都懂）。而“八行之家”的史家，更是这种制度的直接受益者。

就这样，在“三舍法”制度的帮助下，史师仲顺利地被保举进入太学，因在里面读书成绩优秀，又被授予官职。

然而，天有不测风云，人有旦夕祸福，正当朝廷准备授予史师仲官职、让他成为史家第一个当官的人时，史师仲却因病逝世了，享年43岁。

长子溘然病逝，令史诏悲痛不已，他只能把自己的希望寄托在老二史才身上了。而事实证明，这个史才也没有让父亲失望，他也顺利地步入了仕途。

虽然同样受益于“三舍法选举制”，但史才的表现却比老哥强得多。在学习深造期间，他不仅成绩优秀，还考取了功名，获得了进士学历。

至此，史才成为史家第一位进士，也成为史家第一位官员。

政和八年（1118 年），史才“毕业”后，朝廷委派他到处州（今浙江丽水）担任知县。

要知道，按照当时的官位晋级规矩，像史才这种无名无姓、没有后台背景的小官员，从基层干起，至少需要干上几十年，才能混到自己想要的官职。在这期间，史才还不能出错，一旦出错，他就回到“解放前”了。而且，在那个时代背景下，就算史才不出错，别人也会让他出错，让他替自己去背黑锅。

就这样，在那个“功劳是别人的，黑锅是自己的”的昏庸的徽宗时代，史才的官场仕途之路凶险无比。他这辈子，注定是一个默默无名的小官。

在这个时代里，史才如果想升官发财只有三条路可走。

第一条，史才精通高超的斗争哲学之术，突出重围，顺利晋级。

第二条，史才遇到一个特别赏识自己的大臣，一飞冲天。

第三条，出现了天灾人祸，让这个国家动乱了，给普通人成名的机会。

摆在史才面前的，就是这么三条不靠谱的路，且一条比一条不靠谱。

然而，史才万万没有想到的是，一个天下大乱的时代，竟然突然降临了。在这个“英雄难继”的时代里，他“竖子成名”了。

原来，史才在地方当官期间，“靖康之耻”爆发，北宋灭亡。南宋建立后，因急缺官员，朝廷就大笔一挥，授予了史才一个国子监主簿的官职，把他调入了中央。

虽然国子监主簿就是一个从八品的小官，但不管怎样，史才进入中央了，正式步入朝廷的舞台了。

这堪称明州史家的跨时代的一步。

后来，就在这个舞台，史才兢兢业业，不仅得到了皇帝的赏识，也把那些尔虞我诈、钩心斗角的权谋之术学得技艺精进，最终史才也变成一个祸国殃民的小人。

进入国子监后，因为干活兢兢业业且成绩斐然（短短几个月，史才就重建了国子监，恢复了它昔日的光彩），史才映入了朝廷重臣的眼帘。

当时，御史宋朴见这个官员不错，就上奏朝廷，把史才调到了自己的部门，让他当了一名台谏官。

事实证明，提拔史才，是宋朴这辈子最坏的决定。

史才当上御史后，他干活兢兢业业，弹劾“不法”的大臣，很快就被提拔为右谏议大夫（从四品）。

后来，为了更上一层楼，也为了表示效忠秦桧（秦桧跟宋朴不合），史才二话不说，就开始坑害自己的恩人，弹劾他不学无术，处事失当，执政无状，害得这个恩人下岗回家了。

至此，史才替秦桧解决了一个心腹大患，也正式拜了秦桧的码头，成为其一个“贴身打手”了。

后来，秦桧投桃报李，请皇帝加封了史才的官职，让他接替了宋朴的位置，成了参知政事。

参知政事，就是这个帝国的副宰相！此时，史才小人得志的心情，可想而知了。同样，前任宋朴郁闷的心情，也可想而知。

其实，宋朴也不用后悔，因为仅仅过了十个月，史才就被剥除了所有的官职，黯然神伤地离开了京城，下岗回家了。

咱们前面讲过，秦桧用副手就一个原则，绝不能养虎为患。每过一段时间，秦桧就会换一个副手，以防手下变大变强。而前副手的下场，也只剩下“绞杀”二字了。

就这样，史才稀里糊涂下岗了，从此没有“站起来”。

绍兴年间，史才郁闷地回到了老家。不久，他就致仕，在老家安度晚年了。

对这个人，盖棺论定一下吧：

作为一个官员，史才是不合格的，他助纣为虐、为虎作伥，帮助秦桧陷害忠良，是一个祸国殃民的小人、一个典型的犬儒。史才被踢回老家也算是天道好还、咎由自取。

作为一个家族的首领，史才则无疑是合格的，他凭借一己之力，以一介贫民身份，最终获得了一个参知政事的官职，位列官僚机构中的第二级，这是一个了不起的成绩。而且，在他的影响下，史家后人少走很多弯路，他们在史才开辟的“阳光大路”上阔步前进，书写历史，重现史家的辉煌。

这不，史家的下一代就重振家族了。

其实，这个领军者，不仅重现了史家的辉煌，还让史家更上一层楼。因为，他的官职，不是帝国的副宰相，而是一人之下、万人之上的宰相了。

这个人就是宋孝宗的老师——史浩。

其实，这个史浩，并不是史才的子嗣，而是其长兄史师仲的子嗣。换句话说，他是史才的侄子。

大侄子逆袭记

史浩是长房史师仲的长子。史师仲去世时，史浩年仅 19 岁。

虽然年纪轻轻就失去了父亲，但史浩一点儿也不自卑、不孤僻，反而非常阳光开朗。他白天帮助家里干活，晚上玩命苦读诗书。

在当时，为了维持一个家族的昌盛，家族一旦出现了一个好苗子，必全力培养（现在好像也如此）。鉴于史浩的表现，史浩的爷爷史诏投入重金聘请名师教导史浩，准备再培养出一个宰相。

然而，相比自己的父亲，史浩却不是一块读书的料，他让爷爷失望了。

史浩一直科举不顺，直到四十岁才考取了功名。而且有证据表明，史浩这一次的科举考试，是他最后的一次尝试。

换句话说，这次若没考上，史浩就不考了。然而，在这最后的一次科举考试中，史浩竟然中举了。

可是，对于史浩而言，以这个“不惑之身”中举又能怎么样呢？

在这个年龄段中举的官员，已经没有什么发展空间了，基本没有入相的机会了。

这里，就要解释一下宋朝官场的制度：

咱们都知道，古代官员是终身制，除了告老还乡或者被皇帝强制退休外，基本上就一条道干到死（有退休时间，但大家都不遵守，参见被寇准轰走的王嗣宗）。但是，虽然官员是终身制，但是任命时，却有年龄限制。

北宋开始，朝廷就规定——考生年龄在 60 岁以下，才能被授予官职。如果年龄在 60 岁以上，就别考了。因为考中也没用，根本捞不到一官半职，只能回家去候任。

此外，朝廷还明确规定，年龄越大，授予实权的机会就越小。如果 50 岁没有混到三公九卿的地位，这辈子就算没希望了。

其实这种制度很好，可以杜绝暮气沉沉的官员把持高位，但问题是，官场晋级速度太慢，很多人对此颇为不满。

咱们以一个“有为青年”为例，如果这个人想以一介贫民之身冲击三公九卿的高位，他要一级一级地往上升。其间，既要有中央的工作履历也要有地方的工作经历，按照每个官职任期 3 ～ 5 年计算，冲到自己想要的位子，至少需要 15 ～ 20 年的光阴，其间还不能犯错。

这样一算的话，这个有为青年必须在 35 岁前中举，才能在 50 岁前完成自己三公九卿的梦想。而若 35 岁中举，那么之前那些举人、秀才、生员的年龄也要相应往前推。

可见，在这个年龄限制下，年龄偏大的官员想要身居高位，就变成一个不可能完成的任务。所以，为了解决这道难题，宋朝的考生们豁出去了，他们在年龄上做手脚、弄虚作假。

有史学家对宋朝《同年录》（中举人员的资料合集）中的“年齿”一栏做过鉴定，认为起码 90% 的中举人员年龄都是假的！

若细细推算，很多官员去世时，年龄已经八九十岁了，其中不乏 100 岁的寿星存在。

在宋朝，除了极少数一根筋、打死也不改的人外（比如寇准），年龄造假的人，真可谓遍地都是。

顺便说一句，即使到了清朝，这种习俗也依旧传承不止。那位《儒林外史》中的范进，就是一个典型的案例。

在《儒林外史》中，范进一出场就语出惊人，他向学政大人坦承道：“童生二十岁应考，如今考过二十余次；童生册上写的是三十岁，实年五十有四……”

也就是说，刚一见面，范进就向别人坦承自己的真实年龄，难怪他岳父天天骂他“烂忠厚没用的东西”，还动不动扇他耳光。

古代官员造假年龄成风，和实际年龄出入极大。由于年龄的大小，关系到官员官位的大小，所以为了自己的切身利益，官员们绝不会泄露自己的真实年龄，大家皆藏着掖着，打死也不说。

书归正传，对于史浩来说，四十岁的年龄了，虽然叔叔当过副宰相，但已经没落了，跟自己关系不大。在这些情况下，即便跟史浩说：“未来有一天，你能够当一人之下万人之上的宰相。”估计他也绝不会相信，还会认为你是一个神经病。

然而，史浩根本不知道，幸运女神已经悄悄青睐于他。

史浩在明州当了一段余姚尉（从九品的小官）后，朝廷把他调到了温州，让他去当州学教授了。

这个官职也是一个芝麻绿豆的小官，且没有实权。然而，就是这个微小的官职，改变了史浩的一生。

因为，在温州期间，史浩结交了一个让他终身受益的人——温州知州张九成。

张九成，不仅是南宋的一名官员，还是中国历史上一位著名的理学大师。此人是二程、杨时的理学接班人，也是“横浦学派”的开山鼻祖。

这个人，就是时代最强的理学代表。

史浩结交了张九成这个巨人，受益匪浅。他将站在这个巨人的肩膀上，增长见识，开拓眼界，重新认识这个世界。在这个伟人的熏陶下，史浩涅槃重生，受益终身。

就这样，结交了张九成后，史浩拜其为师了。在未来的七八年时间里，史浩就在张九成门下玩命学习。

通过学习深造，史浩学会了老师的本领，将自己的儒家思想升华，并吸收很多为官之道的理学之风，让自己充实起来。同时，通过学习，史浩也积攒了面对日后波澜壮阔人生的力量。

机会，只留给那些有准备的人。

三个功劳

绍兴二十七年（1157 年），中书舍人吴秉信向朝廷推荐了史浩。

吴秉信为什么要推荐史浩，历史上一直争论不休。

没有任何证据显示，史浩曾在吴秉信手下工作过或是跟他有交情，他们只是同乡而已。因此，到底是什么原因，让吴秉信推荐史浩，已经是一个谜了。

要知道，宋朝有严格的举荐制度，举荐者与被举荐人是有连带责任的。如果被举荐人干得好，是一个治国的能臣，举荐者自然可以受益。反之，如果被举荐人是一个祸国殃民的小人，那举荐者也要受连带追责。届时，一个失察之罪扣上去，举荐者轻者受罚，重者就直接被罢官了。

君若不信，看看欧阳修的那个小人亲戚薛良孺，他就是因为推荐不力，被连带下岗了。

可见，在这种风险极大的制度下，单凭一个同乡关系，不足以让吴秉信冒这么大风险，推荐一个名不见经传的史浩入朝为官。

虽然我们不知道吴秉信为什么推荐史浩，但我们都知道推荐的结果——入朝后，史浩得到了宋高宗的青睐，被委以重任！

原来，面见圣上后，史浩就开始自己的“演讲表演”。而事实证明，史浩的那套理学东西，对于一个昏君而言，毫无用处（后面再说），但对于一个明君而言，则能让对方眼前一亮，对自己刮目相看。

就这样，在一番侃侃而谈后，宋高宗龙颜大悦，喜欢上了这个官员。史浩正直的性格和高深的学问，给皇帝和他的继任者留下了极其深刻的印象。

宋高宗下令，擢升史浩的官职，封他为秘书省校书郎兼二王府教授。虽然这个官职只是一个正八品的芝麻小官，也没有实权。但是，听完这个任命后，史浩却高兴得差点跳起来。

因为，这个官职就一个主要工作——督促皇子们读书。

换句话说——史浩成了皇子们的老师，他成了帝师！

这个意义，不说自明。

咱们都知道，在中国历史上，只要能够成为帝师，那前方等待他的就是一条光明的大道。毕竟，太子继承皇位后，肯定要重用自己信任的老师。

这不，没过多久，伴随着宋孝宗的登基称帝，史浩就一飞冲天了。

宋孝宗登基四天后，就擢升了老师的官职，史浩被封为中书舍人迁翰林学士、知制诰，成为一个朝廷四品大员了。

两个月后，宋孝宗又擢升了史浩的官职，任命他为参知政事兼同知枢密院事。至此，史浩从一个小小的正八品官员，一跃成为朝廷的二品大员，而且同时掌管两院。这样的结果，也算是创下了宋朝先例。

殊不知，还有更加前所未有的事情呢！

隆兴元年（1163 年）初，也就是宋孝宗即位半年后，这位皇帝大笔一挥，再次擢升了史浩的官职，不仅让史浩登上了政治生涯的巅峰，也彻底创造了宋朝新格局！

这一次，宋孝宗任命史浩为右仆射兼枢密使。换句话说，史浩成了国家的右丞相，还掌管国家的军队！

这个任命，非比寻常。

要知道，根据朝廷惯例，为了保证皇帝大权独握，宰相是不能同时兼任枢密院长官的，否则，一个人既掌管政治又掌握军事，这样大权独揽下……不出事，都新鲜！

然而，宋孝宗还是授予了史浩这个官职。毕竟，在他的眼中，这是他最亲近的老师。他们在战火中结交，在斗争中长大，一起读过书，一起打过仗，一起整过人，一起被人整……他们是铁得不能再铁的“兄弟”。不相信史老师，他信谁呀？

就这样，在皇帝的授权下，史浩爬上了政治生涯的顶峰。

纵观整个宋朝历史，能够做到史浩这个官职的人，真可谓前无古人、后面只有一个“来者”。

这个“来者”姓贾，我在后面将多次提到他！

天下没有免费的午餐，宋孝宗之所以这样重用、信任这位老师，是因为在“夺嫡”的战争中，史浩立了“三件奇功”，帮助宋孝宗打败了竞争对手，成功登基称帝。

现在，我就将史浩的这三件奇功一一道来。

第一个功劳，逼迫抄书。

在选择继承人时，宋高宗突发奇想，给两个皇子布置了高额的作业，命他们每人抄写《兰亭序》五百遍。

对于这个功课，两个皇子叫苦不迭，甚至打算投机取巧，能抄多少是多少。结果，史浩认为这是一个表现的机会，就逼着赵昚抄写。不抄完，就不让睡觉。

在老师的逼迫下，赵昚抄写了七百遍《兰亭序》，超额完成了任务量。那边呢？赵伯玖只抄写了几遍，就不干了。

得此结果后，宋高宗更喜欢赵昚了。其中，史浩理应头功。

第二个功劳，杜绝女色。

咱们前面讲过，宋高宗曾用“美女送太子”的办法，来考察这两个继承人。

史浩清楚地知道，这就是宋高宗下的一个套。赵昚听从了老师的建议，把这十个美女“完璧归赵”了。而他的这个举动，得到了宋高宗的高度表扬，他也被册立为太子。

可见，若没有史浩的建议，这个太子之位，不会落在赵昚的头上。

单凭此举，史浩在宋孝宗心中的地位就可想而知了。

第三个功劳，阻止宋孝宗出征。

前面讲过，绍兴三十一年（1161 年）时，完颜亮率军大举入侵、对南宋发动了灭国的战役。在这种局面下，宋高宗的第一反应是逃跑，但在群臣的逼宫下，宋高宗只能原地不动。

后来，金人被打败后，宋高宗甚是高兴，他写了一份御驾亲征的诏书，准备去前线亲自抗敌。结果，在群臣的劝慰下，宋高宗没有去成。

说实话，宋高宗这么写，也就意思意思，他压根就没打算出征。群臣也知道皇帝没有胆量去，所以也就意思意思。

双方谁也没当真，结果，初出茅庐的赵昚当真了。

得知父皇要御驾亲征后，赵昚立刻站了出来，大义凛然道：“前线万分险恶，怎能让父皇只身犯险。我愿意替父出征，去前线带兵打仗，去抵御金人！”

赵昚这么说，就是在表明自己的孝道，想替父皇排忧解难。然而，赵昚说完后，宋高宗满脸不悦，一句话也没说，直接回后宫了。

吃了这么一个闭门羹后，赵昚百思不得其解，就找来帝师史浩问原因。

史浩听完后直接蹦起来了，大声道：“坏了，坏了，出大事了。殿下呀，您怎么能犯这种错误，说这种胡话呢？”

赵昚问其原因，史浩解释道：“皇帝最忌讳的，就是太子拥兵自重、自立为王、逼他禅位。如今，在这个兵荒马乱的时候，您怎么能主动出京去前线御敌呢？您这么干，不是让皇帝怀疑您拥兵自重，想要造反吗？”

听完史浩的解释，赵昚吓得汗如雨下，不知如何是好。这时，史浩给出了一个补救措施。史浩告诉赵昚：“为今之计，殿下赶紧上呈一份奏章，就说自己哪也不去，要时刻待在皇帝的身边，寸步不离地保护皇帝，给皇帝当贴身侍卫。只有这样，才能打消皇帝的疑虑。”

赵昚立刻依计而行，让史浩替写了这封奏章。看完这位奏章后，宋高宗转怒为喜，再也不怀疑儿子了。赵昚这个危机，算是迎刃而解了。

至此，因为这三件奇功，宋孝宗登基后，才会对这位老师委以重任。他也相信，这位老师永远跟自己一条心，他们可以君臣协力，一起完成北伐的重任。

然而，宋孝宗万万没有想到的是，这个老师竟然公然跟自己唱反调，差点儿毁了自己的北伐大业。

第五章 孝宗北伐

御前辩论

除了授予老师极大的官职外，宋孝宗还授予了史浩很多的特权，以表示对老师的尊重。

比如，史浩觐见时是赐座的，不用下跪。这是一个什么待遇？就连巅峰时期的赵普、吕端、寇准、王安石等人，也没有享受过。

可见，宋孝宗对史浩的恩宠，就是这样丰厚。然而，这个老师最终让宋孝宗失望了，他最终成了一个跟宋孝宗唱反调的人。

这个原因，八个字足矣——主张议和，反对北伐。

原来，对比想有所作为的宋孝宗，史浩却是一个不折不扣的主和派，他一直在拖宋孝宗的后腿，让这个皇帝无法作为。

随便举一件小事，就能看出史浩的作用了。

金人退兵后，川陕一代的吴璘乘胜追击，重创金军，一口气收复了十三个军州，并把宋朝的疆域推到了德顺军，也就是今天甘肃晋宁县一代。

正当吴璘打算继续乘胜追击时，宋孝宗却听从了史浩的建议，以“放弃鸡肋之地，专心保蜀为由”，强令吴璘放弃占领的土地，全线撤军。

得知此事后，主战派们皆愤怒无比。当时，担任川陕宣谕使的虞允文立刻上疏朝廷，请求不要放弃这些土地。

虞允文据理力争道：“浴血奋战才得到的土地，焉有轻易放弃的道理？何况，若想保护蜀地，就更应该镇守德顺军了，因为这里是蜀地的第一道屏障呀。若放弃了这里，就等于把四川的防线拱手让给金军了，金军进攻蜀地的途径就会大大增加，其害甚为大矣！”

宋孝宗看不懂虞允文的奏章，毕竟，宋孝宗刚刚登基，焉能看懂这些军事数据？

皇帝看不懂，就去请教自己的老师史浩。然而，对于这封奏章，史浩也看不懂。

毕竟，史大人是文人出生，让他搞政治、去害人（他坑害了陆游，后面再说），他是一个行家里手。让他搞军事，调兵遣将，他就是一个菜鸟水平。

最终，这对师徒想了半天，也不敢妄下判断，他们颁布了一道命令，让吴璘去背了这口黑锅。

这口黑锅，叫作自行决断。

宋孝宗给吴璘颁布了一道圣旨，让他根据前线的情况，自行决断是继续前进还是固守阵地，抑或是全线退军。

得到这封诏书后，吴璘的幕僚就建议：“此地如此重要，焉能轻易撤兵？何况，皇帝都允许咱们自行决断了，咱们就在这里屯兵防守。”

然而，对于幕僚的意见，吴璘却坚决不同意。因为，他不想被朝廷怀疑，也不想重蹈岳飞的覆辙。吴璘告诉幕僚：“我手握重兵在外，这不是惹人非议吗？而且，新皇刚刚登基，想让我们撤兵，我们却不撤，这不是存心跟天子过不去吗？你们说，我还有别的选择吗？”

幕僚一听，只能收拾行囊，乖乖撤兵了。

金人看见吴璘撤兵了，他们立刻尾随其后，对吴璘军发动了追击。

此战中，吴璘军遭受了毁灭性的打击，惨败而归，所占军州皆被金人重新占领，自己的部队也伤亡殆尽。

得此结果，川陕诸将痛哭流涕，声震原野。虞允文更是义愤填膺，上疏朝廷，将这里的情况上奏朝廷，并恳请皇帝严惩罪魁祸首，给将士们一个交代。

宋孝宗这才彻底顿悟，大呼“史浩误朕，史浩误朕”。也就是从这一刻起，宋孝宗开始不信任史浩了。

后来，伴随着一个人的“王者回归”，宋孝宗彻底跟史浩分道扬镳了。

这就是已经被宋高宗冷藏了25年之久，如今已年过六旬的、坚定的主战派——张浚。

隆兴元年（1163年），这个让宋高宗痛恨无比，号称“朕宁愿亡国，也不再用此人”的张浚，重新回到了朝廷。

张浚回归朝廷，并成为这次北伐的统帅后，最终惨败而归。他不仅又“坑害”了宋朝的一员良将，还摧毁了南宋的这一次北伐大业。

当然，我们也不能说宋孝宗傻，竟然用了这么一个货色。毕竟，在当时的武将中，资历老、打过仗、经历过北伐的人，也就只剩下张浚了。

宋孝宗没得选择，只能用他。

而且，刚开始的时候，宋孝宗也被张浚蒙蔽了，他以为捡到了一个宝。

张浚第一次面见皇帝时，就把宋孝宗说蒙了。

当时，张浚回归后，宋孝宗第一时间面见了他，并请教了一个问题：“如何富国强兵？”

对于这个问题，张浚侃侃而谈：“身为君主，要以勤奋好学为主，要一心为本，一心合天。何为天者？就是天下的公理！天子要上合天意，下顺民心，赏罚分明，举措得当。这样，天下就能人心所归、强邻自服了。”

张浚的这番话，说得很有道理。于是，宋孝宗高兴道：“我一定不会忘记您的忠告。”

见皇帝如此高兴，张浚立刻趁热打铁，开始阐述北伐事宜，而宋孝宗也正有此意。于是，双方一拍即合。

会面后，宋孝宗立刻擢升了张浚的官职，任命他为江淮宣抚使（江淮战区的最高统帅），命他整顿兵马，准备北伐。

后来，为了显示对张浚的恩宠，宋孝宗继续对其加官晋爵，封其为魏国公。而且，不管是什么诏书和命令，都只称张浚为魏国公，而不再称其名。

此外，为了关心下属的健康问题，宋孝宗竟然还每天派人去张浚府，询问张浚的饮食情况。如果张浚吃得多，胖了，宋孝宗就会高兴；反之，如果张浚吃得少，瘦了，宋孝宗就会悲伤。

宋孝宗对张浚的宠爱之情，真是溢于言表。

就这样，在皇帝的厚爱中，张浚开始秣马厉兵，准备北伐了。

然而，在即将北伐之际，宋孝宗和张浚惊讶地发现，在现在的朝廷中，总有一个人跟他们唱反调，若不先解决此人，北伐根本不可能实行。复兴宋朝的大业，也只能胎死腹中。

这个一直唱反调的人，就是主和派的领袖、帝王的老师——史浩。

一拍两散

就是否出兵这个问题，主和派史浩与主战派张浚来了一场御前大辩论，他们准备学昔日的王安石与司马光，在经筵讲师时一较高下、一辩定乾坤！

各就各位后，张浚首先发言道："如今敌国内乱，君主不仁，臣子犯上，正是讨伐敌国的最好时机。我们应该马上出兵，去收复中原、一雪前耻。最好是陛下御驾亲征，这样三军用命，天下无敌，一举北上，光复宋室！"

一听这话，史浩立刻反驳道："天子焉能轻易出征！在百分之百获胜的情况下，陛下才能出征，否则万一打了败仗，陛下颜面何存？而且，你没有万全的准备，就让皇帝贸然出兵，万一战败了，这不是在坑皇帝吗？还有，你口口声声要出兵、要北上，一战可破敌军，但你有把握吗？既然没有把握，为何敢这样大放厥词！"

张浚大怒道："当然有把握！微臣已从辽国降将那里得知，金国善于骑射，但他们的弓箭不行，一旦遇到了下雨天，弓弦就会被水泡软，金人就没有弓箭可用。届时，没有弓箭的金国骑兵，就不是我军的对手了。如今，正是梅雨季节，我们马上出兵，定能大获全胜！"

史浩痛骂道："无稽之谈！启奏陛下，张浚的这番话，全是扯淡！万一交战时无雨，我们怎么办？岂不是全军覆没！而且，谁告诉你金国的弓箭怕雨水的？昔日，金人大举入侵时，我也没看见他们不擅长打雨战呀。在雨战时，金人的弓箭威力也没有减弱。"

张浚反驳道："此等消息，不容置疑，除了辽国降将外，中原豪杰们告诉了我同样的事实，金人弓箭就是怕雨水！而且，这些中原豪杰已经等待王师很久了。大家翘首以盼，渴望王师尽快北伐。若王师不赶紧北上，恐怕中原之地，就归这些豪杰们所有了！”

史浩反驳道：“中原哪里有豪杰？如果有的话，也早被金人收拾了。何况，中原久陷，那些豪杰早干吗去了？为什么一直不动手？非让我们动手了，他们才出兵？由此可见，中原根本没有豪杰！”

一听这话，张浚急眼了，他大怒道：“中原遍地都是豪杰，只是金人对铁器管制甚严，豪杰们手中没有兵刃，这才无法起义。我军一到，这些豪杰们必会响应，揭竿而起，攻击金人，成为我军的内应！”

史浩哈哈大笑道：“陛下，您听到了吗？张浚刚才用的词语，叫作揭竿而起。豪杰若真的想起义，举着锄头、木棍就能起义了，还需要刀具？昔日，陈胜、吴广不就是这样起义的吗？需要我军出兵后，才能起义的豪杰，那就是一群假豪杰，一群唯利是图的骗子、小人！”

张浚大怒道：“你休要胡说八道！这些年，从北地来的归正人成千上万，他们都是北方的豪杰，也都起义过。只不过，因为我们没有支援他们，他们才战败了。如果我们出兵，隐藏在金国的归正人一定会揭竿而起，到时候都会成为我军的内应。”

这里解释一下，所谓归正人，是南宋称“从外邦回归本朝”的人，取“自邪而转正”之意。

张浚的这番话，是对的。

当时，被金人打败、归附南宋的归正人，就有那个永载史册的人，号称“词中之龙”“宋史南渡后忠义第一人”的辛弃疾。

然而，即使有这么一个成功案例，史浩也不为所动，他反驳道：“陛下，不要相信那些归正人！归正人的危害有三。第一，归正人就是一群‘弃实而务名，舍近而谋远，见利而忘害’的人，指望这么一群人去打仗，就是鲁莽而幼稚的行为。第二，归正人队伍中，一定藏着敌国的奸细，若让这些人进入我朝的军队，后患无穷。第三，安置归正人的费用，就是一个天文数字，给地方带来无穷的财政负担。即使这样，归正人也毫无感激之心，反而更加肆无忌惮地索取各种待遇，并跟当地百姓发生激烈冲突。鉴于这三点，臣绝不相信这些归正人，更不相信这些归正人会跟我大宋王朝一条心，一起去北伐中原。”

史浩的这番话，引起了很多人的共鸣。毕竟，无论古今，历朝历代，难民问题都是让国家最头痛的问题之一。那些既得利益者们，也不会对这些“新移民”有好感。

就这样，在群臣的赞同声中，史浩抬高了嗓门，继续谏言道：“靖康之耻，是每一个忠孝臣子都痛心疾首的事情。我也恨不得北伐中原，报仇雪恨！但是，我们没有准备好呀！如今，朝廷无兵、无将、无粮，无饷，怎么能够轻易开战？而且，金国并不好对付，昔日，以岳飞、韩世忠、张俊、刘光世之能力，都不能讨伐中原，恢复寸尺之地。如今，我们连这样的大将都没有，怎么与金国开战？万一战败，为之奈何？

“但顾今日，兵力未状，民力未苏，财力未足，怎能北伐中原？为今之计，必须有一个长远的计划，训练士兵、完善设备、巩固边防、积累军费、增强民力，准备十年、二十年的国力，才能与金人一战。现在出兵，操之过急，一旦失败，后悔莫及。”

最终，史浩说了一句狠话，作为自己的结辩之词——“陛下，您别听张浚瞎嚷嚷。他执意用兵，万一打了败仗，您这一生，就再也看不见中原了！”

事实证明，史浩的这句话，完全正确。

但是，史浩的这句话，彻底惹恼了张浚，双方言辞激动，差点儿打起来。若非宋孝宗下令，这俩人真有可能大打出手、斯文扫地了。

再后来，他们的这个辩论会，整整开了五天。其间，他们谁也说服不了谁。

最终，史浩开门见山、对张浚掏心窝道：“我老是跟你唱反调，其实不是为了江山社稷，也不是为了黎民百姓，而是为了相公你着想呀！”

一听这话，张浚蒙了，问其原因。

史浩大义凛然道：“相公您想，您此次出兵并没有必胜的把握，为何要轻易开战呢？相公你若想建功立业，应该从长计议，整顿兵马，培养战将，做好万全的准备再讨伐中原，这才是上策。急于北伐、贸然行动，一旦战败，相公一生的名望可就全毁了。到时候，您还有何面目去见江东父老？百年之后，还有何面目去见列祖列宗？”

史浩的这番话，句句说到了张浚的心坎里，他沉默了一会，感慨道：“宰相说得对……但是，我已经老了，不能再等了！”

见到如此执迷不悟的人，史浩只能继续劝慰道："相公为何这么说呢？昔日，晋朝征南大将军杜预灭掉了吴国，但人们把功劳归在太傅羊祜身上。因为灭掉吴国的规划出于羊祜之手。相公你为何不能学羊祜呢？好好地规划灭亡金国的方案，前人种树后人乘凉，即使后人灭掉了金国，这也是您的功劳呀，又何必急于这一时呢？"

史浩的这番话，有理、有据、有节，他未必像史书上写的那样，是一个畏敌怯战的尿人。反之，张浚虽然勇敢，但他不懂规划，只会逞匹夫之勇。

可见，主战者未必勇，主和者未必怯。有的时候，历史事实，真不是大家想象的那么回事儿……

然而，虽然被史浩说得无力反驳，但张浚还是不改初衷，他执意出兵北上，要亲自完成这个千秋伟业。

见张浚如此执迷不悟，史浩也豁出去了，他告诉张浚："只要老夫还在朝廷，你就别想出兵！别忘了，老夫是右仆射兼枢密使，我若不同意，你别想出兵！"

见史浩如此不合作，张浚也怒了，他私下找到宋孝宗，劝慰道："陛下，现在正是北伐的最好时机，机不可失，时不再来，必须要出兵了。您别听史浩的，他就是一个胆小怯战的人。前一阵子，他已经在川陕一代坑了您，要不是放弃那十三州的土地，宋军何来大败？咱们也早就北伐中原了。"

宋孝宗一听，对呀，老师已经坑过我一次了，我不能再相信他了，我得出兵。但是，若想出兵，绕不开史浩呀。

宋孝宗委婉地告诉张浚："朕想出兵，但老师不同意，咱们没辙呀。不如这样，再等等，等朕再劝他几天，就可以了。"

张浚回答道："陛下，史浩是一个坚定的主和派，他是无论如何也不会出兵的。为今之计，只能您越过史浩的中书省和枢密院，直接给我下达北伐的命令。"

宋孝宗一看，也只能如此了。于是，他偷偷摸摸地与张浚达成了协议，直接下令张浚麾下李显忠、邵宏渊两位将军率领六万大军开始北伐。

就这样，在这种不合流程的情况下，宋孝宗和张浚终于可以完成各自的夙愿，挥师北上了。

这次北伐，就是历史上大名鼎鼎的"隆兴北伐"。

在皇帝颁布了出兵号令后，史浩才得知北伐的消息。他愤怒极了，对另一个宰相陈康伯说道："这算什么！我是国家的宰相，皇帝竟然背着我干这种事情，那要我干什么用！我还当什么宰相？不如辞职得了（吾属俱兼右府，而出兵不得与闻，焉用相哉）！"

于是，愤怒的史浩上疏致仕，请求辞职回家。虽然宋孝宗极力挽留，但在史浩的再三坚持下，皇帝也只能同意了他的申请。

就这样，在史浩的主动辞职下，再也没有人能够阻止宋孝宗北伐中原了，张浚也终于可以在有生之年建功立业了。

那么，这次北伐战役，打成了什么样呢？南宋是一雪前耻，还是耻上加耻呢？

猛将李显忠

其实，张浚之所以执意北伐，除了想自己建功立业外，还因为他麾下有一员骁勇善战的猛将。由这员猛将带兵出阵，张浚认为自己不可能输！

这员猛将，就是宋朝的一代名将——李显忠。

李显忠，南宋将领，绥德青涧（今陕西延川北清涧）人，出生在一个世代将门之家，初名世辅，李显忠是他回归宋朝后，宋高宗御赐的姓名。

李显忠（那个时候应该叫李世辅，但为了方便阅读，统一叫李显忠）出生时，也有一个神奇故事在里面。

《宋史·李显忠列传》如此写道："初，其母当产，数日不能免，有僧过门曰：'所孕乃奇男子，当以剑、矢置母旁，即生。'已而果生显忠，立于蓐，咸异之。"

这个故事是说：李显忠出生时，其母难产，生了好几天都没生下来。李家人慌了，说这是一个什么怪胎？这么费劲，一直出不来。就在此时，一个僧人路经此地。僧人询问道："是不是贵府有难产的妇人？是不是生了好几天，孩子也生不出来？"众人一听，大吃一惊，随后马上请高僧救命。高僧道："诸位莫慌，只需取一把剑、一张弓，放在妇人身边，这个孩子就能顺利出生了。"高僧走后，众人立刻依计而行，把宝剑和弓箭放在了夫人的身边。结果，没过多久，孩子就顺利出生了。而且，这个孩子出生后，并不是躺着，而是直接站了起来。众人一看，出生就能站着，还喜欢弓箭宝剑，这是一个战神转世呀！未来这个孩子，前途不可限量！

虽然这个故事出自正史《宋史·李显忠列传》，但大家都知道，这就是一个传说罢了，只是为了阐述这个人有本事。

十七岁时，李显忠就随父亲征战沙场、屡建奇功。然而，他还是无法凭借一己之力，去拯救王朝，北宋还是亡国了。

靖康之耻后，金人攻陷了延安，要招降李显忠父子。李显忠的父亲就告诉李显忠：“咱们是宋臣，世袭国恩，绝不能投降。但是，咱们可以假意投降，回头趁金国统帅完颜宗弼不备，把他抓了，回归祖国，以表明自己没有二心。而且，这件事情如果干成了，我们也建立不朽的大功了（事成，我亦不朽矣）！”

在这种背景下，李显忠父子投降了，然而，人算不如天算，完颜宗弼太精明了，李显忠父子一直没有找到下手的机会。而且，随着时间的推移，李显忠父子被调往内地，离祖国越来越远了，再不动手就没有机会了。

就在此时，金人的另一个元帅撒里曷来到李家做客，他就成为这个倒霉鬼了。

看见这个“肥羊”进门后，李显忠父子二话不说，把他捆绑起来，押解上路。他们一路向南狂奔，准备回归祖国。然而，在逃难期间，李显忠父子被金人追上了，双方厮杀了起来。看着多于自己数倍的追军，李显忠父子知道跑不掉了，他们就威胁撒里曷：“我们可以放了你，但是，你得折箭为誓，不得杀我百姓，不得杀我家人。否则，咱们就玉石俱焚，一起玩完！”

撒里曷一听，马上表态：“好好好，你们想怎么干，就怎么干。”于是，他折箭为誓，同意了李显忠父子的要求。

见对方同意了，李显忠就给他松绑，把他推下山崖（古文是山崖，实际应该是一个山坡），放他走了。撒里曷就跟一个石头似的，咕噜咕噜地滚到山脚，被自己人救走了。事后，撒里曷很守信用，率军离开了。

撒里曷走后，李显忠父子解除了危机，他们继续南下，准备回归宋朝。然而，撒里曷守诚信，不再追杀李显忠父子，但其他的金人却不用守这个诚信呀。他们该怎么办，还得怎么办！

李显忠父子逃到鄜城县时，遭到了金人毁灭性的追杀。李显忠家族两百余人，他的父、母、妻、子都被金人杀害了。最终，李显忠率领二十六人突围了出去，这才侥幸不死。

突围后，李显忠一看，金人封锁了边境线，已经没法回归祖国了。于是，李显忠在万般无奈之下，投降了西夏。

李显忠求见夏主，并告诉他自己熟悉陕西的局势，也熟悉金人在陕西的兵力部署，只要夏主愿意借给自己二十万大军，他就能将陕西五路地盘全部并入西夏的版图。

听完李显忠的建议后，夏主一琢磨，说这个事儿可以呀，这不就是天降馅饼吗？不吃白不吃，夏主就有点动心了。但是，夏主又一琢磨，说你李显忠有这么大的本事吗？你不会就是一个大忽悠吧，万一打了败仗，我找谁去说理。

夏主决定测试一下李显忠，看看他到底是一头骡子还是一匹千里马。

夏主告诉他："这样吧，我国境内有一个豪酋，叫'青面夜叉'，他割据一方，占山为王，是我西夏一个心腹大患。你若能除了此人，我就借你士兵，去收复陕西五路。"

听完夏主的话后，李显忠当即表示，就这么愉快地决定了。于是，他率领三千部队，就去讨伐那个豪酋。

事实证明，西夏真的没有能征善战的将领。李显忠不费吹灰之力，就生擒了这个"青面夜叉"凯旋了。

得此结果，夏主一看，这个李显忠可以呀，真是一员猛将。于是，夏主履行了承诺，封李显忠为延安招抚使，借给他二十万大军，让他带领着西夏的两个将领（一文一武），去收复陕西五路了。

李显忠来到陕西后，不费吹灰之力，连战连捷，把陕西一带攻下了。李显忠把西夏那两位将领找来，告诉了他们一个让他们瞠目结舌的事实。

李显忠告诉他们："不好意思，二位，我没对你们说实话。我之所以攻下陕西，是准备报效我的祖国。我准备把这些土地归还给大宋。谢谢你们帮我打仗，现在仗打完了，你们可以回家了。"

一听这话，这哥俩就怒了，说你怎么能这样呢？这不是耍我们西夏王国吗？这哥俩二话不说，就冲了出去。他们回到大营，点齐各自的兵马，准备与李显忠决一死战。

李显忠不愧为一员骁勇善战的猛将，他"驰挥双刀，所向披靡，夏兵大溃，杀死蹂践无虑万人，获马四万匹"，还把那两个西夏将领俘虏了。

至此，不管西夏人同意不同意，他们也只能接受这个事实，吞下这颗苦果。

平定了陕西后，李显忠立刻尊南宋为正朔，以南宋“绍兴”年号开头，书写了一封奏章，寄给宋朝的大将军吴玠，请他转送朝廷，奏章里表明自己渴望归附宋朝。

朝廷一看，李显忠要回归朝廷，这是好事呀，准奏。但问题是，李显忠归附的时间不太好。当时，南宋刚刚跟金国签署了第一次绍兴和议，若李显忠带着金国的地盘归顺，恐引起两国争端。

最终，吴玠告诉李显忠，你若想回归祖国就回来吧，但是，不要带着陕西的地盘回归，那些地盘还是留给金人吧。于是，李显忠就放弃了陕西五路，带着自己的部队回归了。

绍兴九年（1139 年），在吴玠的接应下，李显忠正式回归了宋朝。回归后，吴玠拍着李显忠的背称他为“忠义归朝，唯君第一”。

后来，宋高宗接见了他，说他“赤胆忠心，不忘祖国，乃我朝第一人”，授予了他官职，赏赐了很多财物。高兴的宋高宗还大笔一挥，赏赐了他一个“显忠”的名字。

至此，那个在敌占区苟且偷生的“李世辅”彻底消失了，取而代之的，则是一个回归祖国、报效朝廷的“李显忠”。

事实证明，李显忠回归宋朝后，他真的对得起这个名字。

李显忠一直奋战在战场的第一线，多次重创敌军、屡立奇功。当时，完颜兀术多次对部将道：“李世辅归宋，不曾立功，此人敢勇，宜且避之。”让部将一定要小心，再小心，这个人不好惹。

能让战场名将完颜兀术如此忌讳，李显忠的威力可想而知。他成为一名声名远播、战功显赫的将军。

后来，完颜亮进犯南宋时，李显忠奉命接替“逃跑将军”王权，去前线御敌。结果，李显忠尚未到战场，就让虞允文抢夺了风头，获得了“采石矶大捷”。

虽然没有取得头功，李显忠毫不气馁，得知金人退兵后，他立刻发动了追击，不仅重创敌军，还一口气尽复淮西州郡。

同时，李显忠还努力联系金国后方的叛军（辽国旧部）和起义军（耿京、辛弃疾等人），准备跟他们里应外合，重创金国。但可惜的是，李显忠的计划还没有实施，金世宗就率先平定了这些起义，辛弃疾等人损失惨重。

虽然没有“内外开花”，重创敌军，但经过这些战役后，李显忠成为宋朝最闪耀的一颗将星。于是，这次北伐的重任，也就光荣地落在了他的肩上。

至此，隆兴元年（1163 年）四月，在宋孝宗的谕令下，李显忠率军北伐，准备去报仇雪恨、收复旧地了。

有这么一位骁勇善战的名将领兵，宋朝的北伐大业，是不是可以大功告成了呢？还是说，李显忠跟岳飞一个命运，功败垂成呢？

历史自有答案……

开始北伐

隆兴元年（1163 年）四月二十八日，在宋孝宗的命令下，李显忠率领三万大军北上，讨伐金国。同月二十九日，另一路邵宏渊率领三万大军北上，进军中原。

五月四日，两军顺利会师，全军共计六万余人（对外宣称二十万），渡过淮河，进击中原。

五月七日，李显忠击败金军，顺利收复灵璧县（今安徽灵璧）。李显忠获得了一个开门红，邵宏渊却吃了一个闭门羹，他没有攻破虹县（今安徽泗县），双方在这里呈僵持状态。

五月八日，李显忠率军来到虹县，帮助邵宏渊攻城。

五月十日，虹县守军投降，宋军顺利进城。随后，李显忠再接再厉，继续进军。

五月十二日，统帅张浚从扬州出发，渡过长江，来到前线。他就近指挥，并亲自督军。

五月十四日，李显忠先行一步，率军猛攻宿州城（今安徽宿县）。

五月十六日，李显忠浴血奋战两天后，邵宏渊才率军姗姗来迟（跑得有点儿慢）。来到后，看着浴血奋战了一天的李显忠，邵宏渊“发自内心”道：“您真不愧是关西将军呀！”对于这个称赞，李显忠也没多想，只是例行公事道：“你远道而来，赶紧休整兵马，明日与我一起攻城。”

五月十七日，在两支宋军的集体攻城下，宿州城终于被攻破。随后，李显忠率军进入宿州城，打开仓库，安抚百姓，犒赏三军。

五月十八日，张浚将北伐连战连胜的捷报传回朝廷，让皇帝也高兴高兴。几日后，宋孝宗回复——收到今日战报，朝廷内外鼓舞，已十年没有获得这么大的胜利了！

高兴，高兴，真是高兴。

皇帝高兴，张浚也高兴。而且，对于张浚而言，还有让他更高兴的事情呢！

这就是他在另外一个战场上，也获得了一场大胜利！

这个战场，就是朝廷。

原来，战争的初步胜利，让主战派冲昏了头脑。为了削弱主和派在朝中的地位和影响，主战派立刻发起进攻，玩命弹劾史浩。

御史王十朋弹劾史浩八大罪状，直接把他说成了一个罪大恶极、臭名昭著的奸臣，堪称秦桧第二。

这八大罪状如下：

第一，史浩“专主议和”，阻止南宋收复故土，就跟当年的秦桧一样，这是“怀奸”之罪。

第二，吴璘在西线作战时，已经战胜了金人，史浩却强令他撤军，导致西线十三个州沦入敌手，数万百姓惨遭荼毒，这是“误国”之罪。

第三，史浩结党营私，培养自己的势力，亲信之间用“嫡子嫡孙之号、亲侄过房之称”，这是“植党”之罪。

第四，史浩滥用权力，操控朝政，随意任命官员，提拔政见相同的官员，打击政见不合的官员，以巩固自己的权力，这是“盗权”之罪。

第五，史浩随意拦截奏章，掩盖对自己不利的文件，使下面的声音不能上达，导致皇帝听不见其他的意见，这是“忌言”之罪。

第六，张浚北伐期间，史浩一直阻碍他的行动，还对他进行各种诽谤。这是破坏皇帝的战略部署，是“蔽贤”之罪。

第七，史浩无中生有，用根本不存在的奏章欺骗同僚，以达到自己的目的，这是“欺君”之罪。

第八，史浩不止一次诽谤朝政、辱骂皇帝，“善则称己，过则称君”，这是“讪上”之罪。

列举了这八大罪状，王十朋图穷匕见道："陛下虽能如舜之去邪，未能如舜之正名定罪。绍兴密迩行都，浩尝为属吏，奸脏彰闻，亦何颜复见其吏民！"不罢黜这个奸臣史浩，陛下就是一个昏君，上愧对列祖列宗，下愧对天下百姓！

书生之笔，真是厉害……

就这样，在怀奸、误国、植党、盗权、忌言、蔽贤、欺君、讪上八条大罪之下，史浩百口莫辩，提出了辞职申请。后来，宋孝宗大笔一挥，让史浩回家了。

史浩这一走，就基本上处于半退休状态了。虽然没过多久，史浩被复起，重新回到了朝廷，也官复原职。在为朝廷效力期间，史浩干了很多好事（也干了很多坏事，比如坑害陆游），但他的一生都不复当年之勇了。毕竟，因为反对北伐，史浩不可能再得到皇帝的信任了。

绍熙五年（1194 年），史浩在家中病逝，享年 89 岁（也算是高寿了）。

虽然史浩死时，很可能是郁郁而终的，但他完全不用沮丧。因为在不久的将来，他的小儿子替他夺回了一切。

那个时候，史浩无论如何也想不到，他的这个小儿子，将成为南宋"四大权臣"之一，不仅饕餮天下，大权独揽，连皇帝也得看他的脸色行事。更可怕的是，这个小儿子竟然还拥有撤换皇帝的权力！

这个小儿子，就是史浩的第三子，南宋历史上大名鼎鼎的一代权臣——史弥远。

符离之败

五月二十一日，天申节，也就是太上皇赵构的生日。在这个普天同庆和北伐节节胜利的日子里，宋孝宗亲自率领文武百官来到德寿宫，一起与太上皇开怀畅饮。整个宴会也在一片热闹、喜庆的氛围中进行。

然而，宋孝宗根本不知道的是，就在这一天，在远离杭州的前线，宋军与敌军浴血奋战后，寡不敌众、被金军打败了。

随后，宋军全线溃败，这不仅让北伐计划破产，也彻底击碎了宋孝宗的雄心。

那么，这一切的一切，是怎么回事呢？

其实，从一开始，这就已成定局。原因很简单，就四个字——将帅不和。

原来，李显忠跟邵宏渊不合，他们不是一路人，邵宏渊也没打算跟李显忠合作。

前面讲过，在出兵后，李显忠首战告捷、顺利收复了灵璧县，而邵宏渊却在虹县久攻不下。

邵宏渊上奏朝廷，请求援军。结果，朝廷还没有发布谕令，李显忠就不请自来了，他帮助邵宏渊打下了虹县。

李显忠这样做，一点好处没得到，还让邵宏渊憎恨自己。

原来，邵宏渊是一个争强好胜、心胸狭隘的小人，他见李显忠抢了自己的功劳，就开始心怀妒忌，不愿意跟李显忠共事了，甚至从此以后，他处处跟李显忠作对。

后来，在攻打宿州时，为何邵宏渊迟迟不来，其原因就在于此。即使来到后，他也只说了一些阴阳怪气的话，以打击李显忠的士气。

这就是那句——“将军真不愧是关西将军也！”

要知道，这句话说得非常不合时宜。当时，李显忠正在回营，他浴血奋战了一天，即使没有功劳，也有苦劳。结果，在这种背景下，邵宏渊却说了这么一句阴阳怪气的话：“打得不错，打了一天，也没打下来，将军真不愧为关西将军。”其小人之心，妒忌心理，真是昭然若现。

后来，在攻打宿州城时，李显忠一马当先，奋勇杀敌，而邵宏渊呢？他就在远处看着，出工不出力，等李显忠攻破了宿州城，他才率军入城，收拾残局（抢宝贝）。

就在这些事情中，李显忠和邵宏渊的矛盾越来越多，他们最终在两件事情上彻底闹翻。双方就此分道扬镳、打死不相往来了。

第一件事情，禁止抢劫。

攻陷了虹县后，有一个金人降将来告状，说自己有一把家传的宝刀，被邵宏渊的亲兵抢走了，希望李显忠做主，让宝刀物归原主。

一听这话，李显忠大怒，说出兵前，我就三令五申了，我们是仁义之师，不拿百姓一针一线，这算什么？公然抢人东西，还有王法吗？

于是，李显忠二话不说，就把那个小兵缉捕归案，不仅归还了降将宝刀，还把小兵斩首示众、以儆效尤。

可想而知，得知自己的亲兵被斩杀后，邵宏渊有多愤怒！

在邵宏渊的眼中，士兵出生入死，不就是为了发财吗？这么干，何错之有！更可气的是，那是我的亲兵，你一句不说，就给斩杀了，让我颜面何存！

于是，因为这件事，邵宏渊跟李显忠公开对立，他宁愿耽误北伐大业，也要拖李显忠的后腿，让他丢人现眼。

殊不知，就在此时，李显忠干了一件错事，得罪了整个军队，让邵宏渊更有理由跟他对着干了。

第二件事情，赏罚不公。

攻陷了宿州城后，邵宏渊建议打开府库，犒赏三军。然而，对于这个建议，李显忠只同意了一半，即打开府库，但不犒赏三军。

原来，李显忠深知，宿州城刚刚经过战乱，百姓嗷嗷待哺、城内百废待兴。他要打开府库，修建城市，救济灾民。但这么做，就没有那么多钱犒赏三军。

但不犒赏士兵，也说不过去。毕竟“重赏之下”，才能出现“勇夫”。于是，李显忠下令，每一个士兵犒赏三百文钱。

李显忠这么干后，士兵们不干了！

攻陷了宿州后，士兵们本以为，可以好好发一笔横财了。结果呢？就发这么一点钱，打发要饭的呢！而且，也该着李显忠倒霉，就在此时，朝廷加封了他的官职。士兵们一看——你升官发财了，我们却毫无所得，有你这么办事的吗？也忒不厚道了！

至此，在李显忠的无意为之和邵宏渊的故意挑唆下，士兵们怨声载道，军心涣散，人无斗志。这就为此后的那场大败，埋下了一个大大的伏笔。

隆兴元年（1163 年）五月二十三日，在宋朝的首都杭州城内，宋孝宗一直沉浸在节日和胜利的喜悦里。当时，得知前线捷报频来后，这位皇帝甚至准备御驾亲征，给金人最后一击。

殊不知，就在这一天，金人却给了这位皇帝最后一击，并把他所有的梦想都打入了地狱。

原来，五月二十一日，金世宗拜纥石烈志宁为将，命他率领一万精锐部队先行出发，去支援宿州城。

要说这位纥石烈志宁，可是金国一位不可多得的忠心耿耿的大臣。

纥石烈志宁本是海陵王完颜亮的亲信，是他的枢密副使，也是开封府尹。海陵王被杀后，所有将领都归顺了新皇金世宗，唯独这个纥石烈志宁誓死不从。后来，金世宗派人招降他，他焚降书、斩来使，依旧誓死不降。

见纥石烈志宁如此不合作，金世宗大怒，就率兵来讨伐他。结果，金世宗兵马未到，纥石烈志宁在手下的苦苦相劝下，却选择了投降。他只身一人，来到金世宗的大营负荆请罪。

见到这个降将后，金世宗大怒道："正隆（海陵王年号）残暴，人神共愤，所以我取而代之，承接大统。如今，你杀我使者，誓死不降，但又不肯为正隆死节，这样首鼠两端，算怎么回事？你这么干，不就是一个小人吗？"

纥石烈志宁大义凛然道："我受正隆厚恩，理应以死报国。今日之所以来，不为别的，只是想为部下求情。希望我死后，陛下善待我的手下，他们可都是大金国一等一的勇士。"说完，纥石烈志宁一心求死。

听完纥石烈志宁的话后，金世宗被深深地感动了，他敬佩道："忠臣呀，朕需要你这样的人才。以后，侍奉朕的时候，也请这样赤胆忠心，一心为国。"说完，金世宗亲自给纥石烈志宁松绑，还给他加官晋爵，对其委以重任。

俗话说，士为知己者死，见金世宗如此器重自己，纥石烈志宁就肝脑涂地地效忠他了。这次领兵，为了报答金世宗的不杀之恩，纥石烈志宁表示："一定会奋勇杀敌，不杀尽敌军，誓不回营！"

就这样，在纥石烈志宁的带领下，金军气势汹汹地奔着李显忠来了。而李显忠这边……竟然夜夜笙歌、懈怠轻敌了。

原来，收复了宿州后，北方人人响应、归附者络绎不绝，面对这种场面，李显忠竟然开始轻敌了。

在这种情况下，得知一万多金人来犯后，李显忠竟然不以为然道："区区一万金人，何足挂齿？我麾下有十万大军，怕他们干甚！明日出阵时，用十人捉一人便行……"

这样轻敌的结果，可想而知。

第二天开战后，李显忠率军冲锋陷阵、奋勇杀敌。结果，杀了一段时间后，李显忠发现不对劲了，说怎么金军的数量无穷无尽呀！这个部队的数量，绝不是一万人，到底来了多少人呀？

有点慌的李显忠叫来探马，命他详情通报。探马委屈道："大帅，昨天我跟您说了，但您只听了一半，就呼呼大睡了。敌军的一万人马，是先头部队；后面还有十万大军，马上就到！"

一听这话，李显忠彻底慌了，他立刻传令给邵宏渊，让他跟自己协同作战，一起抵御金军。

结果，邵宏渊根本不管李显忠的死活，他就一心作壁上观。不仅如此，邵宏渊还说了一句风凉话。

这句话就是——这烈日盛夏的，摇着扇子乘凉都嫌热，怎么能穿着铠甲在烈日中打仗呢（当此盛夏，摇扇于清凉犹不堪，况烈日中被甲苦战乎）？

邵宏渊此言一出，宋军立刻斗志全无，史称"人心遂摇，无斗志"。李显忠气得咬牙切齿，却又无计可施，只能独自奋战。

要说这个李显忠，真不是盖的。单凭一己之力，竟然抵挡住了十万金人的进攻。奋战了一天后，李显忠成功杀退了敌军，保住了这次北伐的最后火种。

杀退敌军后，李显忠第一时间去找邵宏渊，请求和好，并希望以大局为重，共同御敌。

李显忠语重心长道："如今敌军大举反扑，我们再将帅不和的话，北伐大业就功亏一篑了。明日出战时，我们要精诚合作，分兵夹击敌军，共同抵敌！现在，咱们商量一下战术……"

殊不知，李显忠尚未说完，邵宏渊就摆摆手，说了一番能把李显忠活活气死的见解。

邵宏渊回答道："别扯了！要打你打，我要撤兵了！如今，探马来报，金军又来了二十万的增援部队，如此规模，我们根本打不赢。你要打，就留着等死吧，我先撤了，咱们有缘再见。"

说完，邵宏渊起身离开大营，去收拾行李了。他还到处散播"敌军又来了二十万人"的消息，让宋军军心涣散、人人恐惧。很多士兵一哄而散了。

见此情景，李显忠自知大势已去，不管他再说什么，也无法鼓舞士气。

最终，满腔愤怒却又无处发泄的李显忠只能仰天长叹，大怒道："苍天呀，是你不想让我收复中原吗？否则的话，为何这样阻挠我！"《宋史·李显忠列传》如是说："天未欲平中原耶？何阻挠若此！"

大势已去，无力回天……

说完这句话后，李显忠立刻下令全军撤退，回归宋朝。结果，得知宋军退兵后，金军立刻展开了毁灭性的打击，他们在宿州城北二十里的符离（今安徽省宿州市）处追上了宋军。

此战中，宋军全线溃败，损失惨重，金军得首级4000余、缴获铠甲三万副。宋军被杀死、溺死、被活捉者，不可胜数。李显忠和邵宏渊一路狼狈而逃，基本上是当着光杆司令跑回来的。

就这样，南宋的六万北伐大军，全军覆没。这场大败，史称“符离之败”，也称“符离之溃”。

至此，南宋历史上这场轰轰烈烈的“隆兴北伐”，就以惨败告终。这不仅击碎了宋孝宗收复故土的美好愿望，也彻底带走了这位皇帝最后的豪言壮语……

因为，此战后，终宋孝宗一生，也没有再次北伐。而北伐的重任，也只能留给那些更不靠谱，更加急功近利、不计后果的子孙。

真是让人唏嘘不已。

好吧，事已至此，多说无益。还是让我们对这场战役盘点一下吧。

很显然，在这场战役中，李显忠和邵宏渊都有责任。李显忠的责任是，不懂团结、赏罚不公，导致同事失和。邵宏渊的责任是，小肚鸡肠、兄弟阋墙，导致军心涣散。但是，这些都不是最主要的问题，这场战役最主要的问题是——身为最高统帅，张浚根本不会协调指挥，才让他们各自为战，进而导致失败！

而且，更神奇的是，这已经是张浚第三次不会协调指挥了！

遥想当年，在川陕时，张浚就不会协调指挥，将帅不合，导致“富平惨败”；在淮西时，他又不会协调指挥，导致郦琼愤然投敌，酿成“淮西之变”；这一次，他又不会协调指挥，导致将帅不和，酿成“符离之败”。

张浚竟然在同一个地方跌倒了三次……对于这种结果，也只能摇头叹息。

昔日，对于张浚，宋高宗曾发了一句狠话——朕宁愿亡国，也不再用此人！

不管你承认与否，这都不是一句气话，而是事实。

对于宋孝宗而言，早知如此，何必当初，悔之晚矣。

第六章 隆兴和议

张浚病逝

宋军“符离之败”时，张浚正在离宿州四百里的盱眙县指挥。得知宋军全线溃败后，张浚自知大势已去，便立刻撤军回南宋，并自请谢罪。

对于张浚的辞职请求，宋孝宗完全不同意。相反，他第一时间发布了一道“罪己诏”，承认此次惨败全是因为自己目光短浅、识人不明，跟其他人无关。

宋孝宗把责任大包大揽，以保护张浚（符离之败后，张浚官降两级，但依旧是枢密使兼江淮宣抚使，继续在前线统兵御敌）。

然而，在群臣眼中，仗打成这样，死了这么多人，损失了这么多东西，张浚若不以死谢罪，又怎么说得过去呢？

于是，群臣依旧弹劾张浚，说他“拥兵跋扈，耗费国帑，欺君误国”，要求对其严惩不贷。

已经退休的太上皇宋高宗也跟着起哄，痛骂张浚“徒有虚名、不堪重用”。

本来，面对群臣，宋孝宗还能安抚一下，继续重用张浚。但宋高宗一出马，宋孝宗只能“挥泪斩马谡”了，把他流放到了地方。

因为，宋孝宗是一个极其孝顺的皇帝，他绝不敢忤逆父皇，对父皇是言听计从。

最终，在这种群起而攻之的局面下，张浚扛了一年后，终于扛不住了。隆兴二年（1164 年）四月，张浚主动辞职，得到了解脱。

张浚是个一心为国、赤胆忠心的大臣。辞职时，他借最后一次面圣的机会，请求皇帝“亲贤臣、远小人”，并指名点姓地把贤臣、小人的名字说了。

事后，有人劝张浚：“您是一个有罪之臣，擅自议论朝政已经是大忌了，还这么肆无忌惮地点出名字，这又何必呢？您不怕那些小人打击报复吗？”

张浚大义凛然道：“身为臣子，自当秉书直言。我身受两朝厚恩，怎么能够对朝政不闻不问呢？如今，我即将离开朝廷了，这些话再不说就没有机会了，怎么能因为害怕小人报复就不说呢？”

张浚顿了一下，继续道：“假设，未来朝廷还需要我，我一定第一时间上路，绝不会以生病为由而推托任命。即使回到了朝廷，今天说的话，我也会再说一遍！”

说完，张浚苦闷地离开了。他远离了朝廷，回到了地方，等待皇帝未来的召唤。

可惜的是，张浚没有等到复起的那一天……

张浚恳求致仕后，仅仅过了四个月，就重病不起。临终前，张浚叫来两个儿子，用尽最后的力气，留下了自己的遗言——“我曾任宰相，却不能恢复中原，雪祖宗之耻。死后，不配葬在祖宗墓侧，将我葬在衡山之下足矣。”

这是一个忠君爱国的将领、一个悔恨的贤臣最后的忏悔……

隆兴二年（1164 年）八月，说完遗言后，张浚不甘心地咽下了最后一口气，享年 68 岁。

张浚去世的消息传到京城后，宋孝宗悲痛不已，他下令当天不朝，以悼念这位老臣。随后，宋孝宗颁布圣旨，追封张浚“太保”头衔。五年后，宋孝宗又追封张浚“太师”头衔，并赐予他谥号——忠献。

有两个谥号是尊贵的。一个是“文正”，另一个就是“忠献”。

《建炎以来朝野杂记·甲集卷九》即称：“大臣谥之极美者有二：本勋劳，以忠献为大；论德业，则文正为美。”

然而，在宋朝，“忠献”二字，可是会让人浮想联翩，不知道是褒是贬。因为，前朝秦桧的谥号，还有后面那位史弥远的谥号，也都是“忠献”。

而且，纵观整个宋史，除了王安石以外，张浚是第二个最难盖棺论定的人！后人对张浚的评价，可谓褒贬不一。

那些喜欢他或者是仰慕他的人，都会用最优美的词语，去歌颂他、传颂他。

比如：

陈亮曰——重惟魏国先忠献以至公血诚对越天地，以崇勋茂德镇动华夷，为中兴社稷之宗臣，平生慕望。

朱熹曰——勋存王室，泽被生民，威镇四夷，名垂永世。

周必大曰——忠贯日月，孝通神明。勋在王室，恩在生民。忠震四夷，功垂万世，遗像巍峨，千古是企。

杨万里曰——出将入相，捐躯许国，忠义勋名，中兴第一。

文天祥曰——卓哉魏公，相国惟忠，名标青史，垂裕无穷。

而那些讨厌他或者是憎恨他的人，也用最恶心的词语，去痛骂他、诋毁他。

比如：

赵构曰——张浚用兵，不独朕知之，天下皆知之，如富平之败，淮西之师，其效可见矣。今复用兵，极为生事。

王夫之曰——张浚、赵鼎力主战者，而首施两端，前却无定，抑不敢昌言和议之非。

王崇简曰——浚三命为将，三致败，且劾李纲，杀曲端，疑岳飞，荐秦桧，虽为南渡名臣，无可纪之功。

陈康祺曰——宋张魏公一生恢复，空言未酬，后世论者，多称其忠义，而掩其丧师辱国之咎，所谓“为有南轩下笔难”也。

王鸣盛曰——无功可言而罪不胜书！

也许，只有那首诗才是对张浚一生最好的评语——“功首罪魁非两人，流芳遗臭本一身！”

在我眼中，虽然张浚是一个饱受争议的人，但有一点却很清楚。在北伐这个伟业上，张浚努力过、奋斗过，即使能力不足，即使走了很多弯路，但也从来没有放弃过。这种精神，值得学习。

艰难的谈判

张浚死后，虽然宋孝宗悲痛欲绝，但是他却不能“常戚戚”。毕竟，这个国家有太多的事情需要处理。

这些事情中，首要的就是与金国的重新议和。

然而，这个议和的过程，艰难无比，双方谈了一年多，也没有实质性的进展。

这还得从头说起：

“符离之败”后，宋朝进行了一番大清洗，主战派的官员基本都被轰出了朝廷；主和派的官员，全被委以重任，开始把持朝政并负责与金人谈判。

当时，负责与金人谈判的，就是主和派的领袖——小人汤思退。

前面讲过，虽然因为“赠送黄金事件”，汤思退与秦桧分道扬镳了，而且他还凭借出卖秦桧，得到宋高宗的赏识且被委以重任，但是，所有人都明白，汤思退就是一个小人，也是“秦桧式屈己求和路线”的坚定贯彻者。因此，宋孝宗登基后，并没有对其委以重任。然而，现在是非常时期，也只能对这个非常之人委以重任。

隆兴元年（1163 年）八月，宋孝宗颁布圣旨，任命汤思退为右宰相兼枢密使，全权负责谈判事宜。至此，这个小人终于得偿所愿。

然而，汤思退很快就发现——这个活，不好干。

因为，宋孝宗给的谈判条件太低了，他根本没法谈！

宋孝宗开出的和谈条件很多（大概有十七个议题），其核心内容有四点，即改变称谓、绝不割地、维持岁币数量或减少岁币、不遣返依附之人。

现在，将这四点一一说明：

第一，改变称谓。

原来，“绍兴和议”时，宋朝已经称臣了，但对于这个“臣子”的称谓，宋孝宗绝不同意。他告诉汤思退，无论如何，也不许再称臣了。哪怕多给钱，也不能再丢面子！

第二，绝不割地。

海陵王被杀后，宋军乘胜追击，一口气攻陷了金国的海州、泗州、唐州和邓州。宋孝宗明确要求——不归还这四州之地！若要归还给金国，也行，但要减少一半岁币，或全部减免。

第三，维持岁币数量或减少岁币。

这个问题与“不割地”问题相辅相成，若金人非要这四州之地，就减免一半或全部减免岁币。若金人不要这四州之地，可以维持原岁币数目，但绝不再增加一分一厘。

第四，不遣返依附之人。

原来，海陵王统治时期，金国百姓苦不堪言，一些人南归、依附了宋朝（包括辛弃疾）。对于这些南归之人，宋朝誓死不归还。

然而，金人给出的谈判底线就一个——必须归还四州之地！至于那些什么称谓、岁币、叛民问题，可以商量，但谈之前必须先归还四州之地，否则没得谈！

一方坚持不割地，一方死活要土地，这怎么谈？汤思退脑袋都快爆了，他只能慢慢谈、慢慢拖，希望有一方拖不住、先降低自己的标准。

然而，在当时，他这么无休止地拖延，只能让双方都憎恨他，痛骂他无能了。

要知道，金人只会认为，宋朝这样无休止地拖延，就是在玩弄自己，他们只能逼迫宋朝就范。

当时，金国统帅纥石烈志宁先后给宋朝三份书信，一封比一封态度强硬。

在第一封信中，纥石烈志宁威胁道——你们不宣而战，偷袭我国、杀我国人、夺我国城，实在太过分了！现在，你们又拖延谈判时间，是不是惧怕我们、不敢开战呀！如果你们想开战，就赶紧点齐兵马，我们约定时间开战。否则，就赶紧割地赔款，别耍什么花样！

第二封信中，纥石烈志宁继续威胁道——你们一直说有事，等秋后再和谈。现在已经是秋天了，你们为何还不谈判？是不是等我大军南下了，你们才能和谈呢？

第三封信中，纥石烈志宁直接得寸进尺了——现在，我们改主意了！若想和谈，除了要归还四州之地，还要割商州（今陕西商县）、秦州（今甘肃天水）给我们，另外还要增加岁币、归还我国的叛民。否则，你们就等着战场上见吧！

金人对和谈条件不满；宋朝这边，也颇具怨言！

虽然在当时的宋廷，主战派基本都被罢黜出京城了，但依旧有很多大臣反对议和，誓要跟金人对抗到底，重新开战。

这些反对议和的人中，最激进的，就是之前要求杀了秦桧的头、后被秦桧差点儿整死、现在被宋孝宗重新重用的起居郎——胡铨。

前面讲过，胡铨是一个言辞极其激烈的大臣，当年，他就敢写出“斩三人头，竿之藁街”这种惊人的话语。这一次反对议和也是语不惊人死不休！

当时，胡铨上奏朝廷，说不能跟金人议和。因为议和成功了，我们就有“十件可悲”的事情；议和不成，我们才有“十件可贺”的事情。

胡铨恳请出兵，与金人决一死战。为了激发大臣的斗志，胡铨更是秉笔直言，引用《春秋左传》的句子道：“无勇就是女人！”

这句话的潜台词就是——不敢跟金人开战的，就是一群无勇的人，就是一群女人！

可想而知，胡铨此言一出，举朝哗然。因为在古代，骂对方是妇人，比骂祖宗十八代都要狠。

胡铨这么一骂，群臣只能义愤填膺了，而负责议和的汤思退，也是痛苦极了。

殊不知，还有让汤思退更痛苦的事情呢！

原来，在谈判期间，汤思退的手下造反了。他们不仅把顶头上司给卖了，还差点儿毁了和谈大业。

隆兴和议

对于汤思退来说，金人的威胁，同僚们的嘲讽，已经让他苦不堪言了。结果，他的下属也造反了，这更让他痛不欲生。

原来，在谈判期间，汤思退的下属魏杞反水，打算重新开战了。

当时，为了谈判，汤思退派遣亲信宗正少卿魏杞出使金营。出发前，汤思退偷偷摸摸告诉他：“虽然陛下不同意割让四州，但你若能完成议和，割了也无所谓。不要老听皇帝的，将在外，君命有所不受。”

汤思退本以为，自己都背了这么一口“大黑锅”了，这个和谈之事，也就能结束了吧。然而，得知结果后，他差点儿用脑袋去撞墙了。

原来，魏杞出使金营，得知金人得寸进尺的和谈条件后，魏杞怒而上疏朝廷，痛骂金人贪得无厌，没法和谈，请求出兵，重新开战！

千算万算，竟然用了这么一个“主战派”的愤青出使金国，汤思退悔得肠子都青了。

最终，无计可施的汤思退为了能够早日促成和谈，竟然使出了一个匪夷所思、助纣为虐的招数，准备逼迫宋朝签署停战协议。

汤思退派死党孙造出使金营，秘密告知金人：“自古以来，在领土问题上没有谈判，只有战争！如今，再怎么谈判也没用。不如你们出兵吧！攻下几座宋朝的城池，给我们施加一点儿压力，我好从中运作，完成和议。”

一听这话，金人都快乐疯了，说你是我们自己人呀！你隐藏得够深的，把我们都给骗了。现在好了，欢迎回归组织。

于是，在一番感谢后，金人采纳了汤思退的建议，攻打宋朝。后来，就在金人的强压下，汤思退完成了议和。

虽然有人把汤思退卖国求荣的这段历史说得有鼻子有眼的，但我可以很负责地告诉您——这段历史，应该是后人的杜撰，并不是真正的历史。因为，这里面疑点重重，很多问题都没法解释。

首先，汤思退是大宋王朝的宰相，他真的犯不着也不可能去干这种卖国求荣、遗臭万年的事情。而且，汤思退干了这种事情并没有一丁点的好处。没有好处的事情，他去干什么呀？

其次，史料已经证明，汤思退根本没有一个叫孙造的亲信，他到底是派谁出使金国的呢？

综上所述，我个人认为，汤思退没有派人出使金国，也没有干出这种卖主求荣的事情，他应该是为历史背了一口大黑锅。

当然，汤思退也没有什么冤的。毕竟，就是因为他谈判不力，才导致金人南下入侵。而且，若不是他一味求和避战（调换主战将军、解散精锐部队、撤除防御工事），金人又怎么能轻易攻城略地，打得宋朝毫无还手之力？

单凭此举，汤思退就万死不足泄民愤。

隆兴二年（1164 年）十月（张浚死后两个月），在苦苦等待了一年后，金人见宋朝毫无和谈的诚意，派纥石烈志宁率军南下，进犯宋朝。

由于汤思退的不抵抗政策，金人南下非常顺利，他们不费吹灰之力就攻陷了宋朝的楚州和濠州。因滁州守将畏敌怯战、不战而走，金人也顺利接管了滁州。

后来，金军继续南下，但被高邮守将陈敏死死挡在了射阳湖内，再加上李宝水军的全力支援，才被迫撤兵。但他们也完成了目的，即完成了这次威慑宋朝之旅。

因为这次威慑宋朝的行动非常成功，金人把宋孝宗吓得够呛，他终于同意签字了。

当然，唯一美中不足的是，在这次军事行动中，金人无心把汤思退弄死了。

原来，目睹了金人的所作所为后，南宋太学生们彻底怒了，这些学生又示威游行，罢学请战了。

当时，太学生张观等七十二人伏阙上奏，恳请皇帝杀了汤思退，以谢天下："启奏陛下，汤思退执政后，除了排挤张浚，废弛边备，资助敌寇外，毫无一点政绩。如今，他通敌卖国，导致敌军长驱直入，攻我家园，杀我百姓。像汤思退这等怀奸误国、媚敌卖国的无耻小人，根本不配当官，也不配为人！请皇帝斩杀这个小人，明示天下！"

太学生们上书时，汤思退刚刚因为谈判不利，被罢免了官职，贬到永州（今湖南零陵）安置。得知太学生们义愤填膺的上书后，汤思退又急又怕，他急火攻心，在路上一命呜呼了。

隆兴二年（1164 年）十一月，汤思退在信州（今江西上饶）忧悸而死，终年 48 岁。

虽然汤思退一命呜呼，大快人心。但是，因为战争失利，宋朝也没有本钱继续谈判了。不管宋孝宗如何不甘心，也只能坐下来签署那份耻辱的停战协议了。

隆兴二年（1164 年）十一月十五日，宋孝宗派遣使者入金国谈判。在一番讨价还价后，宋金终于达成一致，签署了合约。

这个合约的内容，主要有以下五点：

第一，宋朝归还金国的海州、泗州、唐州和邓州四州之地，再割让商州、秦州两地给金国。

第二，宋每年给金的“岁贡”改称为“岁币”，在“绍兴和议”的基础上各减少五万，即每年银、绢各二十万两匹（以前是各二十五万两匹）。

第三，南宋和金由“君臣关系”改为“叔侄关系”。以后，双方的国书要按照这样的定例去写：

宋朝方面——侄宋皇帝××（名字）致书于叔大金××（不是名字，而是尊号）皇帝阙下……

金国方面——叔大金皇帝××（名字）致书于侄宋皇帝……

在这种规矩下，宋朝皇帝不许称“大宋”，不许直呼金国皇帝的名字，必须加上“阙下”二字。

第四，双方归还被俘之人，但不得遣返叛逃到对方疆域的人员。当然，如果这些叛徒自愿回国受审，双方不得干涉，要第一时间遣还（也没有这种人）。

第五，双方边境恢复到“绍兴和议”时的状态。“绍兴和议”的其他条款也继续有效。“宋朝不得擅自撤换宰相”的条款自动废除。

当时，在“绍兴和议”的条款中，宋孝宗最恨的就是“受书礼”了，他不惜与金国扯皮了十年，希望废掉这个条款。

所谓“受书礼”，就是当金国的诏书来到南宋后，金人使者跪拜呈上圣旨，南宋的皇帝则要起立走到金使面前亲自接取圣旨，然后交给身边的内侍大臣，由他们宣读。

在宋孝宗眼中，这个制度太丢面子了，他一个九五至尊的皇帝，怎么能干这种下人的事情呢？因此，宋孝宗一直想废除这个条款，当然，最终还是以失败告终。

综上所述，上述五点，就是这次宋金议和的主要内容。然而，就在最后一步确认中，竟然再生波澜，差点毁于一旦。

原来，和议内容达成后，双方要互通国书，进行最后的确认。结果，金国一看宋朝递交的国书就怒了。

他们告诉宋使：“你们怎么能这么写呢？自己看看，国书上写的啥？‘大宋皇帝致书于叔大金皇帝阙下’！你们得写‘侄宋’呀，怎么能写‘大宋’呢？”

宋使回答道：“我宋朝幅员辽阔，足以称‘大’！我就这么写了，怎么的？我就是‘大宋’，就是不改！”

见宋使态度如此强硬，金国官员勃然大怒，他立刻上奏朝廷，痛骂宋朝不讲道理，要求遣送宋使，撕毁盟书。

根据《宋史演义》记载，对于这个结果，金世宗则道:“朕亦志在安民，所以谕令息兵，此后当各照新约，固守勿替，朕不再苛求。”

意思就是说:“得了，大宋就大宋吧，只要两国罢兵友好、保境安民就行了。以后的国书，再按照新约执行吧。咱们要得饶人处且饶人，宋朝打了一场败仗，就让他输架不输嘴吧。”

最终，宋金签署了停战合约，双方也重新获得了和平，并将这个和平的局面维持了 42 年。直到 1206 年，宋朝撕毁协议，发动“开禧北伐”，双方才重新开战。

由于这个合约是在宋孝宗隆兴年间签署的，所以这次宋金议和，史称“隆兴和议”。又因为签署了这个合约后，宋孝宗就改了年号，所以这个合约也称“乾道之盟”。

现在，对这个“隆兴和议”评论一下吧：

虽然签署了合约后，宋朝将“保护费”改为“岁币”，也提高了自己的身份（成大侄子了），但是，这依旧是一个不平等条约。不管怎么算，宋朝都赔本了，而且连声吆喝也没赚到。

反观金国，倒是赚了。毕竟，在内部问题重重、已经无力久战的情况下，还能让南宋臣服，并敲诈一笔，让宋朝割地赔款。因此，不管怎么算，金国都赚了一个盆满钵满。

那么，对于一个有雄心、有野心的宋孝宗而言，他会接受这个不平等的条约吗？他又会做什么事情呢？

让我们拭目以待。

卧薪尝胆

跟祖先宋仁宗一样，此时此刻宋孝宗的心情，也是那个词——憋屈。

本来他打算干出一番大事业，好永载史册、光宗耀祖，结果，反而签署了一个耻辱的条约，还被北面的蛮夷称为“大侄子”……您要是宋孝宗，也得憋屈死。

在这种憋屈的心理下，宋孝宗打算整顿官场、重振朝纲。

重振朝纲的第一步，从吏制改革开始。

第一，严惩科举舞弊，完善考试制度。

咱们前面讲过，在秦桧的大权独揽下，宋高宗时期的科举考试制度基本上名存实亡，已成为攀龙附凤的工具。虽然秦桧死后，宋高宗也严惩了一些徇私舞弊的官员，但他的所作所为基本上是治标不治本，很多官员依旧用科举制度为自己家族谋福利。

宋孝宗大规模整顿科举考试制度。他下令：

一、徇私舞弊者，一旦发现必严惩不贷。

二、每次科举考试的前十名，都要由他亲自复审，一旦发现无真才实学的，立刻发配充军，考官也要受到相应的惩罚。

三、举荐者要承担连带责任，举荐的人是贤人，受赏，加官晋爵；举荐的人是小人，受罚，罢黜下岗。这样一来，举荐者再也不敢胡乱推荐，让自己人上位了。

第二，限制恩荫官员的升任名额。

恩荫制度，算是宋朝一个老大难的问题。当时，官员们都是玩命地推荐自己的子嗣入朝为官，以至于在宋孝宗登基初期，每年的恩荫官员竟然多达数百名。

为了解决这些想要不劳而获入朝为官的人，宋孝宗在与宰执们多次商议后，决定降低恩荫的人数，每年限定名额为八十人。此外，还定期对恩荫官员进行考试，不合格者，一律淘汰，以减少尸位素餐的官员。

第三，淘汰冗官。

宋孝宗发现朝廷的冗官太多了，很多官员只有官职、没有实权，就是一群吃闲饭的。于是，宋孝宗大笔一挥，淘汰了一批冗官，对现有的官员人数进行压缩和裁减。

在宋孝宗这三条政策措施下，南宋官场为之一振，开始慢慢中兴了。然而，让宋孝宗始料未及的是，他这么费尽心力地整顿官场，最终却以失败告终。

因为，不管宋孝宗如何限制官员数量、如何淘汰冗官，只要宋朝那个不合理的“官、职、差遣”任命制度还存在，这就是一道无解的难题。

仅仅过了七八年，到了乾道年间时，宋朝的官场就恢复原样了。当时，宋朝的官场庞大无比，不仅耗费朝廷无数的钱财，甚至到了让宋朝财政入不敷出的地步。

其实，我们不能去指责这位皇帝，毕竟他尽力了。而且，作为南宋最好的一位君主，宋孝宗不可谓不努力。要知道，宋孝宗在整顿官场时干了很多漂亮的事情，足以步入明君行列。

举一个例子：乾道元年（1165 年）六月，淮南转运判官姚岳寄给了朝廷一大包死蝗虫，以示“祝贺”。

原来，这一年淮南发生了蝗灾，在治理灾害时，姚岳突发奇想，愣是上奏朝廷，说什么“官家的诚意感动了上天，蝗虫已经主动求死了。这些蝗虫的尸体，就是证据”等。姚岳希望把这个“祥瑞之事”昭告天下。

姚岳这么干，是把这个皇帝当成宋真宗了。他希望用这种方式，得到宋孝宗的赏识，获得自己想要的东西。然而……等咱们说完了下面这个人，一起再说。

无独有偶，同年同月，池州知州鲁詧也发了一份“贺件”。

原来，这一年池州发生旱灾，老百姓没有吃的，只能以竹子为生。见此景，鲁詧也突发奇想，他把竹子内塞满谷物，上奏朝廷，说什么“官家的诚意感动了上天，池州的竹子内竟然装满了谷穗，帮助灾民渡过了难关”等。

跟姚岳一样，鲁詧也上呈了一份实物，并希望把这个“祥瑞之事”昭告天下。

好了，闹剧说完了，说说这哥俩的下场吧。

看见这两个“祥瑞”后，宋孝宗勃然大怒，直接把这两个东西扔掉了。宋孝宗颁布一道圣旨，痛骂姚岳是一个妄自菲薄、不务正业的佞邪之徒，不好好去治理蝗灾，却整这些没用的。最终，皇帝把姚岳降职一级，以示惩戒。

对比姚岳，鲁詧却没有那么好的下场了。

宋孝宗也痛骂了鲁詧一顿，并昭告天下，说他是一个不负责任、好大喜功的佞臣，罢免出朝廷，永世不得为官。

可不是吗，在宋孝宗的眼中，老百姓是因为没吃的了，才去吃竹子。作为一个地方官，不能让老百姓丰衣足食，这已经是失职。现在，他竟然还把老百姓吃竹子的事情当成“喜事”上奏朝廷，这不是一个奸诈的小人吗？

在宋孝宗眼中，这种不负责任、毫无廉耻的官员，要之何用？必须严惩不贷，以儆效尤！

综上所述，严惩或罢黜这种“能从老百姓苦难中挖出正面意义并加以吹嘘”的官员，单凭此举，宋孝宗足以永载史册。

破除党争

除了能明辨是非外，宋孝宗还有一颗破除朋党之风的心。

众所周知，自王安石变法后，宋朝大臣就分成两派，即改革派和保守派，天天争持不断，并不惜发动党争、陷害对方。到了南宋，国家虽然不用变法了，但也出现了主和派和主战派两大阵营，这两派争持不断，不仅严重影响国家的建设，也让皇帝苦不堪言。

最终，也就是在主和派和主战派的争吵中，南宋亡国了。

身为一代明君，宋孝宗深知党争的威力，为了消除这颗毒瘤，让不同政见、不同思想的官员携手共同建设国家，宋孝宗决定下手了。

为了建立“建中靖国”的世界，宋孝宗颁布了一道圣旨——所有大臣不得无故聚会，以防结党营私。此外，在没有请示的情况下，不得举行宴会。无故举行宴会者，集体罢免！

宋孝宗颁布这道圣旨后，官员们苦不堪言。

毕竟，在官员眼中，同僚之间走动一下，互相串个门、吃个饭，怎么就成为结党营私、图谋不轨了？而且，在这个执行的过程中，皇帝有一个奇怪的用人原则，更让群臣郁闷。

原来，为了防止大臣结党营私，宋孝宗的用人原则就一个——不参加聚会的，升职；参加聚会的，不用！

有一次，一个叫张说的大臣过生日，想举行一次聚会，他向宋孝宗申请了，在获得同意后，散发请帖请大家来聚会。

宴会开始后，张说惊讶地发现，获请的大臣，基本上都来了，可唯独一个叫陈良祐的官员，却以“官员不得擅自聚会”为由，拒绝赴宴。

张说很是恼火，心想这个人真是一个书呆子。皇帝已经同意了，我们是奉旨举办宴会，还怕什么呢？爱来不来，我们自己玩。

殊不知，宋孝宗得知陈良祐的所作所为后，很是高兴，就大笔一挥，加封了陈良祐的官职。张说正与宾客们开怀畅饮、不醉不归，得此消息后，大家面面相觑，再也玩不起来了。

可见，宋孝宗的这种用人原则，就有点过犹不及了，而且，很容易让那些心怀叵测的小人，利用这个漏洞，得到上位的机会。

不得不说，宋孝宗这样干，已经背离了自己的初衷。他不仅没有完全预防党争，还让大臣钻了空子，并最终还是形成了党争。这个党争，就叫作“庆元党禁”。

此外，为了不让大臣们结党营私，宋孝宗频繁换宰相，不断调整自己的执政班底。终南宋一朝，就宋孝宗换宰相换得最勤，他在位 28 年，一共换了 17 位宰相、34 位副宰相（参知政事），平均 2 年换一个。

虽然在宋孝宗的眼中，频繁换宰相，有助于自己大权独揽，防止像秦桧那样的大臣专权，也有助于防止大臣结党营私。但是，这样频繁地换宰相，不利于国家的持久发展，国家命令也极易朝令夕改了。

最终，就是在这种背景下，宋孝宗一事无成，吞下了自己酿下的苦果。

这里多说一句，在中国历史上，有两个皇帝换宰相很勤，一个是宋孝宗，另一个就是明朝的崇祯。

虽然宋孝宗自登基后，兢兢业业、事必躬亲，绝对是一个好皇帝。但是，在重大事件决策上，宋孝宗却常常不经过深思熟虑就贸然做决定，而且稍有挫折，就立刻收回成命。这样的处事方法，就不是明君所为了。

这也导致宋孝宗在位期间，经常朝令夕改，那些“说话不算数，说完就后悔”的事情频繁出现。

后人评价这位皇帝，说他“志大才疏”，确实有一定的道理。

而宋孝宗一朝为何一直碌碌无为，大家也能看出端倪了。

练兵修武

作为南宋最有作为的君主，宋孝宗无时无刻不想讨伐中原、报仇雪恨。因此，虽然打了一场大败仗，但这位皇帝依旧整顿兵马、练兵修武，准备再伐中原！

练兵修武从宋孝宗以身作则开始：

练兵修武期间，宋孝宗永远以身作则。当时，他天天拄着一根黑漆拐杖到处溜达，还时不时把拐杖举过头顶。

见此情景，宦官和宫女大惑不解，他们不明白皇帝年纪轻轻的，为何非要举一根拐杖。直到有一天，宋孝宗命其他人去拿这根拐杖时，众人才明白了其中奥秘。

有一天，宋孝宗出门太急忘拿拐杖了，他指派四个小太监去拿。对此，太监头领很不屑，认为取一根拐杖，一个人足矣，何需四人？最终，在一番讨价还价后，宋孝宗命两个小太监去拿拐杖。

结果，这两个小太监差点儿没累死。当时，这两个小太监使尽了浑身的力气，才把拐杖拿来，不，应该是拖来。

原来，宋孝宗的拐杖，根本不是木质的，而是由精铁打制的，它异常沉重，一般人根本拿不动。而宋孝宗则通过这种负重练习，增加臂力，以做表率。

除了练习臂力，很多大臣都看见宋孝宗的寝宫外有一匹做工逼真的假马。

宋孝宗一有时间，就会骑在这匹假马上，练习骑射，练习武功。当然，宋孝宗绝非是纸上谈兵，他的骑射功夫很好，跟太祖皇帝一个水平，甚至有过之而无不及。

有一天，宋孝宗在习武场练习骑马，谁知那匹马有点烈，不听指挥，直接奔着一个门楣而去。

门楣很低，不管人怎么趴在马背上，都不可能过得去。眼看宋孝宗就要撞在门楣上了，侍卫们全都傻了，大家赶紧冲过去救驾。

结果，宋孝宗临危不乱，他双手举起，瞬间抓住了门楣，身体直接悬在了半空中。随后，在众人的惊呼中，宋孝宗饶有兴致地做了几个引体向上，然后愉快地跳下来了。

要知道，纵观宋朝十八帝，拥有这等武艺的人，除了宋太祖和宋孝宗外，再无第三人。而且，太祖也不如这位后世子孙。毕竟，赵匡胤当年骑马过门楣时，可是被狠狠地撞了一下头……

当然，虽然宋孝宗武艺了得，也有失手的时候，他为此曾付出了惨烈的代价。

乾道五年（1169 年）中，宋孝宗在练习射箭时，弓弦突然断了，反弹的弓弦打在了宋孝宗的眼睛上，把他眼睛打伤了。整整一个月，宋孝宗都看不见东西，没法上朝。

见此情景，大臣们接连上疏，劝慰这位皇帝。其中，以宰相陈俊卿的文章最为激烈、也最具代表性："您放弃安乐、练习骑射，这很好。您志图恢复、以身作则、激励士气，这也是一个明君所为。但是，您不是士兵、不是将军，而是一个皇帝呀！

"身为天子，就要坐在军中大营内运筹帷幄，调兵遣将，安抚将士，这才是皇帝应该做的事情！冲锋陷阵，上阵杀敌，那是将军、士兵的任务。如果战争到了要皇帝亲自上阵迎敌的地步，那岂不是要全军覆没了？因此，我等恳请皇帝，不要再练习武艺了，保重龙体，以安社稷，这才是明君所为。愿今日之事，永为后诫。"

宋孝宗看完这封奏章后大为感叹，立刻表示："以后再也不犯了。"同时，宋孝宗还褒奖了陈俊卿等人以作鼓励。

博大的胸怀，勇于承认错误，宋孝宗不愧为宋朝少有的明君！

虽然在群臣的劝慰下，宋孝宗不再身体力行了，但他却没有放弃恢复中原的信念。

根据陈国灿、方如金的《宋孝宗》记载，宋孝宗退居幕后，跟群臣一起共商北伐大计。当时，宋孝宗一共进行了下列五大措施，为北伐做准备。

第一，设置"恢复局"机构，收集整理北伐的计划，并对这些计划进行深入研究。

原来，在对金的战术上，群臣们各抒己见，什么建议都有。为了从这一千多个"哈姆雷特"中找到那唯一的真理，宋孝宗就开设了这么一个机构，专门处理这些计划书。

虽然这些计划书大部分是华而不实的文章，但不可否认的是，有几篇文章写得非常好。比如《美芹十论》就见解独特，切中要点，有理有据。

这篇《美芹十论》的作者，就是……咱们未来再说。

第二，加强两淮防备，防止金人先发制人。

经过了上次的大战后，江淮一代百废待兴。宋孝宗下令，用最快的速度修补庐州、和州等地，并全面修建襄阳、楚州、扬州、郢州等地的城池。宋孝宗还把《美芹十论》的作者调到了滁州，让他去那里修缮城池、发展经济……

第三，对军队进行全面整顿。

为了杜绝再出现邵宏渊那种不顾团结、畏敌怯战的败类，宋孝宗下令，唯才是举，提拔那些真正有能力的将领。只要你有本事，就能得到重用、建功立业。同时，对现有的将领进行考核，一旦考核不及格，管你是什么将门之后、皇亲国戚，全部罢免出军队，永不录用。

在宋孝宗的改革下，一些优秀的将领，开始步入朝廷的眼帘，他们逐渐成长，成为边境上的名将，成为金人的死敌。

在这些名将中，最著名的还是那个《美芹十论》的作者。

第四，起用战败的老将，给他们戴罪立功的机会。

乾道五年（1169 年），宋孝宗颁布一道圣旨，复起赋闲在家的李显忠，命他担任浙东副总管一职。

这个因为兵败被千人捶、万人骂的老将，可以继续上战场，为祖国发挥余热了。后来，因为战功显赫，还被宋孝宗加封为“威武军节度使加左金吾卫上将军”，再后来，又被加封为太尉。

太尉呀！这是宋朝武将最高等级的官职和荣耀证明了。得此荣誉，李显忠足以含笑九泉了。当然，在他这个榜样的照射下，宋军的后起之秀们也更加奋进，报效朝廷，建功立业。

第五，恢复昔日的军队。

宋孝宗改革军队的措施中，最值得津津乐道的，就是恢复精锐之师，让他们重整旗鼓，奋勇杀敌。

这些被恢复的精锐之师中，最著名的就是驻守在淮东一代的万弩营。

原来，符离之败后，为了取悦金人与求和，主和派的汤思退大笔一挥，把这支精锐之师解散了。结果，宋孝宗改革时，又恢复了这支部队的编制。他还给这部队改了一个名字，叫神劲军。

经过了“失而复得”的过程，神劲军的将士们感动无比，更加齐心协力，奋勇杀敌。

以上，就是宋孝宗改革军事的五大措施。通过这些措施，宋军为之一振，恢复了昔日的斗志，让金军再也不敢小看。

当然，光恢复军队的斗志，不足以威慑金军。为了表明自己的北伐态度、振奋全国的军心，宋孝宗还使用了那个招数——阅兵。

自古以来，要想快速振奋军心、威慑敌军，最好的办法就是举行大规模的阅兵仪式。宋孝宗也深知此道。

宋孝宗一共举行了三次大规模的阅兵仪式，以表明自己绝不放弃北伐中原的信念，誓要跟金人死磕到底！

第一次阅兵，发生在乾道二年（1166 年）十一月。第二次阅兵，发生在乾道四年（1168 年）十月。第三次阅兵，发生在乾道六年（1170 年）十二月。

这三次阅兵，一次比一次规模大，一次比一次厉害。宋孝宗第三次阅兵时，竟然出动了一万两千余人，全军分成二十多个小队，依次从“主席台”面前经过，高喊口号，以震国威、以安民心。

当时，看见这支钢铁之师后，杭州百姓热泪盈眶、激动不已。

那位《美芹十论》作者的徒弟刘过，当时也在现场。他看见此等场面后，也激动地赋词《沁园春·玉带猩袍》送给友人，以表心情：

玉带猩袍，遥望翠华，马去似龙。拥貂蝉争出，千官鳞集，貔貅不断，万骑云从。细柳营开，团花袍窄，人指汾阳郭令公。山西将，算韬钤有种，五世元戎。

旌旗蔽满寒空。鱼阵整、从容虎帐中。想刀明似雪，纵横脱鞘，箭飞如雨，霹雳鸣弓。威撼边城，气吞胡虏，惨淡尘沙吹北风。中兴事，看君王神武，驾驭英雄。

中兴事，看君王神武，驾驭英雄……这就是对当时阅兵盛况的最好表述。

可见，凭借威撼边城、气吞胡虏的雄兵，宋孝宗收复中原指日可待了。然而，宋孝宗到死，也没有看见那一天。

对此，史学家们一致认为，千军易得一将难求，宋孝宗没有合适的将领，怎能北伐中原？

这个说法，确实有道理。

看看宋孝宗登基时的窘境吧，上一代的战将们，老的老、死的死，只剩下一个张浚，还是个纸上谈兵的。更可悲的是，乾道三年（1167 年）五月，驻守西北的宋朝一代名将吴璘黯然病逝了。

吴璘病逝的消息传到京城后，宋孝宗悲痛不已，下令罢朝，以告慰吴璘在天之灵。同时，追封吴璘为信王，对其家人的各种赏赐之物更是接踵而至。

吴璘是西北的擎天一柱，宋孝宗一直想看看这位战神，但一直没有机会。

后来，乾道元年（1165 年），宋孝宗终于得偿所愿。他颁布了一道圣旨，请吴璘进京一聚，他要用最高礼节接待吴璘，慰劳这位宋朝的猛将。

对比哥哥吴玠，吴璘毫无拥兵自重的意思，得到这封诏书后，他立刻动身来到临安，吴璘先是拜见了新皇宋孝宗，随后来到德寿宫拜见太上皇赵构。

赵构看见这位白发苍苍的爱将后大为感慨，道："我们都是老人了，你以后要多来几次，好好看我呀。"说完，流下了伤感的眼泪。

宋高宗哭了，宋孝宗跟吴璘也一起哭。哭了一段时间后，宋孝宗置办酒宴，为吴璘接风洗尘，并加封他新安郡王，授予太傅一职。

过了几天，吴璘要离开杭州回到驻地了。临走时，赵构父子为他设宴饯行。酒宴期间，赵构解下佩刀，交给吴璘道："你这一走，不知何时才能见面。你把这把刀带走吧，思念朕时就看看它吧。"

听完这番话，吴璘感动得泪如雨下。一旁的宋孝宗也是潸然泪下，大家又哭了一场。

哭完后，吴璘就回西北了。结果，仅仅过了三年，吴璘就病逝了，享年 66 岁。

吴璘在病重时，曾用最后的力气上奏了一份奏章。在这封奏章中，吴璘一点不提自己的家事，也不提任何赏赐，就提了两个要求：第一，愿陛下不要放弃四川；第二，愿陛下不要轻易出兵。

这是一个忠心报国的老将的遗言。任何人听到了这两句话，都会敬佩不已，并被这个老将的崇高人格所感动。

俱往矣，让我们对吴璘以及他哥哥吴玠的生平，做一番总结吧！

凭借一己之力，捍卫西北边疆，让敌人不敢窥探蜀地一步，由此保住了大宋半壁江山，单凭此举，吴氏兄弟足以步入名将行列，永载史册。虽然吴玠干了一些缺德事，但在这个大政绩面前也足以功过相抵。

咱们都知道，南宋有"中兴四将"之说，以吴玠、吴璘的功劳和战绩，足以成为中兴第五将、第六将。之所以没有进入，不是他们的原因，而是他们的后世子孙出了问题。

原来，吴氏兄弟赤胆忠心，一心报国，但他们的后世子孙却不这么想。在未来的那场战役中，吴家后代玷污了祖先功劳，不仅叛国投敌，还让宋朝的北伐战役彻底毁于一旦。

这个叛国投敌的吴氏后代，就是那个永载史册的败类——吴曦。

得此逆子，不知吴氏兄弟在天有灵会做何感想。

书归正传，对于宋孝宗来说，吴璘的死让他痛失一员大将，后来，伴随着那个人的病逝，宋孝宗再也没有心思北伐了。

这就是宋朝另一个擎天一柱——虞允文。

原来，吴璘病逝后，宋孝宗就大笔一挥，加封虞允文为枢密使兼四川宣抚使，让其进驻四川，整顿兵马，准备北伐。

在虞允文去四川前，皇帝跟他就北伐的问题商谈了很久。最终，双方达成共识，各自准备兵马钱粮，一起北伐中原，双方在河南顺利会师。

会谈结束后，宋孝宗设宴给虞允文饯行。在这个饯行会上，虞允文怕皇帝反悔，他忧虑地问道："陛下与我约定双方同时进攻，讨伐中原，万一，陛下不守约，为之奈何？"

宋孝宗知道虞允文的顾忌，他喝了一杯酒，回答道："如果西北军队出师而朕没有出兵，那就是朕负了卿。反之，若朕出兵了，西北军队却没有出兵，那就是卿负了朕！"

乾道八年（1172年），虞允文到达四川后，立刻招兵买马，筹备粮饷，准备北伐。虞允文仅仅准备了一年，宋孝宗就发来信件迫切地问道："准备得咋样了？我这里没问题了，咱们北伐吧！"

虞允文回复道："不行，我还没有准备好。请陛下再等等吧，贸然出兵，只会引来祸端，还是等机会成熟了再动手吧。"

看见这封回信，宋孝宗虽然不悦，也只能继续等待。后来，宋孝宗又颁布了好几道圣旨，逼迫虞允文出兵。结果，不管皇帝怎么催，虞允文都以准备不足为由拒绝出兵。

后来，这样拖来拖去，宋孝宗不仅没有等来虞允文出兵的消息，反而得到了一个让他悲痛欲绝、无言以对的消息。

原来，去了四川仅仅两年，虞允文就因病逝世了，享年65岁。

得知虞允文病逝后，宋孝宗的第一反应是生气，恨虞允文延误战机、胆小怕死，就会忽悠。宋孝宗准备严惩他，以出心中的恶气。然而，等宋孝宗检阅了虞允文训练的部队后，才惊讶地发现——虞允文并没有误事，他训练的士兵无不勇猛，若再给他一些时间，虞允文一定能够打造出一支钢铁雄师……可惜的是，上天没有给他机会。

得知真相后，宋孝宗悲痛不已，他亲自下诏，授予虞允文太师头衔，谥号“忠肃”，以告慰虞允文在天之灵。

但是，虞允文的死对宋孝宗打击很大，他再也找不到一个合适的北伐大将了，南宋也没有像虞允文那样既坚定主战又有才华的大臣了。

可以说，伴随着虞允文的病逝，宋孝宗对北伐的兴趣，也越来越不积极了。

虽然在虞允文病逝后，宋孝宗还整顿兵马，大规模检阅士兵，还命令所有的部队要每年春秋两季举行演习，继续摆出一副北伐的气势，但所有人都明白，宋孝宗已经不想北伐了，他的所作所为不过是自欺欺人。

因为，宋孝宗选择的新年号“淳熙”，已经把他彻底出卖了。

何谓“淳熙”？就是从宋太宗年号雍熙、淳化中各取一个字。

虽然从表面上看，宋孝宗取的这个年号还有北伐的意思（宋太宗讨伐辽国的战争，就发生在雍熙年间，史称“雍熙北伐”），但是，宋孝宗把宋太宗休养生息的“淳化”年号放在前面，明显就是告诉世人——从此以后，这个国家将以休养生息为主，等休息够了再去北伐。

换句话说，帝国已经改变了国策，以“和平模式”为主，不再轻易言及战争了。宋孝宗的雄心壮志失去锋芒了。

其实，宋孝宗之所以不再北伐，除了没有战将外，还因为他的父皇赵构一直给他拖后腿。

那么，这个深宫中的太上皇，他到底干了什么事情，让儿子苦不堪言呢？

第七章 宋孝宗的孝道

父子博弈

作为南宋历史上的一代明君，宋孝宗本来是可以有所作为的，但是，外因和内因的双重制约，最终让这个皇帝毫无作为，只能发出生不逢时的感叹。

外因就是他的对手——金世宗完颜雍。

金世宗号称“小尧舜”，他是一个圣人帝王，也是金国九帝（也可称为十帝）中最有本事的一个。在这位皇帝的统治下，金国繁荣富强，无懈可击，南宋压根没有进攻的机会。

在这种背景下，宋孝宗只能无奈地叹着气，发出“既生瑜，何生亮”的感叹了。

当然，让宋孝宗碌碌无为的原因，除了这个外因外，更主要的还是内因。这就是他的父皇——宋高宗赵构。

宋孝宗一共做了 27 年的皇帝，他的父亲宋高宗一共做了 25 年的太上皇！换句话说，宋高宗一直陪伴在宋孝宗左右，不仅干涉他的朝政，还对宋孝宗的决策指手画脚。

当时，对于北伐这个问题，宋高宗直言不讳甚至用一种调侃的语气道：“等我百年之后，你再干吧！”

这种话，不仅制约了宋孝宗的北伐大业，更是对宋孝宗的警告。

那么，除了阻止宋孝宗北伐外，宋高宗还干了哪些事情，让宋孝宗痛苦不已呢？

作为中国历史上第一个以“孝”字为庙号的皇帝，宋孝宗堪称实至名归。

当时，宋高宗退休后，为了不让父皇寂寞，只要一有时间，宋孝宗就会跑到宋高宗这里沏茶倒水、聊天伺候，堪称无微不至。

为了让父皇高兴，宋孝宗还命宦官出宫搜集四方的珠宝、寻找各省的美味佳肴，把这些一车一车地往宋高宗这里运。

为了孝敬老爹，宋孝宗从来不计较钱。

这其中还有一个趣闻。有一次，宋孝宗看中一个金国商人的一条犀牛腰带。此腰带是用上等的犀牛角打磨而成，上面镶嵌着十二块美玉。其中一块美玉的图案很是奇特，是一个拄着拐杖站立的寿星，图案活灵活现，堪称极品。一见此物，宋孝宗大喜过望，就准备把这个玉带买下来，送给太上皇。商人见宋孝宗如此喜欢，就狮子大开口，索要 10 万缗钱。对于这个价格，宋孝宗想都没想就一口答应了。

商人拿着钱财高高兴兴出宫了，孰料，一出宫就被太监堵住了。原来，太监向商人索要中介费，也就是回扣。

一听要钱，商人大怒，认为这个太监真是厚颜无耻。于是，商人跟太监争执了起来。

最终，见商人毫无给钱的意思，太监大怒，痛骂道：“你给我等着！我现在就进宫，让皇帝退货。而且，从今以后，你这条玉带就别想再卖出去了！”

太监见到宋孝宗后，立刻跪在地上大哭道：“奴才罪该万死，让皇帝买了一条不吉利的玉带，特来请罪。”

宋孝宗大吃一惊，问其缘故，太监侃侃而谈道：“启奏陛下，但凡拄着拐杖的寿星，拐杖必须高过寿星的头，这样才能福寿延绵。如今那条玉带上的寿星拐杖非常短，仅仅到了寿星的腰部，这非常不吉利，有折寿之嫌。”

宋孝宗立刻细查玉带，结果，正如太监所言，寿星的拐杖仅仅到寿星腰间。

宋孝宗大怒，他这个礼物是要送给太上皇的，要是让太上皇知道了此事，这不就是诅咒太上皇短命吗？

盛怒之下的宋孝宗下令把那个商人叫回来退货，后来，百姓们知道了这条玉带的事情，整个南宋再也没有人买这条玉带了。

这个老爹难伺候

虽然中了小人的奸计，让商人蒙冤，但不管怎么说，为了孝顺父皇，宋孝宗肯花银子、不计钱财却是事实。宋孝宗小心谨慎，不买稀奇古怪的东西、不让宋高宗闹心也是事实。

鉴于此，宋高宗对于这个养子很是满意。

然而，宋孝宗办事再谨慎也有出纰漏的时候。有一次宋高宗办寿宴，按照惯例，朝廷会给宋高宗很多经费，用来举办寿宴。结果那一年南宋爆发了一场很严重的水灾，宋孝宗就下令裁减皇宫各项支出，不要铺张浪费了。

命令下达后，礼部就按照最新的制度，把宋高宗寿宴的钱给削减了。

对此，宋高宗就不高兴了。

当时，宋高宗雷霆大怒，他当着后宫的宫女、宦官的面大发脾气，痛骂宋孝宗不孝、毕竟不是自己的儿子，等等。

消息传到前朝后，宋孝宗吓坏了，他急忙找来宰相虞允文商议解决办法。最终，这个宰相进后宫去找太上皇“背黑锅”了。

看见了这个主动背锅的大臣，宋高宗一脸不悦，大怒道：“朕老不死，为人所厌！”

一听这话，虞允文马上解释道：朝廷之所以裁减太上皇寿宴专款，不是皇帝的主意，而是臣自作主张的结果。皇帝同意这样做，也是想给太上皇积福增寿。因为减老百姓的税赋，能让大家对您感恩戴德，增加您的福泽，使您万寿无疆。

虞允文解释完后，宋高宗龙颜大悦，宋孝宗的这场危机也总算是解决了。

然而，这一次的危机过了，下一次的危机就没有这么幸运了。

原来，宋高宗庆寿辰时，宋孝宗过去祝寿，陪父皇一起喝酒。宋孝宗喝高后，随口道：“送二十万缗给父皇作为贺礼！”

所谓送钱，完全是宋孝宗酒后的狂言，他酒醒后，就忘记这件事情了。但儿子忘了，老子却记得呀。宋高宗天天琢磨着那二十万缗钱，就等着收钱了。

过了一段时间后，宋高宗见儿子毫无给钱的意思，就对自己的皇后，也就是那个吴太后怒道：“儿子不兑现祝寿的钱，真是岂有此理！”

眼看两宫就要爆发一场战争，这个时候，贤惠的吴太后起作用了。

吴太后听完后，对着愤怒的宋高宗不紧不慢道：“不就是祝寿的钱吗？赵昚早就准备好了。只不过，他当时是酒醉奏报的，苦于不知道是给银子还是给铜钱，所以一直没送上前。”

一听这话，宋高宗大喜道：“给铜钱吧，给铜钱花着方便！”于是，吴太后自掏腰包，给了宋高宗二十万缗钱，当成宋孝宗的孝敬钱了。

后来，宋孝宗听说吴太后这么帮助自己，感动得都不成了，他立刻偷偷摸摸地给了吴太后四十万缗钱，用来答谢。当然，下次再捅娄子时，这些也可以当成应急钱。

不在其位，也要谋其政

宋孝宗这个皇帝，做得非常憋屈。因为他不仅要当一个乖宝宝，玩命孝顺养父，还要容忍养父不在其位还要谋其政，明明退休了却还要干涉朝政，继续当家做主！

宋高宗这种不在其位还要谋其政的事情，主要有三。

第一件，干涉朝政。

有一天下朝后，宋孝宗来后宫请安，宋高宗问道：“近日御史们在议论什么？”

一听这话，宋孝宗想了半天，慢慢回答道：“御史们最近在弹劾郑藻。”

宋高宗道：“可是弹劾他娶嫂之事？”

宋孝宗道：“正是如此。”

还记得欧阳修的故事吗？在宋人眼中，跟自己亲属发生关系，是违背儒家三纲五常的大罪。迎娶自己的嫂子，更是伤风败俗，足以让人戳穿脊梁骨。因此，干出此等丑事后，郑藻也只能下岗回家了。

宋孝宗本以为，宋高宗久居深宫没事干，就把这件事情给说了，权当给父皇讲一个八卦。

殊不知，听完这个故事后，宋高宗大怒道："不看执柯者面！"

这个意思是说：就算郑藻娶嫂有错，你们也要看看是谁给他做的媒！

宋孝宗大惊道："执柯者谁？"

宋高宗一指自己，大怒道："朕也！"

一听这话，宋孝宗脸上如火烧了一样狼狈逃跑了，史称"惊灼而退"。第二天，宋孝宗下令，将弹劾郑藻的御史们全部驱逐出京，以后再也不许提郑藻的生活问题了。

就这样，在宋高宗的干涉下，郑藻安全上岸了。

这里多说一句，郑藻是皇亲国戚，他是宋徽宗最贤惠的郑皇后的侄子，所以宋高宗给他说媒，完全合理，但是，宋高宗为什么默认他迎娶自己的嫂子，由于史料匮乏已经没法解释了。

如果说宋高宗这一次干涉朝政是为了维护自己的面子。那么他指使宦官偷偷卖酒，带头违反朝廷禁令，就有点儿说不过去了。

第二件，带头违规。

有一次，御史袁孚上奏，说后宫的宦官偷运德寿宫的私酒，卖酒挣钱，袁孚要求宋孝宗对他们严惩不贷。

宋孝宗一看，袁孚说的是德寿宫的事情，这肯定涉及太上皇了，于是他就把奏折扣压了，不打算处理。

宋孝宗选择了冷处理，宋高宗那边却不依不饶了。

原来，得知此事后，宋高宗大怒，他立刻派宦官告诉宋孝宗，要严惩那个胆大包天、敢诽谤自己的袁孚。

这个太上皇，竟然还恶人先告状了！

收到太上皇的告状信后，宋孝宗很是为难，他很欣赏刚正不阿的袁孚，却也不敢得罪太上皇。最终，无奈的宋孝宗只能颁布圣旨，罢免袁孚的官职，把他轰到地方上去。

宋朝的官员都替袁孚抱不平。宰相史浩就立刻入宫去替袁孚求情，让宋孝宗收回成命。

史浩告诉宋孝宗："德寿宫的宦官背着太上皇胡作非为，已经无法无天了。若不是袁孚这样的御史仗义执言、打压宦官势力，那些奸宦就更横行无忌了。请皇帝收回成命，严惩宦官。"

听完了史浩的话后，宋孝宗叹了一口气，道："你怎知道宦官胡作非为的事情，太上皇不知道？"

史浩大吃一惊，问其缘故。宋孝宗就给他讲了一个故事。

原来，头天宋孝宗陪着宋高宗吃饭时，宋高宗突然赏赐给他一壶酒。酒上贴了一张纸，上面俨然写着"德寿私酒"四个字。

这说明什么——宋高宗就是在示威呀。他明确地告诉自己的儿子，贩卖私酒的宦官都是自己的马仔，真正的幕后黑手就是他本人！宋高宗就是在让宦官卖酒，替他挣钱。

对于这样的事情，你让宋孝宗怎么审？

史浩无言以对，只能磕头跪安了。几天后，御史袁孚上疏朝廷，请求离开京城去地方任职。

对于这个结果，宋孝宗清楚地知道，这是史浩给袁孚做思想工作了。于是，对于袁孚的请求，宋孝宗第一时间就批准了，把袁孚发配到了温州。

如果说宋高宗干涉朝政、带头违规是为了自己的面子，或是为了赚一些钱，这也能让宋孝宗容忍。然而，宋高宗连官员任命的事情也要插手，这就有点越俎代庖，挑战宋孝宗的极限了。

第三件，随意任命官员，还任命了一个贪官！

帝国真正的当家

根据《西湖游览志余》记载，有一天，宋高宗到灵隐寺冷泉亭游玩。其间，有一个和尚上前奉茶。

宋高宗见这个和尚侍奉自己时毕恭毕敬，一举一动都合乎宫廷礼节，很是奇怪，就问道："我看你的举止不像是和尚出身，你之前是干什么的？"

那和尚一听，马上跪在地上哭道："臣本是进士出身，当过知州，因为得罪了上级被诬陷下岗。臣已经四十多岁了，除了做官什么都不会，因为实在活不下去了，才出家当了和尚，只求每天一碗稀粥活命。”

和尚说完后，宋高宗动了恻隐之心，对其道：“好吧，朕会把这件事情告诉皇帝，让你官复原职。”

一听这话，和尚感动得热泪盈眶，磕头不已，把宋高宗等人送走了。

宋高宗回宫后，把所见所闻告诉了宋孝宗，并让他重新任命这个和尚为官。当时，宋孝宗满口答应，说一定照办等。

过了几天后，宋高宗再去灵隐寺游玩，结果又看见了那个和尚。对此，宋高宗很不高兴，就问这个和尚：“你还在这里干什么？难道没有收到朝廷的任命诏书吗？”

和尚道：“卑职一直在此，从未收到任命诏书。”

第二天，宋孝宗退朝后给宋高宗、吴太后请安，邀请他们去聚景园游玩。结果，对于宋孝宗的邀请，宋高宗就回答了两个字“不去”。不管宋孝宗如何邀请，他始终就是那两个字。

如此再三后，吴太后看不下去了，笑着问道：“孩儿好意招老夫妇，何为怒也？”

宋高宗小声委屈道：“朕老矣，人不听我言。”

一听这话，宋孝宗大吃一惊，马上跪在地上，问自己干了什么事情让父皇不高兴了。

宋高宗道：“前几日，我让你重新任命那个和尚，结果你全当耳旁风了，根本不去执行。如今，朕已经答应恢复人家官职了，却不能兑现承诺，这张老脸已经没处放了。”

宋孝宗马上解释道：“儿臣哪敢怠慢父皇交代的事情。当天，儿臣就召见宰相，商议此事。宰相在查完卷宗后告诉儿臣，那人是一个贪官，罪行累累，不杀他已经是法外开恩了。对于这种昏官恶吏，绝不可官复原职。”

一听这话，宋高宗刚想说话，宋孝宗继续道：“虽然这件事情不合规矩，但只要父皇开口，不管这件事情多难，儿臣都一定照办！”

看宋孝宗的态度如此良好，宋高宗这才转怒为喜，“开怀一觞”。

第二天，宋孝宗召集宰执们开会，告诉大家太上皇的意思，要求给那个和尚官复原职。

对于这个任命，宰执们集体反对，说你任命了这么一个昏官恶吏，不是坑害一路百姓吗？他一个人哭，总比一路人哭好呀。

最终，宰执们集体反对，就是不写任命诏书。

见宰执们集体反对，宋孝宗都快哭了，他掏心窝子地对众人道："昨日因为这件事情，太上皇震怒，朕已经没法子了。即使这个人是一个十恶不赦的罪臣，也要重新任命。因为这已经不是任免一个官员的问题了，而是关乎朕孝不孝顺的问题。这我怎么承受得了？"

宋孝宗都这么说了，宰执们也没办法，大家只能照办。

至此，和尚官复原职，又变成一个知州了。

听闻此事后，宋高宗很是高兴，他又特意去了一趟灵隐寺，去看看那个和尚的现状。结果，那个和尚竟然还在，只不过已经换了一身官服，正在等待着宋高宗。

一看见宋高宗，这个和尚立刻撩袍跪倒道："臣已得恩命，专待陛下来。"

聊了一会后，这个和尚就磕头谢恩，前去赴任了，宋高宗也满意地回宫了。

那么，这里有一个问题，赵构为什么对和尚那么上心，甚至闹到与宋孝宗翻脸的地步呢？是因为宋高宗动了恻隐之心吗？还是说，这个和尚是一个好官，宋高宗要还他一个清白？

当然不是了！

宋高宗之所以这么重视这个案子，有两个原因。

第一，宋高宗要考验一下宋孝宗的孝心，看看这位皇帝是不是听自己的话。

第二，宋高宗要通过这件事情，给满朝文武一个明确的信号——虽然我退休了，但别拿豆包不当干粮！我依旧是这个国家的皇帝，我不是摆设，依旧有任免朝廷官员的权力！请记住，只有我，才是这个大宋王朝真正的当家！

可见，有这么一座大山摆在眼前，宋孝宗的日子确实不好过。在未来的岁月里，不管宋孝宗干什么，宋高宗都来插一手，让宋孝宗处处掣肘却又毫无办法。

对于这两位皇帝的关系，南宋刘宰《漫塘文集》里的一句话，评价得最为精辟："高庙艰难三十年，欲静而不得静；孝庙积累二十七年，欲动而不得动。"

就这样，在宋高宗的干预下，宋孝宗只能一肚子委屈无处发泄，而他的雄心壮志也在这位父皇的干预下，全都化为乌有。

这是宋孝宗的悲剧，也是南宋王朝的悲剧。

第八章 放翁的那些事儿

生于忧患

有人说，高宗朝有恢复之臣，却无恢复之君；孝宗朝有恢复之君，却无恢复之臣。不得不说，这是一种悲哀。

这个说法，确实有一定道理。

宋孝宗一直发出无人可用的感叹。前期，只有一个言过其实的张浚；中期，只能把希望寄托在虞允文身上，结果还病逝了；后期，纵观整个朝廷，别说能委以重任的大将了，就连一个“廖化”也没有出现过（蜀中无大将，廖化作先锋）。

这真是让人唏嘘不已。

然而，若真正研究了南宋史，我们就会清楚地知道了——这种说法，完全不对！

要知道，在当时就有两位勇士可以担负起北伐的重任，只是宋孝宗不信任他们，一直不给他们实权，让他们郁郁不得志地度过了一生。

皇帝只要重用他们其中的一人，那南宋的历史、中国的历史，就有可能被改写了。

这种说法，绝非危言耸听，因为这两人，就是宋孝宗时期光芒万丈、永载史册的两位词人——陆游和辛弃疾。

现在，就请这对名震天下的“双子星”闪亮登场。

两千多年前，在一盏破损的书灯下，孟老先生写下了这么一句千古名言——生于忧患，死于安乐。

在很多历史名人身上，这句话都应验了。然而，在这个人身上，却是一个完全不同的结果。

这个人生于忧患，也死于忧患。

终其一生，这个人都是忧患二字的“代言人”。他从忧患中出生，在忧患中成长，在忧患中郁郁而终。

这就是南宋著名的爱国诗人、一代侠客、放翁——陆游。

陆游出生于1125年10月17日，这是一个天下大乱的时候。因为同年冬，金军南下攻打北宋王朝了。没过多久，宋徽宗就撒丫子跑了，禅位给了宋钦宗。

当时，陆游的父亲陆宰正带领全家进京述职。他们一家人乘船沿淮河北上，向汴梁方向航行。孰料，其间遇到了一场旷日持久的暴风雨，船只无法前进，只能停泊岸边，等暴风雨过去后再走。

在等待暴风雨期间，陆宰的第三个儿子陆游就在船上出生了。说来也巧，陆游出生后，这场连续了几天几夜的暴风雨突然停止了。刚才还黑云遮天的天空，瞬间明媚的阳光如佛光一般普照大地。

见此情景，陆宰大喜过望，认为这暗示着这个孩子不是一般人，他必将成为一个安邦定国的栋梁之材！一定能够力挽狂澜、拯救宋朝这艘风雨飘摇的小船！

于是，为了纪念这段神奇的经历，陆宰就给孩子取名叫陆游。

事实证明，陆游确实没有辜负父亲的厚望，成了一个能安邦定国的栋梁之材，但是，历史却开了一个巨大的玩笑，终其一生，陆游都没有机会显示这种才华。当然，这些都是后话了。

除了这个传奇外，陆游还有一个传说，就是他的转世前身。

相传陆游的转世前身，是苏轼的得意门生、苏门四学士之一的秦观。

据说，陆游母亲分娩前，曾梦见一个风度翩翩的大才子。陆游母亲问其姓甚名谁，那人微笑道："我乃秦少游，还请多多关照。"

说完，那人就消失了，陆游母亲也开始分娩了。

后来，陆游长大后，果然继承了秦观的才气，成了众所周知的大文豪。陆游对秦观，也有一种莫名其妙的亲切感。每次陆游看见秦观的画像都会若有所思。

陆游曾赋诗一首，以纪念自己跟秦观的这种神交。他在《题陈伯予主簿所藏秦少游像》中这样写道："晚生常恨不从公，忽拜英姿绘画中。妄欲步趋端有意，我名公字正相同。"

当然，陆游不仅继承了秦观的才气，还继承了他悲惨的命运，以及那颗辜负爱人的心。

秦观一生辜负了那些潇湘歌女（文娼），而陆游也辜负了自己的结发之妻。这两人，在爱情方面也很相似……

陆游身上的离奇故事，就此打住。现在，我们开始讲述一个历史上的陆放翁。

作为一个一生都在忧患的人，上天对他真可谓很薄。这不，陆游尚年幼，他的父亲就下岗了。

宣和六年，朝廷给了陆宰一个京西路转运副使的官职。这个官职在和平年间没有什么作用，但在战争年间就意义非凡。因为，京西路转运副使的主要工作就是负责运送粮草。

咱们都知道，自古以来，打仗都是兵马未动，粮草先行，所以在战争年代，陆宰的这个职务就非常重要。当时，在陆宰的努力下，太原城的粮草才没有断绝，这座孤城抵御金军长达四个月。

陆宰干得如此出色，理应加薪升官，然而，伴随着李纲的下岗、求和派的妥协投降，陆宰就成为求和派的眼中钉、肉中刺，必须除之而后快了。

靖康元年（1126 年），为了取悦金人，求和派使用了一个釜底抽薪的招数，以玩忽职守的罪名让陆宰下岗。而陆宰下岗后没多久，太原城就因为没有了粮食供给被金人攻陷了。

陆宰下岗后，因没有资格继续待在京城，于是，陆宰带着陆游及其家人，一起返回了山阴（今浙江绍兴）老家。陆宰刚刚离开京城，靖康之耻爆发，北宋也亡国了。

北宋亡国后，天下大乱，陆宰一家经过了数月居无定所、兵荒马乱的岁月，才成功返回了老家。

关于这段颠破流离的经历，陆游本应该是没有记忆的。然而，也许是这段经历太过于深刻，陆游不仅永远记住了这段家国耻辱，还在心中埋下了报仇的种子。

这个说法，有诗《三山杜门作歌》为证："我生学步逢丧乱，家在中原厌奔窜。淮边夜闻贼马嘶，跳去不待鸡号旦。人怀一饼草间伏，往往经旬不炊爨。呜呼！乱定百口俱得全，孰为此者宁非天！"

从中，我们能看出来，陆游幼年时的生活……确实不怎么样。

幸运的是，虽然身处乱世，也饱受颠沛流离、风餐露宿之苦，但陆游一家都成功存活了下来。后来，随着南宋政权的不断稳固，陆游终于可以静下心来阅读群书、修炼武功，准备"学得文武艺，货与帝王家"了。

经过了刻苦的学习，陆游终于成了一个文武双全的人。按照他自己在《醉歌》里面的话语，他文可以"读书三万卷，仕宦皆束阁"；武可以"学剑四十年，虏血未染锷"。此时的他，完全可以去建功立业，完成一段"壮心埋不朽，千载犹可作"的千秋伟业。

那么，这里有一个问题，说陆游有"文"，有其留下的著作为证，但他的这个"武"，又是从何而来呢？

按正常推理，陆游有文化，进而成为一个永载史册的著名诗人，这不是一件稀奇的事情。毕竟，他本就出生在一个书香门第，家里有浓郁的读书氛围，可以帮助他成为一个文化人。

陆游的爷爷陆佃可不是一般人，人家是"唐宋八大家"之一王安石的弟子。名师出高徒，陆佃的学识才华就无须多言了。

陆游的父亲陆宰也是一个著名的经学家，更是一个著名的藏书家。据说他家里的书堆得比山还高。南宋王朝建立后，因为资料丢失，朝廷只能向陆宰借书以充国用。当时，朝廷向陆宰借的书，就多达一万三千余卷。

从小就浸染在浓厚的书香氛围中，陆游不成为一个大文豪、一个大诗人，那反倒是一件奇怪的事情了。可奇怪的是，陆游还能武，甚至还被后人奉为武林高手，这是不是有些奇怪呢？

关于这个问题，两点足以说明：

第一个原因，家族影响。

陆家不仅是一个书香门第，还是一个习武之家，这个家族中还出现过一位抗金的大英雄。

这个大英雄，就是陆游的叔父——陆宲。

陆宲是一位保家卫国的英雄。在第一次京城保卫战中（宋徽宗禅位那次），陆宲在距离京城20公里的陈留（今河南省开封市陈留镇）当官，官职是提举常平司。

在宋朝的编制中，提举常平司负责地方上的财政大权，主抓地方上的财政、粮仓、农田水利等，这个官职跟打仗没有一丁点关系。然而，在得知金人进犯后，陆宲二话不说，立刻改文习武，当起了一员武将，率领部队守城保卫。

当时，陈留的这场保卫战，打得非常惨烈。在这场战斗中，陆宲并非在后方摇旗呐喊，而是亲上前线鼓舞士气、击杀金军。

试想一下，若陆宲没有两把刷子，他又怎么敢亲上战场、与敌人浴血奋战呢？

“陈留保卫战”结束后，朝廷一看，这个文人可以呀，是一个武将的料。于是，宋钦宗就想提拔陆宲的官职，让他转职去带兵打仗。结果，在主和派的一致声讨中，宋钦宗收回了成命，不仅没有提拔陆宲的官职，反而罢了陆宲的官，让他当一个平头老百姓去了。

陆宲被罢官后，回到了山阴老家闲居，时刻准备着朝廷的再次召唤。结果，终其一生，朝廷也没有复起他，陆宲郁郁而终。

虽然陆宲郁郁而终了，但他对陆游的一生却有着重要的影响。当时，陆宲在山阴闲住，陆游就跑到这里，向这位叔父学习。陆宲非常喜欢这个侄子，把他一生所学倾囊相授，最终把陆游培养成一个文武全才。

除了受家族影响外，部分史学家们认为，陆游之所以会武功，是因为他年幼时拜过一位大侠，跟他学习了武艺。

第二个原因，拜师学艺。

陆宰率领家人回到山阴后，家乡也并不太平。因为在南宋王朝建立的最初几年，昏庸无能的宋高宗只会逃跑，根本不敢抵御金人，任由金军践踏宋朝百姓。

在这种背景下，金军一度攻占了浙江，于是，陆宰只能率领众人再度逃跑。

为了避祸，在朋友的推荐下，陆宰带领家人逃到了东阳（今浙江金华），依附了当地一支落草为寇的起义军。按照今天的话说，就是寻求“黑道”的保护了。

当时这支起义军的首领，叫作陈彦声，此人勇猛过人，也很讲义气。得知陆宰投奔自己后，陈彦声非常高兴，他把陆宰一家接到了山寨里，对他们以礼相待，生活也安排得井井有条、妥妥当当。

史学家们认为，就是因为陆游有这么一段落草为寇的经历，所以有了崇武的精神，他也摒弃了宋朝“重文轻武”的思想。而且，陆游一生都有侠义之风，可能跟这段经历也有很大的关系。

综上所述，史学家们认为，就是因为上述两点，最终改变了陆游的一生，让他变成了一个重文也绝不轻武的人，变成了一个文武双全的侠客。

陆游的武艺非常精湛，他能够用剑去杀虎，还是好几只！要知道，在中国历史上，以诗人身份去打老虎的人，也就仅陆游了。

除了精通剑术外，陆游还擅长骑马射箭，更是一个百发百中的神箭手。在他的诗词《春感》中，陆游曾骄傲地写道“射堋命中万人看”。就是说，我一箭射过去，正中靶心，大家皆惊叹不已，有上万名士兵可以为我证明。

当然，至于这是陆游的自卖自夸，还是真的有这么多将士当目击证人，也只有他自己明白了。

不管怎样，就算是有水分，陆游也绝对是一个文武全才。那么，学得了如此高超的本领后，陆游又是怎么报效朝廷的呢？

沈园之恋

学得文武艺后，陆游准备参加科举考试，报效国家。然而，虽然理想是好的，现实却非常不好。

绍兴十年（1140 年），16 岁的陆游第一次参加科举考试，结果名落孙山。

三年后，即绍兴十三年（1143 年），19 岁的陆游第二次参加科举考试，结果还是不中。

连续两次科举旁落，是陆游才华不够还是这里面另有隐情？

很显然，肯定是另有隐情。

如今，史学家们认为，陆游之所以两次科举不中，应该跟考试内容没有关系。虽然科举考试很难，但以陆游的才华不应该连续两次不中。特别是第二次时，陆游已经是一个小有名气的诗人了，单凭社会影响力，也应该能够中举。

陆游之所以没有中举，原因只有一个——他的家族是坚定的主战派，他上了主和派的黑名单。

除了家族关系外，陆游还干过一件事情，让他上了秦桧的黑名单。

原来，陆游参加科举考试时，正是岳飞被秦桧害死的时候。当时，为了反对绍兴和议，也为了给岳飞鸣冤叫屈，陆游写了很多诗词来痛骂秦桧。这样一来，秦桧自然对陆游咬牙切齿。

得罪了秦桧等主和派成员，陆游只能名落孙山。

那么，在这种背景下，陆游是“明知山有虎、偏向虎山行”呢？还是明哲保身，避一避风头，以后再考试呢？

瞠目结舌一下吧，在这种背景下，陆游竟然选择了逃跑，他暂时不再参加科举考试了。直到十年后，即绍兴二十三年（1153 年），陆游才来到临安，第三次参加了科举考试。

那么，这里有一个问题，为什么要经历整整十年，陆游才第三次参加科举考试？这个人，真是被秦桧吓着了吗？

当然不是了。

原来，在这十年的时间里，陆游经历了很多事情，他的家庭也出现了很大的变故。这些事情主要有二：

第一，陆游的父亲陆宰（绍兴十八年）病逝了，根据规定，陆游要回家守孝，三年之内不能参加科举考试。

第二，因为家庭原因，陆游经历了结婚、离婚、再结婚、生子，这些事情极大消耗了陆游的精力，让他无暇顾及考试。

最终，等处理完了这些家庭事情后，陆游终于第三次参加科举考试了。那么，在这次科举考试中，他是会中举呢，还是依旧名落孙山呢？

陆游的这次结果，咱们都知道……

前面讲过，绍兴二十三年（1153 年），因为秦桧的“横刀夺爱”（或者是陆游“横刀夺爱”），陆游不仅被剥夺了状元头衔，还被取消了考试成绩，再次名落孙山。

此时此刻，陆游已经 29 岁了。

如今，对于一个普通人来说，29 岁还算是年轻。但是，作为一个渴望建功立业，为万世开太平的圣人，29 岁就有一点大了。

毕竟，在那个凭资历、讲究论资排辈的宋朝，越年轻进入官场，才越有更好的机会往上爬，直到爬到想要的位置上。

相比陆游，欧阳修、王安石、苏轼、寇准、范仲淹等人中举时都没有超过 30 岁。

这样一对比的话，29 岁的陆游已经是一个老考生了，这让他情何以堪？

人就是这样，只要一郁闷了，就会选择喝酒或是旅游。于是，陆游选择了短期旅游，来到了老家一处著名的旅游景点，准备在这里放松一下心情。

这个地方，叫作沈园。

平心而论，沈园只是一个普通的园林，而且，也没什么历史底蕴，很多人都不知道沈园的主人是谁。甚至有人认为这个沈园就是明朝大富翁沈万三的府邸。

其实，沈园最初的主人姓沈，是宋朝一个大富翁，具体名字已无从考证，他所居住过的地方称为“沈氏园”，简称“沈园”。

这个并不太出名的沈园在陆游游玩后，如今每天要接待成千上万的游客，更成为小青年们的爱情圣地了。

这个还得从头说起：

绍兴二十五年（1155 年），31 岁的陆游百无聊赖，为了放松心情，只身来到沈园，准备来一个短期旅游。

在沈园，陆游一边欣赏美景，一边酝酿诗词，心情也好了不少。孰料，就在此时，陆游突然看见了两个人。

这两个人是一对夫妻。男的英俊潇洒、玉树临风，女的高贵典雅、美丽温柔，这两人站在一起，堪称天作之合。然而，对于这对夫妻，陆游心情复杂极了。

因为，这对夫妻中的女子，正是陆游的前妻、他的初恋情人——唐琬（也称唐婉）。而那个男子，则是唐琬的现任丈夫——赵士程。

跟前妻和前妻的现任丈夫撞在了一起，这个场面真是让人尴尬。

后来，还是赵士程打破了这个僵局。他对陆游行礼，说了几句客套话后，就带着唐琬急匆匆离开了。

看着前妻的背影，陆游百感交集，只能站在原地发呆……这么多年了，她还是那样漂亮、那样温柔……可惜，物是人非，自己的妻子如今已经成为别人的家眷。

叹息了一会，陆游自嘲地离开了。他刚走几步，就听后面有一个女子大声喊道："前面的相公，请留步。"

陆游闻声转身，见一女婢急匆匆跑到自己面前，道："您是陆相公吧，这是我家夫人给您送的菜，还望您笑纳。"说完，就把一个食盒交给了陆游。

陆游问道："你家夫人是何人？"

女婢道："是我家赵相公的夫人——唐氏。"

一听这个名字，陆游明白了，这是前妻送给自己的食盒。于是，他赶紧回礼道："替我谢谢你家夫人。"

女婢走后，陆游找到一个僻静的角落，打开了食盒。一看到这些熟悉而陌生的食物，陆游百感交集、不能自抑。

曾经他天天吃这样的美食，如今再吃这些食物，还得经过别人之手。这样的结果，让陆游情何以堪；这样的食物，又怎么能够让陆游下咽？

最终，饭菜都凉了，陆游也没有吃下一口，他借酒消愁，并借着酒劲挥毫洒墨，在沈园的墙壁上写下了一首词，以表此时此刻的心情。

这就是大名鼎鼎的《钗头凤》：

红酥手，黄縢酒。满城春色宫墙柳。东风恶，欢情薄。一怀愁绪，几年离索。错！错！错！

春如旧，人空瘦。泪痕红浥鲛绡透。桃花落，闲池阁。山盟虽在，锦书难托。莫！莫！莫！

伴随着《钗头凤》，陆游的思绪也回到了11年前，那些东风恶，欢情薄；

山盟虽在，锦书难托的故事也在他的脑海中一一呈现了出来。

“东风恶”的由来

十一年前，即绍兴十四年（1144 年），当时陆游只有 20 岁，正值年少气盛之时。为了考取功名，陆游第二次参加了科举考试，结果，在主和派的排挤下，又一次名落孙山。

考场失意，陆游却情场得意。因为，就在这一年，陆游迎娶了唐琬。

唐琬的身世，一直是一个历史之谜。

虽然在《齐东野语》中，作者周密认为——唐琬是陆游舅舅的女儿，也就是他的一个小表妹。因为，陆游的母亲姓唐。若这样一算，陆游和唐琬是一对名副其实的青梅竹马。

南宋周密《齐东野语·卷一·放翁钟情前室》称:“陆务观初娶唐氏，闳之女也，于其母夫人为姑侄。伉俪相得，而弗获于其姑。”

周密是南宋人，距离陆游的时代很近，按说他的说法有相当可信性，但是，部分史学家却不同意周密的观点，他们认为陆游跟唐琬应该没有任何关系。

原因是，陆游的母亲是北宋名臣唐介（规劝司马光不要秀恩爱的那个顶头上司）的后代，他这一系的兄弟名字中都带一个“心”字，如唐愿、唐恕、唐意等。而唐琬的父亲叫唐闳，他带一个“门”字，其兄弟也都带一个门字，如唐阅、唐阅等。这样看的话，两家虽同姓，却无种族血亲关系，陆游与唐琬不可能是表兄妹。

虽然陆游和唐琬是什么关系，史学家们还在争论不休，但不可否认的是，这对夫妻非常恩爱，简直就是模范夫妻的代言人。

虽然这段婚姻也是包办婚姻，陆游跟唐琬完婚前，连面都没见过，更别说谈恋爱了，但是，这一点也不影响他们之间的爱情。

陆游英俊潇洒、才华横溢，唐琬美貌动人、善解人意，他们的年龄相仿，有共同的世界观和语言。所以，小两口非常恩爱。

按道理，得到这么一个结果，家人应该高兴才是。毕竟，在那个只讲究门当户对，却根本不管感情的时代，能够有这样的婚姻实在难得。

然而，天有不测风云，没过多久，在“东风恶”的攻击下，这对夫妻被拆散了。

这个邪恶的“东风”，就是陆游的母亲、唐琬的婆婆——唐氏。

唐氏对于这个儿媳妇，是一百个不顺眼。她从来不给这个儿媳妇好脸，不仅辱骂唐琬，还动手打她。最终，万般无奈的陆游只能选择了休妻，以满足母亲的要求。

那么，到底因为什么让唐氏这么讨厌儿媳妇呢？

关于这个问题，史学家们一共猜了三个答案——不喜欢、看不惯、不能生。

第一，婆婆不喜欢儿媳妇。这是封建时期的陋习，对此真没辙。

咱们都知道，从某种意义上讲，婆婆和儿媳妇就是一对天敌。自己多年含辛茹苦养大的儿子，变成另一个女人的“私有财产”了，在这种背景下，婆婆和儿媳妇很容易爆发战争。中国的家庭，也都或多或少经历过这种战争。

只不过，现代社会的“婆媳大战”，婆媳关系平等，很难分出胜负。但在古代，婆婆就是天，儿媳妇一点还手之力都没有，只能默默地忍受这一切。

在这种畸形的社会背景下，只要婆婆看不上儿媳妇，那儿媳妇就死定了，只能被逐出家门。

比如，《孔雀东南飞》中，刘兰芝是一个温柔善良、勤劳孝顺的女子，按照今天的定义，绝对是中国好媳妇。然而，她的恶婆婆就是看不上这个儿媳妇，对她横挑鼻子竖挑眼，最终逼迫儿子焦仲卿把刘兰芝逐出了家门。

那么，婆婆为什么看不上唐琬呢？这就引出第二个答案了。

第二，婆婆认为儿媳妇是一个红颜祸水，耽误儿子学业。

咱们都知道，在封建社会里，家人最大的期望就是子嗣能够考中科举、光宗耀祖。有这种思想，陆家人也无可厚非。

然而，等迎娶了唐琬后，婆婆唐氏就惊讶地发现——这个唐琬简直就是一个狐狸精，她除了会献媚儿子外，一点正经用途也没有！

在唐氏眼中，儿子应该以学业为重，努力读书。结果呢？自从结婚后，儿子竟然变成一个情痴，他天天与唐琬在一起亲热、秀恩爱。

当时，陆游跟唐琬亲热到了什么程度呢？陆游竟然写了一首《菊花枕》，描写他们一起采集菊花、缝制枕头的事情。

虽然这首《菊花枕》已经失传了，但从史料上看，陆游的这首诗写得非常好。在很短的时间内，这首诗就在南宋传开了。

当然，母亲看见这首诗后，她的心情也可想而知了。

毕竟，在宋朝，这种诗属于淫奔不才之流，身为一个正人君子，陆游怎么能写这种东西呢？这种光明正大地大秀恩爱，让陆游家族颜面何存？

陆游的父母没法接受这么一个行事轻浮、毫无出息的儿子，对唐琬的不满也彻底爆发了。

根据陆游学生刘克庄的《后村先生大全集·诗话续集》记载："放翁少时，二亲教督甚严。初婚某氏，伉俪相得。二亲其惰于学也，遣妇。放翁不敢逆尊者，意与妇诀。"

这段文字充分证明了，陆游休妻，就是父母逼迫（主要是母亲）的结果。毕竟在二老心中，陆游是一个有志青年，怎么结婚后就这样"自甘堕落"呢？他们必须轰走这个红颜祸水，让陆游重回正轨。

当然，陆游父母之所以休了唐琬，除了看她不顺眼、认为她耽误儿子学业外，还有一个更加重要的原因，也是陆家休唐琬的根本原因。

这就是那个封建社会最重视的问题——不孝有三、无后为大。

第三，唐琬不能生育，让陆游父母痛恨。

在旧社会，传宗接代是头等大事。但是，唐琬嫁入陆家后，一晃两年过去了，什么动静也没有！

要知道，在婆婆眼中，夫妻有没有爱情无所谓，关键是要"开花结果"。结果，陆游跟唐琬天天秀恩爱，却干打雷不下雨。这样的结果，也只能让陆母痛下杀手，逼迫陆游休了唐琬。

当然，关于这个生娃问题，客观讲，是唐琬的问题，跟陆游无关。

因为，陆游休了唐琬后，奉命迎娶了第二任夫人王氏，结果没过几年，王氏给陆家生了好几个孩子。

那么，这里有一个问题，不能生育，就非得休妻吗？有这么严重吗？

是的，在旧社会，女子不能生育，就是这样严重。

而且，在以前，男人休女人的理由，要比咱们想象的还要多。

君若不信，请看那个最著名的休妻"七出"准则。

所谓"七出"，是按照当时的《婚姻法》规定，只要妇女犯了"不孝、无子、奸淫、妒忌、恶疾、口舌、盗窃”这七条中的任何一个，丈夫就有权力休妻。

按照今天的标准，这“七出”准则没有任何道理可言。妻子生病了（恶疾），丈夫不去照顾她，反而嫌弃她，把她休了，这是一个什么道理！而且，妒忌竟然是休妻的准则之一，这就更没有天理了！

简单来说，如果丈夫娶了一个小妾，包了一个小三，老婆要是吃醋了，那么丈夫完全可以一纸休书修了她，妻子还无话可说。就算是打官司，也一定判男方赢。

不过，为了维护女方的权益，古代《婚姻法》在规定了“七出”后，还加入了“三不去”，当时，只要女方符合这“三不去”中的任何一条，即使是“七出”全占了，男方也绝对不能休妻。

所谓“三不去”，即有所取无所归；与更三年丧；前贫贱后富贵。

第一，何为“有所取无所归”？

即男方休妻时，若女方没有直系长辈亲属（父母、爷爷奶奶），男方不得休妻。因为，这是让女方无家可归的混账事，是一种极不人道的行为。

第二，何为“与更三年丧”？

就是说，男方父亲或是母亲死后，女方为公婆守孝了三年。这种情况下，代表女方已经是男方的家人。她生是男方的人，死是男方的鬼，这种情况下不能休妻。

第三，何为“前贫贱后富贵”？

就是说，男方跟女方结婚时，生活非常窘迫，过着饥一顿饱一顿的日子。后来金榜题名了或做生意挣钱了，自己的生活富贵了，男方就轰走患难与共的糟糠之妻。这种情况下，是不得休妻的。

现在，大家明白在京剧《铡美案》中，为什么陈世美休秦香莲那么费劲了吧。

因为，秦香莲把“三不去”全占了。

秦香莲家里人都去世了，无依无靠、孤苦伶仃，符合第一条“有所取无所归”。陈世美父母死后，秦香莲为陈家守了三年孝，符合第二条“与更三年丧”。陈世美考中进士后，为了迎娶公主，才选择休了秦香莲。这是典型的抛弃糟糠之妻，所以秦香莲符合第三条“前贫贱后富贵”。

书归正传，在旧社会，女子不能生育，就会被丢弃，这是一个无可奈何的社会现实。

然而，即使生不出孩子，也不是没有补救措施。让丈夫纳妾就行了。

比如，李清照也不能生育，还不是什么事情也没有？让丈夫纳妾后，她还是跟赵明诚延续了将近 30 年的婚姻，一直恩爱，没有被休或被弃（当然，李清照不能生育的问题，应该跟她无关，也许是老公的问题。赵明诚纳了几个妾，但一直没有子嗣）。

但是，因为不能生育，加上公婆极其讨厌自己，唐琬也只能迎来那个被休的结局。

绍兴十六年（1146 年），在万般无奈下，陆游含泪休妻。他们的这段婚姻，仅仅维持了两年就结束了。

陆游跟唐琬离婚后，为了维护这段婚姻，陆游学了宋真宗，他偷偷买了一处房子，把唐琬接了进去，让她成了自己的“秘密情人”。

对于唐琬而言，她从名正言顺的正妻，变成一个偷偷摸摸的情人了，这得有多大的委屈呀。但是，为了陆游，唐琬忍了，因为她是爱陆游的。

然而，虽然陆游和唐琬想通过这种“地下工作”来维护感情，但没过多久，陆游的母亲就知道这件事情了。

得知此事后，老太太大怒，立刻带领族人来兴师问罪。当时，得亏有人提前通风报信，陆游知道母亲要上门打架了，赶紧让唐琬逃跑了，这才没有引发战争。

然而，事已至此，陆游不可能再跟唐琬在一起了。

至此，这对苦命的鸳鸯，终于被棒子打散，只能各自单飞了……

次年，即绍兴十七年（1147 年），陆游在母亲的安排下，迎娶了第二任夫人王氏。而唐琬，也在家人的劝说下，嫁给赵士程为妻了。

陆游与这个赵士程，从关系上讲，应是一对远房亲戚。

陆家族谱显示，陆游的姨妈唐氏，嫁给了吴越王钱俶的后人钱忱，从此成了宋仁宗十女儿秦鲁国公主的儿媳妇。而这个赵士程，正好是秦鲁国公主的侄孙。

这么一算的话，陆游跟这个赵士程正好平辈，双方是一对远房的表兄弟。

陆游也见过赵士程，根据史料记载，大概陆游十二岁时，他跟随母亲拜见过秦鲁国公主，也见到过公主的侄孙赵士程。

得知心上人嫁给了赵士程，陆游彻底死了心。直到 8 年后，在沈园内偶遇唐琬，陆游为此写下了这首《钗头凤》，以表自己的心情。

写完这首词后，陆游怀着“春如旧，人空瘦。泪痕红浥鲛绡透”的心情，郁闷回家。孰料，没过多久，因为这首诗词，唐琬悲伤不已，竟郁郁而终了。

人间悲剧

陆游和唐琬在沈园的不期而遇，不仅让陆游感慨万分，也让唐琬明白了一个道理——她一生，只爱陆游一人。

这样说的证据，就是唐琬给陆游的“回信”。

在陆游写了一首《钗头凤》以表自己的心情后，唐琬立刻回诗一首，以回应陆游的感情。

世情薄，人情恶。雨送黄昏花易落。晓风干，泪痕残。欲笺心事，独语斜阑。难！难！难！

人成各，今非昨。病魂常似秋千索。角声寒，夜阑珊。怕人寻问，咽泪装欢。瞒！瞒！瞒！

在这首诗词中，一个女人对前夫的爱，真是不说自明。

当然，因为这首词写得太露骨了，很多人就怀疑，这首词不是出自唐琬之手，因为这跟她知书达理、善解人意的性格不符。

比如说，这句“怕人寻问，咽泪装欢”，不就挑明了告诉现任丈夫：“我虽然嫁给你，但我心中根本没有你，所有的一切，只是我强颜欢笑的伪装，实际上我的内心在流泪。”

这么写，让赵士程情何以堪呀。而那三个“瞒”字，就是挑明了精神出轨了。

因此，部分史学家认为，这首词，应该不是出自唐琬之手，她不会写得这么露骨、这样不给现任丈夫面子。这首词，很可能是后人杜撰的，然后假托作者是唐琬。

当然，也有支持的。

如今，也有很多学者坚信，这首词就是出自唐琬之手。因为，在写这首词时，唐琬已经做好了所有最坏的打算。她宁可去死，也要面对自己的内心，把真心话说出来。唐琬不惜一死，也要写出这种诗句，来拯救自己了。

沈园分别后，唐琬就在这种“病魂常似秋千索”的心情下，一病不起了。没过多久，就病逝了。

一代佳丽，以这样的结局落幕，真是让人唏嘘不已。

唐琬的死，很容易让我们想起《红楼梦》中的林黛玉。同样是绝世佳人，同样拥有生死相许的爱情，同样都敌不过残酷的现实，最终同样香消玉殒……

虽然结局一样，但唐琬要比林黛玉强得多。因为，终其一生，陆游都深爱着唐琬。

证据就是陆游写给唐琬的诗。

陆游一有时间，就会重游沈园，来这里悼念唐琬，寻找唐琬的影子。虽然对于陆游而言，沈园可能是他这辈子最伤心的地方，也是他最不愿意来的地方。

绍熙三年，陆游 68 岁时，来到沈园，赋诗一首——枫叶初丹槲叶黄，河阳愁鬓怯新霜。林亭感旧空回首，泉路凭谁说断肠……

庆元五年，陆游 75 岁时，来到沈园，赋诗一首——梦断香消四十年，沈园柳老不吹绵。此身行作稽山土，犹吊遗踪一泫然。

开禧元年，陆游 81 岁时，梦回沈园，赋诗一首——城南小陌又逢春，只见梅花不见人。玉骨久成泉下土，墨痕犹锁壁间尘。

开禧二年，陆游 82 岁时，独自来到沈园，赋诗一首——城南亭榭锁闲坊，孤鹤归飞只自伤。尘渍苔侵数行墨，尔来谁为拂颓墙？

开禧三年，陆游 83 岁时，再次来到沈园，抚摩着当年那面留下诗词的墙，大为感慨，赋诗一首——团扇卖时春渐晚，夹衣换后日初长。故人零落今何在？空吊颓垣墨数行。

嘉定二年，陆游 85 岁时，也就是他寿终正寝的那一年，在家人的陪伴下，陆游拖着油尽灯枯的身体再次来到沈园，赋诗一首——沈家园里花如锦，半是当年识放翁。也信美人终做土，不堪幽梦太匆匆。

一个男人对自己妻子的爱，真是不说自明。

看看陆游给前妻写的诗，再看看陆游给现任妻子写的诗，我们就能够知道，陆游是多么喜欢这位梦中情人唐琬，以及多么慢怠这个现任妻子王氏了。

然而，陆游的第二任妻子王氏，对他的照顾可谓无微不至。

对内，王氏给陆家生了好几个儿子，让陆游享受了子孙成群的天伦之乐。对外，王氏从没有嫌弃陆游，不管生活多么窘迫、不管陆游多么穷困潦倒，她不抛弃、不放弃，始终跟陆游过日子（这点比沈括那位拜金夫人好）。

此外，王氏乖巧贤惠，陆家大大小小的事务、所有人际关系，都被她打理得井井有条。她跟陆游一起生活的时间非常长，她一共陪伴了陆游50余年，在陆游73岁时，王夫人病逝（享年71岁）。

按照今天的标准，这对夫妻绝对是一对金婚夫妇，堪称模范夫妻。然而，这么长的时间内，陆游竟没有给王氏写过诗。

即使这个人，是一个“三天不写诗就不行”的人（后面再说）；即使这个人，是一个留下了近万首诗词的人，陆游也没有给夫人在世时写过一首诗。

直到王夫人病逝后，陆游才写了一首《自伤》的词，来悼念亡妻。然而，说是一首悼念亡妻的词，但主要内容却是讲述陆游自己的悲剧。

因为，这首词中都是一些什么“妻子死了，留下我一个人，咋办呀？我也老了，时日不多了，这种没有人照顾的日子，还能持续多久呢？看来，还得自力更生了”的词语——陆游写这首词的目的，不是纪念亡妻，而是大吐苦水，说以后只能一个人、没人照顾了，等等。

在陆游的一生中，他一手酿造了唐琬这个悲剧，但王氏的一生，不也是一个悲剧吗？

恐怕所有人，都知道这个答案。

那么，这里有一个问题，陆游那么喜欢唐琬，为什么不反对父母，追求自己的幸福呢？他为什么让自己独自伤悲呢？

关于这个问题，两点足矣。

第一个原因，孝文化的制约，让陆游变成了一个懦夫。

咱们已经多次提到，在中国的传统文化中，“孝”是中国基本的伦理准则。历朝历代，“孝”道都被作为人最高的道德准则，更是衡量一个人是否配当人的基本依据。

在这种大背景下，陆游实在是没有勇气去反对父母、追求自己的幸福。一旦他反对了父母，他就是一个不忠不孝之人，陆游也没有颜面活在世上了。

对比李清照的老公赵明诚，陆游的表现堪称相差十万八千里。

在蔡京排除异己的“元祐党人碑”事件中，因为李清照的父亲李格非是苏门后四学士之一，也遭到了朝廷的迫害，上了朝廷的黑名单。

当时，为了打击这些异己，蔡京下令——所有黑名单上的元祐党人及其子孙，不得在京城居住，不得做官。宗室、官员不得与黑名单上的家族联姻。如果已经订婚了，则要退婚；如果已经结婚了，那就没有办法了，但最好离婚！

在这种背景下，如果赵明诚休了李清照，也是一件无可奈何的事情。而且，赵明诚的老爸也就是李清照的公公赵挺之，是一个新党成员，更是蔡京的“御用打手”。

当时，迫害李格非最深的人，就是他的这个亲家，李清照的公公——赵挺之。

在父亲的强烈反对以及自己的仕途面前，赵明诚完全有理由休了李清照，也应该休了李清照。

然而，在那个“炙手可热心可寒，何况人间父子情”的时代里，赵明诚不管父亲怎么说，就是不休妻，始终对李清照不抛弃、不放弃，与夫人一起渡过了这个难关。

对比这位对夫人一往情深的赵明诚，陆游只能是一个情场懦夫。

第二个原因，中国传统的“重名利、轻爱情”的文化所致。

中西方文化差距很大，对爱情的价值观更是堪称天壤之别。

简单来说，西方人崇尚爱情，他们在爱情中实现人生价值。中国人则相反，我们是在人生价值中实现爱情，至于爱情本身的意义则无所谓。

引申来说，在中国古代的价值观中，如果哪个人或是哪对夫妻说，我（们）就是“为爱情而活”，那么等待他们的，不会是尊重和表扬，人们很少歌颂这对夫妇的真挚感情和反抗精神。

在中国古代，人一生最大的目标，就是要“建功立业、光宗耀祖”。

在这种背景下，如果陆游抛弃了功业，选择了唐琬，那才是一件让人无法接受的事情。而“离经叛道”夫妻的下场，也可想而知了。

其实，何止是古代，这种思想放在现在，也依旧有市场。比如，身边一个朋友失恋了，我们劝说他时，肯定会说这么一段话:“为了这么一个女人（或男人），值吗？”

这种思想，又何尝不是封建传统思想作祟的结果呢？扪心自问一下，我们在面对事业和爱情时，又会作何选择？

好吧，俱往矣，陆游和唐琬的故事就此搁笔。如今，斯人已逝，唯有沈园依旧屹立在那里，见证着陆游和唐琬这段山盟海誓的爱情，也见证着封建社会的残酷现实。

第九章 步入官场

毛遂自荐

虽然第三次考试，陆游依旧名落孙山，但他“名动高皇，语触秦桧”的行为，却赢得了天下人的掌声。从此，陆游成了天下人的榜样和骄傲。

当然，得到了如此高的声誉，陆游的下场，也可想而知了。

当时，对于这个敢触动自己权威的陆游，秦桧是下定决心要收拾他。以秦桧当时的权势，他要收拾陆游，就是分分钟的事。陆游当时的处境，也只能用“命悬一线”这个词语来形容。

然而，在这个关键时刻，老天爷竟然救了陆游一命。

原来，秦桧重病缠身、先走一步了。

伴随着秦桧的死，朝廷格局为之一变，陆游的命运也峰回路转了。

咱们前面讲过，秦桧死后，宋高宗立刻下令，提拔那些被秦桧排挤的人，为他们平反。那些被迫害的官员陆陆续续回朝。在这种背景下，陆游也得到了应有的待遇。他恢复了考生的身份，可以继续参加科举考试了。

虽然可以第四次对科举发起冲击，但陆游这一次选择了一条更容易的路，准备入朝为官。

这条路，叫作“毛遂自荐”。

在宋朝，要想入朝为官，有三条道路可以选择。一是参加科举考试，二是恩荫替补，三就是毛遂自荐（宋徽宗时期，增加了一条“三舍法选举制”，但被后人废除了）。

所谓毛遂自荐，跟现在找工作的方法差不多，就是写一份简历投给皇帝，等待面试通知。

这个方法虽然是入朝为官的一条途径，但却最难。毕竟，要想实现这个途径，必须有两个条件。

一是必须是天下公认的大才子。要不然你是谁呀，敢给皇帝投简历，活腻了不成？

二是朝中必须有推荐人，要不然，推荐信都不知道该交给谁。

纵观整个宋朝，用这个办法当官的，有两个人最为著名。

第一个名人，是苏轼的父亲苏洵，他是靠文章得到了朝廷的青睐，进而当官。当然，虽然是旁门左道，但苏洵有货真价实的才华和前途无量的儿子，所以他并不讳规。

第二个名人，是“救国宰相”张齐贤，他也是靠毛遂自荐上位的。但是，这个人成名的方式却是拦御驾。要知道，这个方法的危险系数太高，稍有不慎，惹恼了皇帝，死都不知道怎么死的。

此外，还有一个毛遂自荐的名人，他就是陆游和辛弃疾的好友——陈亮。

书归正传，纵观整个宋朝，靠“毛遂自荐”谋取功名的人，少之又少。除了少数人外，大多数的学子都选择了正规的科举考试路线，或是老老实实地等着接上一代的班（恩荫）。

虽然在宋朝，毛遂自荐的办法危险重重，效果也很低，但陆游还是决定一试。毕竟，陆游已经 30 岁了，他真的没有时间再等了。而且，陆游之所以选择这个办法，也不是脑袋一热的结果。

因为，他朝中有人，这个人能帮助陆游说好话，增加成功的概率。

这个人就是陆游的老师——曾几。

曾几是宋朝最大诗派“江西诗派”的传人，他不仅是陆游的偶像，更是陆游的授教之师。

曾几是一个刚正不阿的大臣，这种大臣自然不招秦桧待见。于是，秦桧找了一个由头，就把曾几轰走了。当然，曾几之所以被贬，更多是因为他有一个更加刚正不阿的哥。

曾几的哥哥叫曾开。有一次朝会时，曾开突然问秦桧道："秦大人，我朝与金国的关系，是什么样子的呢？"

对于这个话中带刺的问题，秦桧可能没有听出来，回答道："本朝和金国的关系，就相当于高丽和本朝的关系。"

当时，朝鲜半岛的高丽国是宋朝的附属国，他们要对宋朝称臣纳贡。而签署了绍兴和议后，虽然宋朝不是金国的附属国，但也要对金国称臣纳贡。因此，秦桧这样回答后，并没有认为不妥。

然而，听完秦桧的回答后，曾开怒了，他大声喊道："宰相的任务，是帮助陛下富国强兵，统一天下。宰相怎么能自甘堕落、奴颜婢膝到这个地步呢？我曾开是一个堂堂的七尺男儿，不敢听从这种宰相的教诲！"

说完，曾开拂袖而去，只留下一脸茫然的秦桧在那里独自忍受众人的窃窃私语。

至此，秦桧恨死曾开了，把曾开轰出了朝廷。捎带手的，秦桧也让其弟弟曾几下岗了。

曾几下岗后，他曾经到山阴拜访陆宰。看见偶像到来陆游高兴得不行，他立刻拜曾几为师。

在曾几的悉心指导下，陆游成长为一个天下皆知的大诗人。当然，曾几"先天下之忧而忧，后天下之乐而乐"的爱国思想，也深深地烙印在了陆游的脑海里，让他受益终身。

后来，秦桧病逝，曾几重新出山了。他被朝廷委以重任，最终官拜礼部侍郎。

咱们都知道，在中国古代的官制中，礼部除了负责国家祭祀、外交礼仪等外，还负责另外一个重要的事情——举办科举考试。

因此，按照今天的职务定义，礼部就相当于教育部和外交部的结合体。而礼部侍郎就是教育部的二把手，位高权重。

对于陆游而言，老师高升了，他这个弟子，也看见晋级的希望了。在这种背景下，陆游选择了毛遂自荐。

事实证明，朝中有人好办事，大树底下就是好乘凉。在曾几的推荐下，陆游顺利就业，获得了一个官职，步入了官场。

至此，从 16 岁开始考试，经过了 18 个春夏后，陆游终于摘掉了待业青年的帽子，正式踏入宦海，开始了自己风吹浪打的官场生涯。

那么，在官场上，陆游是怎么混的呢？

对于这个问题，瞠目结舌一下吧——仅仅过了 3 年，陆游就因为得罪了皇帝被轰出朝廷了。陆游变成了一颗昙花一现的流星，陨落天际，卷铺盖回家了。

第一次下岗

绍兴二十八年（1158 年），34 岁的陆游步入仕途后，获得了人生第一个官职——福州宁德县主簿。

按照今天的定义，这就是一个县政府办公室秘书的职务，官职低微，也没有什么油水可捞。但不管怎样，这毕竟是陆游的第一份工作，是他正式步入仕途的开始。

两年后，因为成绩优秀，陆游升职了。朝廷把他调入了临安，任命他为敕令所删定官。这个官职也没有多大权力，就是负责编纂已经公布的法令。

在这个职务上，陆游兢兢业业干了一年，因为成绩优秀，加上进谏罢免杨存中被宋高宗采纳而立功，又升职了。绍兴三十一年（1161 年），朝廷颁布诏书，任命陆游为大理司直兼宗正簿。

在宋朝的编制中，大理司相当于现在的最高人民法院，主要负责案件的审理和判定工作。陆游的这个大理司直工作，就是对大理司已经审定的案件进行复议，查漏补缺，看看有没有什么冤假错案。

宗正寺是管理皇家事务的一个机构。陆游的这个宗正簿官职，主要工作就是管理皇家事务，并为皇家编纂玉牒，也就是以编年体的方式记录皇帝的历史，为皇家编纂家谱。

可见，不管是大理司直、还是宗正簿，都不是位高权重的官位。在偌大的京城内，陆游就是一个区区的八品官员，扔到人堆里就找不到了。

虽然官职低微，陆游也对这职位颇为失望，但等正式上班后，陆游反而欣喜若狂，认为自己捡了一个大便宜。

因为，这两个官职虽然卑微，但它们却有一个特殊的好处——可以直接上疏朝廷，并可以得到与皇帝见面的机会。

要知道，越接近心脏的部分，才能获得足够的血液。同理，越接近皇帝，才能得到更好的机会。

当然，伴君如伴虎，皇帝也不是好伺候的。若是混得好，让皇帝很满意，皇帝也会让你很满意，那些什么“扶摇直上九万里”的事情，瞬间就能让你完成。同样，你若是混得不好，让皇帝很不满意，他也会让你很不舒服，那些什么“直接打入十八层地狱”的事情，也屡见不鲜。

朝廷授予陆游这么一个官职，是对他的一种肯定，而接下来的发展，就要看陆游自己的造化了。

那么，陆游是怎么表现的呢？

对于这个问题，我只能用“无语”来回答。

陆游在这个位置上仅仅待了两个月，就得罪了皇帝，被贬为庶民，轰出朝廷了。

被贬回家后，陆游竟然毫不悲伤，反而认为自己干了一件壮举，并把这个壮举写入了自己的诗《十一月五日夜半偶作》里：

寂寞已甘千古笑，驰驱犹望两河平。
后生谁记当年事，泪溅龙床请北征。

那么，这个让他自己评价为“泪溅龙床请北征”的事件，是怎么回事呢？

原来，陆游担任大理司直兼宗正簿期间，正是完颜亮南伐宋朝之际。当时，面对来势汹汹的金军，宋高宗就想撒丫子逃跑。结果，陆游誓死不让宋高宗逃跑，他不仅请宋高宗御驾亲征，还痛哭流涕，把自己的鼻涕和眼泪，全都洒溅在了皇帝的龙椅上。

对此，宋高宗龙颜大怒，就把陆游贬为庶民、轰出京城了。

宋高宗这么严惩陆游，有点过分了。因为，在当时那个背景下，请求皇帝御驾亲征的大臣，比比皆是；比陆游言辞更激烈的大臣，也比比皆是。

比如，为了不让皇帝逃跑，陈康伯烧了皇帝的圣旨，吴芾也硬怼过皇帝，陆游的老师曾几也频繁上疏，逼迫皇帝御驾亲征。然而，这些人却没有得到惩罚，被罢官流放。这样一对比的话，不能不为陆游鸣冤不平。

其实，陆游虽然冤，但这种下场也是咎由自取。毕竟，在皇帝的眼中，位高权重的大臣骂自己，已经让他很难堪了。一个小小的八品大臣，也敢这么痛骂自己，这还得了！他还“泪溅龙床请北征”？疯了不成！

就这样，在皇帝的怒吼中，陆游卷起铺盖，下岗回家了。

此时此刻，距离他步入仕途，刚刚过了三年的时间……

虽然被罢官了，又过起了钓鱼砍柴的生活，但陆游根本不后悔。

毕竟，他是一个以天下为己任的君子儒，这种小小的挫折，又怎么能够击溃他。

话虽如此，这次罢官，还是给陆游留下了一个小小的遗憾。

这个遗憾就是，他没法亲自上阵杀敌了。宋金开战期间，陆游只能当一个看客，在远处摇旗呐喊。

这个遗憾，确实不小。

后来，采石矶大捷后，朝廷论功行赏，加封了那些主战派的官职。在这个过程中，不管宋高宗多么不愿意，他也只能让陆游官复原职了（毕竟人家是坚定的主战派）。

陆游虽然官复原职了，但从皇帝那双愤怒的双眼中，陆游已经看见自己未来的下场了。

毕竟，皇帝不喜欢他，已经是天下皆知的事情。只要这个皇帝在，陆游这一生都会进宋高宗的黑名单，甭想出头。

事实正是如此……君若不信，看看宋高宗时期李纲、张浚的下场，就知道这位皇帝的决心了。

然而，上天就是这样荒诞不经，正当陆游山重水复疑无路时，却突然柳暗花明又一村了。因为，伴随着一个人的登基称帝，陆游一步登天了。

这个登基称帝的人，就是宋孝宗赵昚。

那么，在宋孝宗的统治下，陆游的命运又是如何的呢？

让我们拭目以待。

侍奉新君

绍兴三十二年（1162年）六月，赵构禅位，赵昚即位，史称宋孝宗，他成了南宋历史上的第二位皇帝。

在这个崭新的时代里，陆游活得非常潇洒，他不仅肝脑涂地地效忠皇帝，还赋诗《三山杜门作歌》，以表明自己效忠宋孝宗的决心：

高宗下诏传神器，嗣皇御殿犹挥涕。当时获缀鹓鹭行，百僚拜舞皆唏嘘。小臣疏贱亦何取，即日趋召登丹陛。呜呼！桥山岁晚松柏寒，杀身从死岂所难！

陆游都用上“杀身从死岂所难”这种词语了，他誓死效忠宋孝宗的决心，已经不说自明。

虽然在中国历史上，存在着士为知己者死这种感情，但宋孝宗干了什么事情，让陆游如此心甘情愿、誓死效忠呢？

关于这个问题，两点足矣。

第一，宋孝宗对陆游有知遇之恩，并给足了他面子。

宋孝宗登基后，立刻调兵遣将、重用主战派的人士。在这种背景下，宋孝宗瞄上了陆游，他打算亲自召见陆游，看一眼这个当年“泪溅龙床请北征”的疯子。同时，也想对他委以重任。

要知道，当时陆游不过是一个八品的小官，皇帝完全不用亲自接见。如果宋孝宗想升陆游的官职，只需要吏部出面就好，根本不需要亲自出马。

宋孝宗亲自召见陆游，这本身就是一种特殊的礼遇，更是对陆游的一种格外恩宠。在这种背景下，陆游被感动得热泪盈眶，他发誓要效忠宋孝宗了。

此外，宋孝宗还干了一件事情，让陆游更加感动，这就是马上要说的第二个原因。

第二，宋孝宗赏赐了陆游一个进士出身，弥补了他没有学历的遗憾。

原来，这对君臣见面后，宋孝宗对陆游很是满意，称其为“力学有闻，言论剀切”。就是说他很有学识，言辞也切中要点，很有见解。

于是，宋孝宗一高兴，就大笔一挥，赏赐了陆游一个进士。

得到这个赏赐，陆游都高兴得不行了。因为这个出身对于他，可谓意义非凡。

咱们都知道，陆游是通过毛遂自荐获得的官职。因此，陆游简历上的“学历”一栏，永远都是空白的。

一直以来，陆游因为出身，始终被人瞧不起，他也非常自卑。然而，伴随着宋孝宗的这一纸诏书，陆游终于弥补了这个遗憾。而且，这是宋高宗赏赐他的出身，要比科举考试的进士出身更加显赫！

这个说法，确是事实。

皇帝直接赏赐陆游功名，就等于是昭告天下，陆游是一个出类拔萃的人了。宋孝宗这样给陆游长脸，陆游内心的喜忧之情，就不说自明了。

而且，按照惯例，皇帝是不能轻易赏赐功名的，所以终两宋王朝，这样的“保举生”少得可怜。在这种背景下，陆游相当于享受了那种“物以稀为贵”的荣耀。这样的恩赐，真是太给力了……

至此，在亲自接见和亲自赏赐功名下，陆游被深深地感动了，他发誓要“杀身从死”，誓死效忠这位新皇帝。

陆游是这么说的，也是这么做的。只不过，陆游的这种效忠，有点儿过了。最终过犹不及，惹恼了皇帝，第二次被轰出了朝廷。

第二次下岗

宋孝宗虽然喜欢陆游，但并没有授予陆游高官，而是授予他一个“擢编类圣政所检讨官”的官职，命他去给太上皇修圣政。

所谓“圣政”，就是我们常说的实录，即新皇登基后，给先皇编修的历史。当然，因为此时太上皇赵构还活着，所以就不叫“实录”，而叫“圣政”。

在宋孝宗的眼中，陆游是编写圣政的不二人选。

一是陆游是当代著名的文学家和史学家，让他编纂历史，最为合适（陆游曾编写过《南唐书》）。二是陆游经历了高宗朝的整个过程，是那段历史的见证人。

虽然因为这两点，宋孝宗认为陆游是编写圣政的合适人选，然而，对于这份工作，陆游却非常不满意，而且还牢骚满腹。

有诗《喜谭德称归》为证：

少鄙章句学，所慕在经世。诸公荐文章，颇恨非素志。

一朝落江湖，烂漫得自恣，讨论极王霸，事业窥莘渭，孔明景略间，却立颇毗睨。

……

在这种不喜欢编纂历史、喜欢讨论兵事的心态下，陆游开始不务正业，多管闲事了。

那么，陆游都干了那些闲事呢？

陆游在修史期间，频频上疏朝廷，阐述自己治军、用人的办法，期望得到朝廷的重任。

陆游上呈的这些奏章，有建议迁都的《上二府论都邑札子》，有提出用人原则的《论选用西北士大夫札子》，有提出用兵原则的《代乞分兵取山东札子》等。

不在其位不谋其政，陆游这种行动，不仅没有得到宋孝宗的青睐，反而因不务正业、多管闲事而被痛恨。

最终，在一件小事上，宋孝宗终于把陆游轰出朝廷了。

这件事情，就是弹劾曾觌。

虽然在南宋历史上，宋孝宗是最著名的一位明君，但明君也有缺点——他宠信自己的亲信门客。

当时，有一个叫曾觌的门客，是宋孝宗的“老人”，史称“潜邸旧人”。在宋孝宗还没有当太子时，就跟着宋孝宗混。后来，宋孝宗登基称帝后，这个人也鸡犬得道。

虽然在历史上，曾觌是一个祸国殃民的小人，但不可否认的是，此人有才，特别擅长写诗，不仅文采一流，还能七步成诗，又快又好。

张端义《贵耳集》记载，有一次，赵构拿着一柄扇子，让曾觌在上面写诗。曾觌一看，这个扇子上面画着海棠花和八哥鸟，还有宋徽宗的御笔，他就立刻题诗道：

玉辇神游事已空，尚余奎藻写春风。
年年花鸟无穷意，尽在苍梧落照中。

这首诗，不管是意境还是背景，都非常好。宋高宗颇受感动，流下了激动的眼泪……虽然后来宋高宗转念一想，你有病呀，写什么不好，写这个不是故意给我添堵吗？但不可否认的是，曾觌的才华确实高。

虽然曾觌有才，但却无德。曾觌位高权重后，仗着皇帝的宠爱，贪污腐败、结党营私、无恶不作。他还经常出入内廷，有恃无恐，直接把皇宫当成自己家。

对于这种情况，御史们恨得咬牙切齿，大家一拥而上，玩命弹劾他。但是，由于皇帝护犊子，曾觌一直毫发无损。

有一次，宋孝宗举行了一场只有亲信才能出席的内宴，一个宫女走到曾觌的面前，拿出一方手帕，希望曾觌为其题字。

曾觌二话不说，就给题了（也有资料说他拒绝了）。对于文人墨客而言，给美女题个字、写首诗什么的，是一件稀松平常的事情。前朝苏轼等人，也都干过，所以他没有认为不妥。但其他人目睹了此事后，全都炸了。

因为，在众人眼中，曾觌就是一个不学无术的混混，因为皇帝的宠爱，才得到了这个官职。他何德何能，竟然敢班门弄斧、卖弄文采，还敢给人题字。

而且，在众人眼中，曾觌这样有恃无恐地给宫女题字，是要“结交内廷”的节奏，万一奸臣和后宫搭上关系，天下就彻底乱套了。

这场宴会结束后，史浩把他的所见所闻告诉了陆游，并表达了自己的担忧。

咱们都知道，陆游就是一个愤世嫉俗、眼里容不了一粒沙子的人，他立刻找到了好友参知政事张焘，希望他规劝皇帝，不要再重用曾觌这种小人。

物以类聚，人以群分，张焘二话不说，就找到了宋孝宗，对其道：“陛下刚刚登基，应该整顿朝纲，亲贤臣疏小人，怎么能这样办事呢？怎么能容忍曾觌如此放肆呢？”

一听这话，宋孝宗就蒙了，问我干什么事情了，就放任曾觌了？于是，张焘把那天宴会的事情重新说了一遍。

可想而知，张焘还未说完，宋孝宗已经勃然大怒了。说那天宴会时，你不在场，这些事情你是怎么知道的？

面对愤怒的宋孝宗，张焘一害怕，就实话实说了。他告诉皇帝："我是听陆游说的，陆游是听史浩说的……"

宋孝宗一听全明白了，说朝廷正在用人之际，你们这些人不好好干活，却结党营私，在背后嚼人舌根，这成何体统！特别是这个陆游，本是一个没有学历的文人，朕特别恩宠他，加封了他的官职，赏赐了他进士出身。他不感恩戴德也就算了，居然敢背后议论朕的宠臣，真是可恶。

最终，愤怒的皇帝颁布了一道圣旨，罢免了陆游的官职，把他调到镇江府，去那里当一个小小的通判去了。

至此，因为触怒了龙颜，陆游第二次下岗了。

纵观这个事情，我们只能说，陆游被人当枪使了。

要知道，史浩是皇帝的老师，他也是最早知道这件事情的人。在这种情况下，史浩可以自己去跟皇帝谏言，而不用这样拐弯抹角，去暗示陆游。

不过，史浩把陆游当枪使，也是无可奈何的事情。因为作为帝王师，史浩太了解这个徒弟的秉性了。他清楚地知道，自己去劝说，一点儿效果也没有，还会得罪曾觌这些人。因此，他就找了一个替罪羊，把陆游给卖了。

事实证明，史浩的这着棋真是高。终曾觌一生，宋孝宗都对这个小人恩宠有加，而陆游呢，因为得罪了这个小人，一直被曾觌当成仇人，时刻报复，也不给陆游翻盘的机会。

同样，因为有陆游这个替罪羊，史浩一直安然无事，他本人及其家族成员，也没有遭到曾觌的报复。

因为得罪了皇帝，陆游被发配到了镇江。当然，这种小小的挫折不会击溃陆游，但远离京城的生活，又给陆游留下了一个遗憾。

跟上次一样，还是那个老问题——陆游没法亲自上阵杀敌，他只能继续当一个看客，在远处摇旗呐喊。

原来，就是陆游被贬期间，宋金之战爆发。面对气势如虹的隆兴北伐，陆游只能再一次在一旁摇旗助威。而面对那场符离之败，陆游也只能在一旁独自流泪。

连续两次与战争失之交臂，陆游心中的这个遗憾和苦楚，也只有自己能够明白。

殊不知，对于陆游而言，还有更悲哀的事情在等待着他。

原来，符离之败后，主战派开始失势、主和派开始得意。在这种背景下，伴随着张浚等人的被贬，作为主战派，陆游的好日子也到头了。

没过多久，陆游被调到隆兴府（今江西南昌）当通判。只是一个平级调任，他的官衔也没变，但陆游也清楚地知道，朝廷准备对他动手了。

因为，对比镇江，南昌离京城更远了。这也间接说明了，陆游在朝廷的地位已经岌岌可危。

果然，乾道元年（1165 年），主和派们开始清算陆游了，他们以“交结谏官，鼓唱是非，力说张浚用兵”的罪名，把陆游“免归”了。

何谓“免归”？就是罢免一切官职，遣回老家。

至此，从隆兴元年（1163 年）重新入朝为官，到乾道元年（1165 年）被贬免归，陆游经历了一个三年的轮回，又回到了起点。

上一次，从任职到罢免，是三年；这一次，从任职到罢免，又是三年。试问这“三年之痒”，让陆游情何以堪？

那么，这一次下岗后，陆游将经历哪些事情呢？又将给陆游的未来带来什么样的影响呢？

第十章 巴蜀参军之旅

重新出山

因为得罪了小人曾觌以及主和派的众人，陆游遭到了排挤。乾道二年（1166年），陆游被罢免了官职，重回山阴老家。

对于一个34岁才获得就业机会的陆游而言，才经历了8年的官场生涯，就被迫下岗，成了一个42岁等待重新就业的下岗中年，确实不堪回首。

抚摩着自己因为发愁变白的头发，陆游感伤无比。他不知道自己的未来何去何从，也许自己这辈子只能当一个随遇而安的农夫、一个闲云野鹤的诗人。

憋屈，真是憋屈……

在这种背景下，陆游创作了那首看破一切的词——《破阵子》：

看破空花尘世，放轻昨梦浮名。蜡屐登山真率饮，筇杖穿林自在行。身闲心太平。

料峭余寒犹力，廉纤细雨初晴。苔纸闲题溪上句，菱唱遥闻烟外声。与君同醉醒。

在这首词中，陆游看破了所有的功名利禄，他悟浮生，厌浮名，准备放弃这一切，当一个闲人了。

然而，让陆游放弃这一切，又谈何容易。

这不，在他的另一经典诗词《游山西村》中，陆游告诉我们——即使身陷绝路，也要心怀希望。万一误打误撞，又发现了一个新境遇呢？

莫笑农家腊酒浑，丰年留客足鸡豚。山重水复疑无路，柳暗花明又一村。

箫鼓追随春社近，衣冠简朴古风存。从今若许闲乘月，拄杖无时夜叩门。

可见，通过这首诗，陆游在说明一个言简意赅的道理——梦想这个东西，还是要有的，万一实现了呢？

那么，怎么实现呢？

等呗！执着地坚持下去，不改初心地死磕到底，哪怕山重水复了，也要坚信会柳暗花明。总有一天，会等到属于自己的那个时刻。

这不，在坚持了三年后，陆游又等到了自己“柳暗花明”的那一刻。

乾道五年（1169 年），在经过了四年闲居后，45 岁的陆游得到了一封让他激动无比的邀请函。

原来，当时的四川宣抚使王炎给陆游发了一份邀请函，邀请他出山去四川当参谋。

我们能够想象得到，收到这封邀请函后，陆游是多么高兴。毕竟，他已经在家里窝了三年，早就按捺不住，想去建功立业了。更何况，王炎是邀请陆游参军，对于一个一直想披上战袍、冲锋陷阵的人来说，陆游根本没有回绝的借口！

而且，当时的大环境，也让陆游燃起了报效国家、参军从武的希望。

原来，这些年朝廷的变化很大，先是主战派、也是陆游的好友陈俊卿进入了朝廷，被委以重任。随后，小人曾觌被轰出了京城，朝廷为之一振。最后，主战派的虞允文高调进京，成了帝国的丞相。

主战派把持了朝廷的重要部门，传递出一个重要的信号——宋孝宗已经走出了兵败的阴影，打算重整旗鼓、重新北伐。

也就是在这种背景下，四川宣抚使王炎开始招兵买马，招揽天下豪杰。为了搜罗抗金志士，王炎瞄上了陆游，他邀请陆游入川一起图谋大业。

对于王炎的邀请，陆游激动得都快蹦起来了，他立刻收拾行囊，准备去四川。

然而，就在这个时候，朝廷却发来了一份莫名其妙的委任状，狠狠地泼了陆游一身凉水。

原来，这一年的十二月，正当陆游答应了王炎的邀请、准备入川时，朝廷却颁布了一道诏令，任命陆游为左奉议郎差通判夔州军州事，让他去今天的重庆奉节上班。

得此诏书，陆游愤怒极了。

其愤怒的原因有二。

第一，在陆游的眼中，自己之所以下岗，完全是小人的栽赃陷害。根据惯例，起用被害官员时，必须要加官晋爵。但现在呢？朝廷给陆游的官职还是一个通判，等于陆游没有升职，白受这个委屈了。

第二，对比南昌，夔州距离京城更远，也更加偏僻！换句话说，朝廷把陆游调到夔州，等于是把他贬官，让他去苦寒之地深造了。

这样的结果，让陆游情何以堪。

虽然陆游愤怒极了，但皇命难违，他也只能强打精神，带领家人踏上路途，前往四川（奉节以前归四川，现归重庆）。

如果放到现在，从浙江去重庆，坐飞机几个小时、坐火车一天，即使坐船走最慢的水路，也就一个星期的事。然而，在古代，这可不是一件容易的事情。

想进四川，那真得有死在路上的觉悟。

陆游这次去夔州，一共走了整整一百六十天！可见，“蜀道难，难于上青天”，这真不是一句玩笑话。

费尽千辛万苦，终于走到夔州时，陆游已经累得不行了，他连死的心都有了。然而，虽然身心疲惫，但陆游这一路也大有收获，并且让他的文学才华得到质的提升。

原来，陆游在旅途中，把自己的所见所闻全部记录了下来，编成了一本《入蜀记》——他把四川的自然风光、历史名城、风土人情等物，全部融合到了自己的散文中。

最终，陆游成了一个出类拔萃的散文家。他的散文水平，与唐宋八大家相比，也是有过之而无不及。

可见，“天下诗人皆入蜀”，可真是一句大实话。如果有机会的话，还是去一趟四川吧，感受那里浓郁的文化氛围，让那片人杰地灵的土地滋润自己的灵魂，写出属于自己的文章吧。

书归正传，虽然一路上的所见所闻，让陆游受益匪浅，然而，他还得面对那个残酷的事实——在夔州，他是英雄无用武之地！

陆游在夔州的工作，主要是教书育人和管理农事，相当于现在的教育部和农业部主任。看着挺忙的，其实无所事事，闲得可以。

原来，夔州地方荒凉，又经常闹瘟疫，人口很少。为了生存，大家多选择外出打工，很少有人去种地。

此外，因为人口很少，夔州根本没有几个读书人，每次考试，也没有几个考生。在这种情况下，陆游无所事事，哈欠连天。

在夔州干了两年后，陆游琢磨过来了，他认为自己被朝廷耍了！

在陆游的思维里，我费了那么大的劲、吃了那么多的苦，就为了跑到这么一个荒郊野岭的地方当闲官，我还不如回家当一个地主呢，我是疯了不成！

于是，为了不“坐以待毙”，陆游豁出去了，他又使出那个毛遂自荐的办法，主动谋取官职。

乾道八年（1172 年），为了改变自己的命运，48 岁的陆游写了两封信，分别送给了当朝宰相虞允文和四川宣抚使王炎，恳请调任，离开这个苦寒之地。

当时，陆游写的这两份信，非常有意思。他是看人下菜碟，不同的人，用不同的词语，两封信的内容完全不一样。

送给虞允文的书信，陆游的中心思想就是一个——玩命哭穷。

陆游说夔州这里，要啥没啥，油水也不多，自己都快饿死了。如今，费尽千辛万苦来到夔州，连路费都没有挣回来，怎么回家呀？还有，夔州这里工资少得可怜，家里已经快揭不开锅了。自己的儿子、闺女都要谈婚论嫁了，可因为没钱，儿子找不到老婆，女儿嫁不出去，可咋办呀，等等。

总之一句话——我快穷死了，朝廷要是可怜我，就请给我调离这里，另谋他职。

虽然陆游写的这封信，足以让闻者伤心、听者落泪。但是，我绝对相信，虞允文在读到这封信时，心中只会出现两个字——矫情。

要知道，陆游写的这封信，严重夸大其词。毕竟，宋朝给官员的待遇极优，超过之前的任何一个王朝。

陆游所谓工资少，待遇薄，基本上都是扯淡。宋朝给官员的待遇不低，像陆游这种去偏远山区上班的官员，更是给予了丰厚的待遇。逢年过节时，也会给足过节费，足以媲美工资。

可见，陆游真没有哭穷的本钱。而且，远的不说，在来夔州前，陆游都在老家修别墅了！一个下岗的员工，都有钱修别墅，如今在任期却玩命哭穷……陆游，你真的说得过去吗？

对比这封玩命哭穷的信，陆游送给王炎的信的内容，就更有意思了。因为这封信的中心思想也是一个——誓死效命。

在这篇文章中，陆游告诉王炎，三年前，您曾经邀请过我，让我去您麾下当兵。这件事情，您怎么忘记了呢？如今，我虽然老了，但雄心不减，如果您给我一个机会，让我去您麾下效力，我一定玩命干活，为抗金大业贡献全部的力量。

此外，陆游还告诉王炎，自己是一个剑术高手，但一直无用武之地，如今剑深深地藏在剑鞘里，看着它，只能独自悲歌了；写书写诗，也只能发出生不逢时的感叹了。如果您给我一个机会，我一定奋不顾身地勇往直前，不杀尽金贼绝不归来。

总之一句话，陆游就是在告诉王炎——用我吧，赶紧用我吧。求你啦，我快憋屈死了……

就这样，把这两封信分别寄走后，陆游就怀着一颗忐忑不安的心在家等结果了。

那么，结果是什么呢？陆游是“柳暗花明”还是继续“抚剑悲歌”呢？

投笔从戎

陆游写完这两封信后，得到了一个让他非常满意的结果。乾道二年（1165

年），在虞允文和王炎的举荐下，朝廷批准了陆游的请求，把他调到了南郑，满足了他参军的要求。

南郑，就是我们常说的汉中，即今天的陕西汉中市。

熟悉历史和地理的人都知道，自古以来，汉中都是兵家必争之地，也是从四川进击中原的大本营。

昔日，楚汉之争时，刘邦就是以汉中为基地，在这里招兵买马、选拔良将、逐鹿中原。如今，汉中仍存有刘邦拜韩信为大将军的拜将台，见证着那段波澜壮阔的历史。

后来，三国时期，蜀国的宰相诸葛亮也以汉中为大本营，卧薪尝胆，六出祁山，北伐中原。如今，汉中这里也保存着诸葛亮的武侯墓，见证着那段“出师未捷身先死”的悲伤历史。

宋朝时，因为疆域大面积缩水，汉中就成为南宋和金国的交界，成为抗金的前线基地，也成为宋金交界的最前线。

那么，从安全的后方来到危险的前线，这种安排是不是朝廷故意而为，又在玩陆游呢？

当然不是了。

原来，当时四川宣抚使的大本营，就在南郑。本来，四川宣抚使的大本营在安全的后方广元。王炎上任后，立刻下令，把指挥使迁到最前线。

这样做的原因，有二：

第一，王炎可以就近指挥，随时掌握前线的战争局势，从而第一时间进行调整。

第二，王炎把司令部迁到最前线，就是要用以身作则的态度给天下一个表率，鼓舞士气，北伐中原。

在这种背景下，陆游高高兴兴地前往汉中，去抗金的最前线了。

陆游的这次汉中之行，简直高兴得不行了。因为，他终于可以完成自己投笔从戎的梦想。手中的这把宝剑，也终于可以出鞘见血了。同时，陆游也终于弥补了只能当看客的遗憾。毕竟，宋金前几次战争时，陆游只能远远地看着，如今，他终于可以上场了，终于可以骑上战马、披上战袍、挥舞宝剑、奋勇杀敌了！

当时，从他的诗句中，就能体会他喜悦的心情了。

要知道，陆游来四川后，最恨的就是爬山了，他写过很多牢骚话，痛骂蜀道难。结果，去汉中时，陆游再也不讨厌山了。他看这些山，也越看越顺眼：

平生爱山每自叹，举世但觉山可玩。
皇天怜之足其愿，著在荒山更何怨。

这首诗词的大概意思是说：我这辈子最喜欢的景色，就是山了。除了山以外，什么风景都看不上。如果老天可怜我，让我完成了心中的愿望，即使把我埋在这荒郊野岭中，我也死而无怨。

可见，此时此刻的陆游心情，只能用一个“爽”字来形容。要知道，就在不久前，陆游还抱怨这些山，说这些山极其难爬，要累死自己了。结果这才过了多久呀？

这反差的心情，也只能用天翻地覆来形容了。

就这样，在这种愉快的心情下，陆游来到了南郑。

陆游在南郑干了很多事情。他既参加战斗、去大散关抗击金人也独自出关，充当谍报人员，去敌营刺探军情更上山打猎，单枪匹马刺杀老虎。

虽然陆游干了很多事情，但这些事情到底是真是假，历史上一直争论不休。

比如说，陆游独自杀老虎这件事情，很多史学家认为这是他的夜梦之事，也就是他自己想象的事情。

因为，陆游在路上看见老虎的痕迹，就会心惊胆寒（心寒道上迹，魄碎茆叶低），生怕被老虎逮住了，变成它嘴里的“猪肉”或“鸡肉”（常恐不自免，一死均猪鸡）。这样一个害怕老虎的人，又怎么可能去打老虎呢？

所以，部分史学者认为，陆游根本不敢打老虎，更别说独自去杀虎了。所谓赤手屠熊搏虎之事，不过是书生的豪言壮语罢了，不足为信。

此外，虽然陆游把那些参加战争、当间谍的事情大书特书，认为自己立了大功。但在真实的历史中，陆游参加的这些事情，并没有他想象中的那么重要，他有点儿高看自己了。

当然，虽然在历史中，陆游在南郑干的事情并没有想象的出色，但是，陆游在南郑时，还是干了两件足以载入史册的事情，可以大书一番。

这两件事情，是“一文一武”两件。

涅槃重生

先说“武”的事情，它叫作——直言进谏。

陆游在南郑时，尽职尽责干好军事参谋的工作，频繁地向总司令王炎献计。其中，有两条计谋最为有效。

第一条建议，主张用可用之人。

陆游在南郑期间，反对王炎的用人原则，并提出了自己的意见。

当时，王炎任命吴挺执掌兵权。在他的眼中，吴挺是抗金名将吴璘的儿子，从小就在军旅中生活，一直跟随父亲对金作战。吴挺很熟悉四川的地形，在军中也建立了一定的威望，因此让他执掌兵权，是个合适的人选。

然而，对于这个人选，陆游却提出了不同的看法。

陆游告诉王炎：“吴挺这个人虽然骁勇善战，但嗜杀成性，别人稍有不满，就会杀人立威，这种没有仁爱之心的人，早晚得惹事。此外，吴挺这个人喜欢拉帮结派、结党营私。假以时日，让这种人做大做强了，他一定会起二心，大帅不可不防。”

最终，陆游建议，用吴玠的儿子吴拱接替吴挺，永绝后患。

然而，对于这个建议，王炎却不同意，他给出的理由是：“吴拱这个人胆小怕死，且没有丰富的战斗经验，万一他带兵打了败仗，为之奈何？”

陆游反驳道：“谁说胆小之人不能上战场？谁说战斗经验丰富的人，就一定不会打败仗？退一万步说，就算吴挺能打胜仗，又能怎么样呢？以他那个飞扬跋扈、目中无人的性格，一旦打了胜仗，他一定会更加目中无人，不会把任何人放在眼里。到了那个时候，恐怕您就管不住他了。”

后来，因为种种顾虑，王炎没有采纳陆游的建议，还是重用了吴挺。结果，后面的事情果然应了陆游的担忧——开禧北伐时，吴挺的儿子吴曦叛变投敌，在四川自立为王，给南宋带来了很大的危害。

不得不说，陆游看人真的很准。

当年，他说曾觌是小人，结果曾觌真是小人。他说吴挺家族位高权重，未来会给宋朝带来危害，结果他的担心真的变成了现实。

拥有如此的洞察力和远见，对于陆游的这个本事，不服不行。

第二条计谋，确定战略方针。

陆游实地考察了地形后，上呈了一份战略方针，阐述自己的战略思想。

在陆游眼中，江淮一代易守难攻，在这里抵御金军绰绰有余。但是，若想从淮南一代进攻，去收复失地，却万万不可。因为，江淮一代往前就是千里平原，宋军在缺少战马的情况下，很难击败金军，万一战败，国家就岌岌可危了。

因此，在这种局面下，陆游提出了一个崭新的战略规划，他主张以淮南为诱饵，吸引金军的主力部队，然后经略陕甘一带，瞅准时机，出兵收复长安（今陕西西安），再以西安为根据地，图谋天下。

事实证明，陆游的这个建议非常好，也是南宋收复中原的最好的一个方案。通过这个方案，我们也能看出来——陆游确实长大了，已经有自己的战略思想了。

要知道，就在不久前，陆游对于战略的构思，还是以江南一带为正面战场。当时，陆游频繁上疏朝廷，请求迁都至南京，就近指挥，从江淮一带出兵，死磕金军，收复中原。

结果，来到南郑后，陆游才清楚地知道，自己当年的建议是多么无知和可笑。得亏宋朝没有接受建议，要不然自己就成为一个千古罪人了。

陆游后面的这个预测，完全正确。在不久的将来，若韩侂胄听从陆游的建议，不执意从江淮一带出兵，宋朝也不会迎来那场大溃败。

当然，陆游的这个建议，并不是他的首创。在他之前，主战派的虞允文、辛弃疾等人，也提出过这个方案。但陆游，是坚决贯彻执行这个方案的第一人。

单凭此举，就能看出来，经历了南郑的生活后，陆游脱胎换骨了。

其实，何止是军事上脱胎换骨，陆游在文学上，也涅槃重生了。

再说这个“文”的事情，它叫作——质的飞跃。

所谓质的飞跃，指的是陆游的诗词得到了提高，甚至到达“高潮”了。

这是当代作家朱东润先生评价陆游的话，他把陆游在南郑的这段岁月，评价为“生的高潮，诗的高潮”。

“生的高潮”，好理解，陆游来到南郑后，终于满足了弃文从武、投笔从戎的心愿。那么，这个“诗的高潮”，又怎么理解呢？

原来，陆游到南郑前，一度沾沾自喜、自鸣得意。他认为自己是天下公认的大诗人，号称“小李白”。同时，因为江西诗派供奉的祖师爷是杜甫，作为江西诗派的传人，陆游也号称“小杜甫”。

这里多说一句，虽然江西诗派供奉的祖师爷是杜甫，但杜甫并不是这个门派的创始人。江西门派的创始人，是苏门四学士之一的黄庭坚。

陆游名气响，还是一个高产的诗人。按照他自己的定义，宁可绝食一年，也不能三天不写诗。

陆游这一生，从十七八岁开始写诗（宋史说陆游十二岁开始写诗），至47岁入南郑为止，共30年岁月。按照他三天一首诗的速度，陆游应该留下了3600多首诗词。保守计算，也应该有2000多首。

结果呢？经历了南郑之旅后，陆游开始玩命“删除”先前写的诗词了，最终只保留了200多首满意的诗词，“删除”了近十分之九。

按照陆游自己的说法，他之所以玩命地“删除”诗词，是因为来到南郑后，他惊讶地发现，自己先前写的诗词全是垃圾，注重外表、善用典故、华而不实，这些诗根本没有内涵，也没有任何的内容和灵魂。

这就好比什么呢？陆游之前的诗，只是注重女孩的表面，用最美好的词语，把女孩的外观表现出来，但对女孩内心的美，却根本不会描写。通过南郑之旅，陆游获得了丰富的阅历，这让他的思想更加成熟了，他也会从另外一个视角，去重新审视这个世界了。《九月一日夜读诗稿有感走笔作歌》如是说：

……

诗家三昧忽见前，屈贾在眼元历历。天机云锦用在我，翦裁妙处非刀尺。

世间才杰固不乏，秋毫未合天地隔。放翁老死何足论，广陵散绝还堪惜。

通过这首诗词，我们就能看出来了——

经历了南郑之旅后，陆游终于找到了一条自己的创作之旅，写出属于自己的诗词。

也就是从这个时候开始，那个“李白第二”或是“杜甫第二”的陆游，消失了。取而代之的，是独一无二、不可替代的“陆游第一”了。

总之，这个人，在南郑的军旅生涯中，涅槃重生了！

然而，天有不测风云，人有旦夕祸福，正当陆游在南郑大显身手、建功立业时，朝廷狠狠地又泼了他一盆凉水，让他备受打击。这盆凉水不仅摧毁了陆游的雄心壮志，还让他自取了一个“放翁”的别名。

“放翁”别名

陆游在南郑的岁月，是他人生的巅峰，他不仅在这里迎来“生的高潮”，创作也达到了“诗的高潮”。

然而，这一切的一切，伴随着一个人的调任，戛然而止了。

这个调任的人，就是陆游的顶头上司——王炎。

原来，正当陆游、王炎等人在南郑干得风生水起时，宋孝宗的本性又爆发了，这位朝令夕改的皇帝撤掉了主战的官员，任命了一些主和的官员，准备与金人议和。

在这种背景下，宋孝宗撤销了王炎四川宣抚使的官职，赏赐了他一个枢密使的官职，把他调入京城。虽然从结果上看，王炎是升官了，但大家都知道，这不过是一次明升暗降的调动。

王炎一走，前线阵地群龙无首，北伐的大业也只能往后推延，最终变得遥遥无期。

对于这个结果，陆游憋屈无比，却又无处发泄。

殊不知，还有更让陆游憋屈的事情呢！

王炎被调走后，没过多久，朝廷封陆游为成都府安抚使参议官，也把他调离了前线，让他去后方干活了。

对于这一切，陆游无可奈何，只能默默地接受了命运的安排。当然，虽然接受了，但他的心情真不怎么样。有诗《剑门道中遇微雨》为证：

衣上征尘杂酒痕，远游无处不销魂。

此身合是诗人未？细雨骑驴入剑门。

从这首诗中，我们就能看出陆游当时憋屈的心情了。

从小到大，陆游的目标就是要当一个保家卫国的战士。为此，陆游苦读诗书、刻苦练武，成为一个文武双全的人。虽然历经坎坷，但陆游在南郑完成了自己的梦想，可以金戈铁马、剑舞长沙，完成自己保家卫国的梦想。

结果呢？这一切的努力，换来了什么？只是脱下战甲，骑上一头小毛驴，灰溜溜来到安全的后方做一个清闲的官职。这一切的一切，让陆游如何释怀？他甚至把酒问苍天，难道我这辈子只能当一个诗人了吗？

乾道七年（1171年），在毛遂自荐下，陆游高高兴兴地来到了南郑，以为开启了一段属于自己的辉煌历史。孰料，同年十月，朝廷把王炎调回了京城，也把陆游调到了“安全”的后方成都。

至此，陆游人生中最高潮的一段经历，仅仅持续了八个月，就这样无疾而终了。

陆游来到成都后，已经彻底绝望了。因为他清楚地知道，他的人生发生了重大的转折。

从此以后，他不再是一个金戈铁马的战士，而只能是一个骑在小毛驴上赋诗的诗人。陆游既愤怒又无处发泄。

陆游在成都的生活，可以算是他人生中最好的一段生活。毕竟，四川号称“少不入川，老不出蜀”，是一个天然的“养老院”。而且陆游在成都的待遇，也可谓收获颇丰。但是，陆游却对这种生活痛恨不已。

然而，当雄鹰没有了翅膀，英雄没有了战场，壮志未酬的人无法继续前进时，陆游还能怎么办呢？他只能默默地接受这一切，从此“醉生梦死”地生活。

没错，是真的“醉生梦死”地生活。

陆游来到成都后，开始逃避社会、躲避现实，虽然他依旧兢兢业业干活，但已经没有了梦想，没有了追求，混一天是一天。

在这种背景下，陆游频繁出席酒肉宴会，开始腐败奢靡。如今，成都有一个名胜古迹“望江楼”，就是陆游经常去的地方。他不仅在这里追逐烟花九月，书写诗词歌赋，还留下了很多狂放不羁的故事。

狂放不羁到什么程度呢？

据说，不止一次，陆游喝高兴时，直接把钱包扔出来，宴请酒楼里所有人吃饭，让大家在里面纵情声色、赌博豪饮。所以，陆游去的时候，老板都特高兴，因为上座率高。

虽然在成都，陆游已经自暴自弃，把自己当成一个避世的诗人，不再过问政事了，但是，他这样纸醉金迷的生活，试问谁受得了？

正直官员看见了这么一个不务正业、玩物丧志的人，还不得弹劾他呀。同样，陆游的政敌们看见了他这样，肯定欣喜若狂，也会以此为借口，弹劾他。

最终，淳熙二年（1175年），陆游以“燕饮颓放”的罪名，下岗回家了。

何谓“燕饮颓放”，就是好酒贪杯、堕落放诞。对于这个罪名，陆游乖乖认。但是，陆游的内心不服呀——老子好酒贪杯、堕落放诞，没错！但是，你们也不想想，这是谁害的？老子若还在南郑，能这样生活吗？

于是，陆游反而自我嘲笑了一把，你们不是说我“颓放”吗？好，从此以后，我就颓放到底了，我以后的别名，就叫作“放翁”。

这就是陆游“放翁”别号的由来。

后来，就是因为这个别号，陆游连续两次被权臣诬陷，最终黯然下岗。

第一次，发生在淳熙六年（1179年）。

当时，陆游在奉诏返京，结果遭人弹劾，说他“为人疏放，不自检饬，所为多越于规矩”。就是说他为人轻浮，办事不守规矩，还不知道自我约束。最终，陆游愤然辞官，下岗回家了。

第二次，发生在绍熙元年（1190年）。

淳熙十六年（1189年）是宋孝宗执政的最后一年，在禅位前（后面再说），陆游上疏提出治理国家、完成北伐的意见。他亲自颁布了一道圣旨，重新起用了陆游，希望他继续为朝廷做贡献（陆游是孝宗在位期间任命的最后一个官员）。

结果，在奸臣的弹劾下，仅仅过了一年，朝廷就以陆游老而不知收敛，放荡不羁，专写风花雪月的文章，影响极其恶劣为由，又让他下岗了。

陆游回家后，既愤怒又无奈。

陆游愤怒的是，朝廷的这些小人竟然一而再再而三地用“放翁”之事恶心自己，毁自己清白、泼自己脏水。陆游无奈的是，皇帝竟然听信这些小人的话，帮助他们泼脏水……这让他情何以堪？

最终，陆游破罐子破摔了，你们这帮小人不是说我“放翁”吗？那我就让你们得偿所愿。

当时，陆游回家后，索性把自己的住宅改了名，就改为风月轩。你们这帮小人，不是说我不干正事吗？好，老子就不干正事到底了！从此以后，我就在这个风花雪月之所生活，颓废到底了！

陆游这么干，真是有一点儿黑色幽默在里面了，而他内心的苦楚与不甘，也可想而知。

陆游的下半生，一直在痛苦中度过。陆游天天在屋里苦思冥想，在床上辗转反复，在室内踱来踱去。

从“以天下为己任”开始，自步入仕途以来，自己忧国忧民，不敢说是一个公正清廉的好官，但也绝对是一个两袖清风的清官。结果，竟然混成这么一个惨样。这样的结果，让自己情何以堪？

为什么？为什么？为什么……

对于这个结果，我才疏学浅，无言以对。

也许，是陆游的性格，跟这个世界格格不入吧。也许，是陆游的自暴自弃，让别人抓到了口实吧。也许，这就是陆游的命吧，他生在了这么一个倒霉的时代里，只能郁郁而终、徒自伤悲。

其实，在那个时代里，跟陆游同等命运的人还有很多、很多。在这些人中，陆游不是最倒霉的人，只有那个人，才是最倒霉的人选。

这个人，就是诗词歌赋、军事谋略有过之而无不及的，南宋历史上最伟大的诗人、军事家，号称“诗坛飞将军”的辛弃疾。

现在，就请南宋历史上这位最著名的英雄登场。我们也将伴随他的生命步伐，目睹其无奈和悲凉的一生。

第十一章 『老子』出世

这个爷爷不简单

宋高宗绍兴二十七年、金海陵王完颜亮正隆二年（1157 年），在金国的首都燕京（今北京）内，出现了一个参加科举考试的年轻人。

这个人身材魁梧、相貌英俊、双目炯炯有神，虽然还很年轻（18 岁），但气宇轩昂、谈吐不凡，给人一种与年龄完全不相符的气质。

这个年轻人的家世显赫。因为这个年轻人的爷爷，是金国位高权重的高官。换句话说，这个年轻人是一个含着金汤勺长大的“官二代”。

按照金朝的科举制度，这种人是不需要参加科举考试的，在家族的帮助下，他可以轻轻松松地步入仕途。

那么，是什么原因让这个年轻人偏要选择科举之路、跟千军万马挤独木桥呢？

这个自讨苦吃的人，就是南宋历史上大名鼎鼎的豪放派词人，与苏轼合称“苏辛”、与李清照并称“济南二安”的“词中之龙”——辛弃疾。

辛弃疾的出生故事也很多，据说他是太古神兽青兕的转世。但是，在讲辛弃疾的身世前，我希望先讲一下辛弃疾的爷爷辛赞。

因为，虽然在宋朝历史上，辛赞不怎么出名，但是，这个人却留下了一个让史学界困惑不已的谜。

原来，如今很多人坚信，辛赞这个人是一个汉奸！

著名爱国诗人辛弃疾的祖父是汉奸？这又是怎么回事呢？

辛赞是一个标准的汉人，靖康之耻后，辛赞没有跟随朝廷南逃，也没有在北方奋起抗金。这个人二话不说，就跟随刘豫（他那个时候是济南知府）叛国投敌了。

后来，刘豫当上大齐国王后，辛赞就成为伪齐的大臣。再后来，伪齐灭亡后，辛赞摇身一变，成了金国的大臣。作为金国的重要官员，他在开封城当过府尹，也在宿州、亳州、沂州、海州等地当过知州。

辛赞的这份履历足以说明，他已经叛国投敌了。

然而，在辛弃疾的笔下《美芹十论》中，我们却看见了另外一个事实："臣之家世，受廛济南，代膺阃寄荷国厚恩。大父臣赞，以族众拙于脱身，被污虏官，留京师，历宿亳，涉沂海，非其志也。每退食，辄引臣辈登高望远，指画山河，思投衅而起，以纾君父所不共戴天之愤。"

这段话的意思是说：臣的家族，一直居住在济南，世代受宋朝的国恩，根本没有叛变的意思。只不过，刘豫叛国时的速度太快了，臣的祖父没有来得及逃跑，只能无奈投降。虽然在后来，臣的祖父是金国的重要官员，也在很多地方当过官，但这都不是祖父的意愿，他干得很不爽，毕竟这"非其志也"！

那么，辛弃疾祖父的志愿，又是什么呢？

辛弃疾说，他祖父每次吃完饭后，都会带着儿孙登高远望，手指着万里江山告诉他们，这是我们汉人的土地，你们不能忘了这国恨家仇。早晚有一天，你们要报仇雪恨，驱除鞑虏，收拾旧山河。

在辛弃疾的笔下，祖父辛赞不仅不是一个汉奸，反而成为一个"身在曹营心在汉"的人物了。他就是一个宋朝的地下工作者、一个默默无名的大英雄。

那么，辛赞到底是一个汉奸，还是一个地下工作的大英雄呢？

真假难辨。

因为，在现有的文献中，没有一篇文献明确写辛赞曾与南方的宋朝联络过。他一直效忠金朝，没有一丁点儿叛变的意思。

而且，咱们前面讲了，岳飞北伐时，整个中原的百姓为之响应，四十万义军揭竿而起，愿意听从他的调遣。怎么那个时候，不见辛赞揭竿而起呢？

这些着实可疑。

话虽如此，但我们也不能说辛赞是汉奸。因为，辛弃疾就是他最好的证明。

辛弃疾出生时，正是岳飞进击中原、随后被十二道金牌召回的时期。随后，尚在襁褓中的他，迎来了岳飞惨死、宋军签署和平协议的时代。

在辛弃疾整个幼年时光中，宋金一直处于和平时代。在这个时代背景下，北人越来越不思进取、南人也越来越不念故土。

然而，在这个和平的氛围下，辛弃疾却成了一个抗金复国的人，可见辛家一定没少灌输革命思想。而灌输这些思想的人，毋庸置疑，肯定是辛弃疾的祖父辛赞。

因此，这样看的话，我坚信，辛赞不是一个汉奸，他就是一个潜伏敌内、卧薪尝胆的大英雄。而辛弃疾的那些话，也绝不是为了给祖先洗白而故意捏造的事实。

那么，辛弃疾又是如何成长的呢？未来的他，又将成为一个什么样的人呢？

辛弃疾的文

1140 年，在今天的山东济南府历城县四风闸村，一个婴儿呱呱坠地了。这个孩子就是后来拥有很多头衔的一代豪杰——辛弃疾。

之所以取“弃疾”二字，史无记载，不得而知。也许，辛弃疾幼年时身体欠佳，所以他的父母参考霍去病取名方式来给他取名，希望他驱除疾病、健康成长。

为了把孙子培养成一个忠义之人，辛赞可谓费尽了心力。他花费了无数金钱，聘请了无数名师，终于把辛弃疾培养成了一位文武全才。

先说辛弃疾的文：

在我眼中，辛弃疾的词风很多，但一共有三大特点。

第一个特点，奇。

众所周知，辛弃疾为人豪壮、不拘小节，这种人写诗，自然也落拓不羁。写出一些奇言奇语也不足为奇。

在他的笔下，他给我们展现了一个全新的视角、全新的世界：

对于“战场”，辛弃疾是这样描写的——“醉里挑灯看剑，梦回吹角连营”“举头西北浮云，倚天万里须长剑”。

对于“对手”，辛弃疾是这样描写的——“天下英雄谁敌手？曹刘。生子当如孙仲谋”。

对于“志向”，辛弃疾是这样描写的——“男儿到死心如铁。看试手，补天裂”。

对待“景色”，辛弃疾是这样描写的——“酿成千顷稻花香，夜夜费、一天风露”“稻花香里说丰年，听取蛙声一片”。

除了这些景色、事物的描写外，在其他方面的描写上，辛弃疾也技惊四座。

比如说，对于“约会”，辛弃疾是这样描写的——“众里寻他千百度，蓦然回首，那人却在灯火阑珊处”。

比如说，喝醉酒时，辛弃疾会用编故事的方法，来阐述自己醉酒时的表现——“昨夜松边醉倒，问松我醉何如。只疑松动要来扶，以手推松曰去”。

还比如说，对于鬼怪之说，辛弃疾也有自己独特的见解——“何人半夜推山去？四面浮云猜是汝”“四更山鬼吹灯啸，惊倒世间儿女”。

综上所述，辛弃疾的诗词，就是这样令人拍案叫绝。

第二个特点，才。

辛弃疾非常有才华，他写诗词时，特别喜欢“掉书袋”，就是频繁引经用典，以显示自己的才华。

其实，文人在创造时，都会时不时地“掉书袋”。

比如说，咱们都知道，宋朝大名鼎鼎的李清照，她作诗最大的特点，就是善于用很平常甚至很家常的话，来营造非同一般的意境，而不是故弄玄虚。但是，这样一个不以典故取胜的女子，也会写出“牛蚁不分”“分香卖履”“烟锁秦楼”这种典故，来展示一下自己的才华。

可见，文人都有展示自我的倾向，但在这些人中，“掉书袋”最严重的，辛弃疾敢说自己是第二，就没人敢说自己是第一。

那么，辛弃疾“掉书袋”到了什么程度呢？

岳飞的孙子岳珂就曾提出，辛弃疾用的典故太多了，导致文章支离破碎，东拉西扯（“新作微觉用事多耳”）。

后来，岳珂的这种说辞，竟然还得到了很多人的共识，辛弃疾也从此得到了一个爱“掉书袋”的评价。

虽然岳珂这样说辛弃疾，有失公正，也有一点儿“吃不到葡萄说葡萄酸”的心理，但不可否认的是，辛弃疾运用的典故确实是太多了，也难怪他们有这样的看法。

举一个《满江红》的例子，就能说明：

倦客新丰，貂裘敝，征尘满目。弹短铗、青蛇三尺，浩歌谁续？不念英雄江左老，用之可以尊中国。叹诗书，万卷致君人，翻沈陆。

休感慨，年华促。人易老，叹难足。有玉人怜我，为簪黄菊。且置请缨封万户，竟须卖剑酬黄犊。叹当年，寂寞贾长沙，伤时哭。

这是辛弃疾郁郁不得志时写的一首词。从字面解释，辛弃疾就是通过这首诗，抒发一下自己壮志未酬的心情。

这种诗词，几乎郁郁不得志的文人都写过，很常见。但是，像辛弃疾这样运用这么多典故来写的人，也是少见。

因为，在这短短的两阕词中，辛弃疾竟然用了八个古人的典故，这根本就是在考验我们的文学素养呀！

第一个，“倦客新丰”的典故。

这个典故说的是唐朝的马周。马周虽然博学多才，却始终郁郁不得志。为了显示自己的才华，马周来到了长安，居住在一个叫作新丰的客栈里。

当时，客栈老板看马周穷困潦倒，就不爱招待他，对他不管不顾。结果，愤怒的马周命老板上一斗八升酒，悠闲地自斟自酌了起来。

最后，在众目睽睽之下，马周把这些酒都喝了，一抹嘴走了，只留下一群瞠目结舌的人。从此以后，再也没有一个人敢小看他了（这样显示才华，好像不对劲儿)。

第二个,“貂裘敝”的典故。

这个典故说的是战国时期的纵横家苏秦。当年,苏秦去秦国游说时,朋友们送给他一些明珠、黄金、黑貂裘等物。结果,苏秦游说秦王失败,花完了银子,黑貂裘也破旧不堪了。

第三个,“弹短铗”的典故。

这个典故说的是战国时期孟尝君的门客冯谖。昔日,冯谖投奔了孟尝君后,因为一直得不到重用,便三次弹其剑,大唱道:“长铗归来乎!(铗是一种佩剑)食无鱼……出无车……居无家!”

对于冯谖的这种表现,众人皆认为他贪得无厌。但是,不管冯谖提出什么要求,孟尝君都满足了他。

见孟尝君是一个不势利、礼贤下士、非常大度的领导后,冯谖也全力辅佐他。最终,冯谖的下乡买义、狡兔三窟等计谋,让孟尝君受益匪浅,当了几十年相国,也没有遭到丝毫的祸患。

第四个,“诗书万卷”的典故。

这个典故说的是唐朝的杜甫,因为杜甫曾作诗——“读书破万卷,下笔如有神”。

第五个,“翻沈陆”的典故。

这个典故说的是汉朝的东方朔。《史记·滑稽列传》记载,东方朔酒醉后,曾这样唱歌:“陆沈于俗,避世金马门。宫殿中可以避世全身,何必深山之中、蒿庐之下”。

这里的“翻沈陆”,就是在引用东方朔的话,比喻朝廷埋没人才。

第六个,“请缨封万户”的典故。

这个典故说的是西汉的终军。汉武帝时,南越割据政权(今广东、广西及越南北部)尚未归附,终军就主动请战,希望汉武帝给他一根长绳,把南越王捆来。后来,人们就用“主动请缨”一词,比喻主动请战。

第七个,“卖剑酬黄犊”的典故。

这个典故说的是汉朝的龚遂。《汉书·龚遂传》记载,龚遂当渤海太守时,为了劝民务农,颁布一条让百姓卖剑买牛,卖刀买犊的政令。结果,在他的治理下,渤海郡百姓富庶,出现了一派“升平殷富”的景象。

第八个，“贾长沙”的典故。

这个典故说的是汉朝的贾谊。《汉书·贾谊传》记载，贾谊被轰出中央，贬黜到长沙后，悲愤无比，遂上疏朝廷，痛骂当今国家赏罚不公，十个人中有九个人是痛哭流涕者、无可奈何长叹者，长此下去，国将不国。

综上所述，辛弃疾一口气列举了马周、苏秦、冯谖、杜甫、东方朔、终军、龚遂、贾谊八个历史典故，用这些同病相怜的人来比喻自己，阐述自己英雄困顿、有志难申的苦闷。

辛弃疾运用的典故，确实有点儿太多了。不知道这些历史事件的人，根本不知道他在写什么。

虽然这样的写作，让辛弃疾被人诟病不断，但他一直我行我素，爱咋咋地。当然，如果他肯听从建议，改变这种写作方式的话，他也不会是辛弃疾了。

其实，我们能看出来——辛弃疾喜欢“掉书袋”，真不是一个大毛病，他写作的最大一个毛病，就是恃才自傲、目中无人！

第三个特点，狂。

咱们都知道，宋朝的诗词写作风格主要有两类，即豪放派和婉约派。

其中，婉约派诗词的代表，是白衣卿相柳永；而豪放派诗词的代表，是一代坡仙苏轼。

对于苏轼是豪放派诗人代表的说辞，很多人会持怀疑态度，但苏轼的一句“老夫聊发少年狂”，完全是豪放派的代表诗词。而他自己，也足以以此成为豪放派诗词的开山鼻祖。

虽然苏轼的诗词很狂，但对比这位辛弃疾，也只能是小巫见大巫、自愧不如了。

通过中秋节的例子，就足以说明。

咱们都知道，在中国传统节日中秋节，文人们都会举行聚会，大家一起赏月，一起借景创作。苏轼和辛弃疾也不例外。

面对月亮时，苏轼是这样创作《水调歌头》的——

明月几时有？把酒问青天。不知天上宫阙，今夕是何年。我欲乘风归去，又恐琼楼玉宇，高处不胜寒。起舞弄清影，何似在人间？

面对月亮时，辛弃疾是这样创作《太常引》的——

一轮秋影转金波，飞镜又重磨。把酒问姮娥：被白发、欺人奈何？
乘风好去，长空万里，直下看山河。斫去桂婆娑，人道是，清光更多。

可见，同样都是想去月宫，但苏轼和辛弃疾的诗词气势却截然不同。

苏轼想乘风去月宫，但有一点儿胆怯。因为苏轼害怕“高处不胜寒”。

对比苏轼，老辛可不怕这些，他不仅敢去，还要反客为主，调戏月宫的主人（把酒问姮娥）。此外，辛弃疾还要抡起板斧，砍掉月宫的仙桂（桂婆娑），因为这些东西太碍事了，挡着他欣赏风景了（清光更多）！

此等天不怕地不怕的性格，也就只有这个辛疯子才能干得出来了。在这方面，苏轼真是不及也。

其实，辛弃疾的这种狂妄表现，还要严重得多。

苏轼最狂的诗词，就是把自己比作“老夫”（“老夫聊发少年狂”）。苏轼的狂，还是很拘谨、有尺度的。

对比苏轼，辛弃疾的狂，那就是不可一世了。因为，他连“老夫”都省了，自封为“老子”，其张狂程度可见一斑。

在辛弃疾的诗词中，他频繁使用“老子”一词，如“老子当年，饱经惯、花期酒约”“老子今朝，点检形骸”“醉舞狂歌欲倒，老子颇堪哀”等。

辛弃疾也知道自己很狂，但他并不打算改。相反，他还写了一首诗词《贺新郎》，来阐述自己狂妄的原因，还痛恨自己生不逢时：

一尊搔首东窗里。想渊明《停云》诗就，此时风味。江左沉酣求名者，岂识浊醪妙理。回首叫、云飞风起。不恨古人吾不见，恨古人不见吾狂耳。知我者，二三子。

不恨古人吾不见，恨古人不见吾狂耳……这个人，是要狂得上天了。

以上，就是辛弃疾的特点，那么，对比辛弃疾的文，辛弃疾的武又有什么特点呢？

辛弃疾的武

对比崇尚武力却是半路出家的陆家，辛家本身就是习剑练武的家族，且他们家族世代都有赫赫有名的大将军。

这个“世代”，有多远呢？

有人说，也就一百多年吧？

一百多年？少了一个零！跟史家一样，辛家从一千多年起就是名震天下的武将之家了。

辛家家谱记载，辛弃疾的祖先，最远可以追溯到汉朝的辛庆忌。这个辛庆忌非常了不起，他曾经出兵平定了西域羌族的叛乱，被封为破羌将军，其功劳可与同朝“封狼居胥”的霍去病相提并论。

到了唐朝时，辛家也出了一位大英雄，他就是北京都兵马使、代州刺使辛云京。

到了宋朝时，虽然辛家弃武从文了，但他们对祖先的功业还是非常自豪。辛家的尚武精神也一直没有凋落。

就这样，在祖先基因的作用下，辛弃疾自幼就有习武的习惯，对于军事书籍，更是手不释卷，一读就停不下来。

在刻苦的努力下，辛弃疾练就了一身惊人的武艺，在军事方面也自学成才，成为一个用兵如神的大师。朱熹就称赞其为“帅才”，是一个有勇有谋的真将军。

当然，在学习深造期间，历史也记录了另外一个辛弃疾，一个青春叛逆、人不风流枉少年的辛弃疾。

史料记载，进入青春期后，辛弃疾也干了很多荒唐的事情。

毕竟，谁年轻的时候，没有干过几件风花雪月的疯狂事？何况，辛弃疾还是一个英俊潇洒、身世显赫的官二代，再加上他天不怕地不怕的性格，不干出什么疯狂的事情来都新鲜。

那么，辛弃疾都干了什么疯狂的事情呢？

看看辛弃疾自己在《满江红》里的陈述吧：

老子当年，饱经惯、花期酒约。行乐处，轻裘缓带，绣鞍金络。明月楼台箫鼓夜，梨花院落秋千索。共何人、对饮五三钟，颜如玉。

这段话的大概意思是说：我年轻的时候，经常花天酒地，跟人约会。我穿着靓丽的衣服，骑着宝马，去各种地方腐败奢靡。明月下的高楼、热闹无比的夜市、寂静无人的梨花院落，都留下我的足迹。你问我跟谁拍拖、跟谁举杯对饮？废话，当然是貌美如花的小姑娘啦！

当然，辛弃疾这种醉生梦死的风流生活没有持续多久，在家族的督促下，年仅 16 岁（也说是 18 岁）的辛弃疾就完婚了。

辛弃疾的第一任夫人姓赵，是江阴人（今江苏省江阴市）。她的出现，也给历史上留下了一个千古之谜。

要知道，江阴位于长江以南，辛弃疾生活的开封在长江以北，这两地不仅距离远，而且还分属宋金两个国家。辛弃疾与夫人赵氏的结合，算是一场跨国婚姻。

那么，到底是一个什么原因，让这两个人走到了一起呢？他们是自由恋爱？是父母之命、媒妁之言？抑或是奉子成婚？还是有什么更加传奇的故事？由于史料的匮乏，已经不得而知了。

根据中国传统，男人成家后，就该去立业了。在这种背景下，学得文武艺的辛弃疾出山了。

至此，就出现了开头的那一幕。1157 年，辛弃疾出现在了金国的京城，准备参加科举考试，建功立业了。

那么，在参加科举考试时，辛弃疾又干了哪些事情呢？

揭竿而起，建功立业

按照辛弃疾自己的说法，他去参加金国的科举考试，完全是“醉翁之意不在酒”，辛弃疾此行的目的，就是要最大限度地搜集金国的情报，为未来造反做准备。

要知道，这可是辛弃疾第二次当间谍了。早在四年前，14 岁的辛弃疾在第一次参加科举时，就干过这样的事情。

当时，在爷爷的要求下，辛弃疾以考试为由，好好地调查了一下金国首都的政治、军事、经济等情况。他把金国都城的情况，摸了一个八九不离十。至于考试，辛弃疾根本不上心，他也不稀罕金国的官职。

就这样，当辛弃疾第二次来到京城后，他也没在意科举考试，而是尽可能地收集金国的情报。

殊不知，就在这次科举考试时，辛弃疾留下了一个历史之谜。

这就是——在这次科举考试中，辛弃疾到底中没中举。

对于这个问题，历史给出了两种答案。

第一个答案是金国给出的，辛弃疾没有中举。

根据《大金国志》记载，在金国中举，是要马上登记在册，授予官职的。但是，目前的资料显示，金国没有授予过辛弃疾任何官职。这就间接说明，辛弃疾没有中举。

第二个答案是南宋给出的，辛弃疾中举了。

根据《三朝北盟会编》记载，作者徐梦莘坚信，辛弃疾在金国中举了。因此他在绍兴三十二年的记录中，就出现了“进士辛弃疾”的词语。

由于徐梦莘跟辛弃疾是一个时代的人，且是一个严谨的史学家，因此有很多人认为，这个记录是真实可信的，辛弃疾就是在金国中举了，是金国的进士。

两种说法，两个答案，真不知道该信谁了。

要知道，如果从常理判断的话，身为反贼，金人应该恶心辛弃疾，他们的文献里应该出现“进士辛弃疾”的词语。相反，作为南宋的忠义第一人，南宋应该保护辛弃疾，即使他在金国中举过，也应该掩盖这段历史。

结果呢？这两方的历史记录，根本就是反的。

总而言之，在没有进一步史料的基础上，辛弃疾到底中没中举这个问题，只能成为一个谜。当然，即使辛弃疾中举了，他也不会当金国官的。

因为，他的祖父病逝了，根据惯例，辛弃疾要回家守孝。即使他能当官，他也要先丁忧。

祖父的去世对辛弃疾的打击很大。从此以后，他失去了生活依靠。同时，因为辛赞的病逝，辛弃疾也只能回到老家山东，再也无法在开封做贵族了。

虽然辛弃疾的贵族生活结束了，但他一点儿也不害怕，甚至还兴奋不已。

因为，就在祖父病逝的那一年，一个新的时代来临了。其祖父等待一生也没有等到的机会，竟然不期而至了！

原来，宋高宗绍兴三十一年、金海陵王正隆六年（1161 年），完颜亮终于按捺不住了，为了完成自己的梦想，起兵攻宋了。

咱们前面讲过，为了迅速征服宋朝、去杭州看美景，完颜亮可谓倾尽了全力，他横征暴敛，让天下百姓苦不堪言。最终，百姓被他逼得没有活路了，大家揭竿而起。

当时完颜亮统治的金国，完全可以用土崩瓦解来形容，到处都是造反的百姓，史称“盗贼蜂起，大者连城邑，小者保山泽”。各地的绿林好汉们，也是多如繁星，数不胜数。

在这种背景下，辛弃疾的老家山东也出现了好几位好汉。其中比较著名的就是济南的耿京。

耿京本是一个农民，没打算造反，但实在是活不下去了，才选择了铤而走险。刚开始的时候，耿京只有数百人，占领了两个县城，实力小得可怜。后来，在二当家贾端的建议下，耿京冲出了县城，走向了中原，他在山东广发英雄帖，招揽四方豪杰，跟自己一起共事造反。

没过多久，耿京的队伍就跟滚雪球似的，越来越壮大。也就是在这个时候，辛弃疾来投奔他了。

这里说一个小花絮，根据《宋史·辛弃疾列传》记载，在造反前，辛弃疾跟朱元璋一样，给自己算了一命。结果得到了一个“离”卦。同时，他最好的同学党怀英（北宋初期将领党进的十一代孙）也算了一卦，得到了一个“坎”卦。

根据《周易》解释，“离”为火，五行中火在南方，根据这个卦象，辛弃疾应去南方，效忠南宋政权。“坎”为水，五行中水在北方，根据这个卦象，党怀英应原地不动，效忠金国。

就这样，在神明的指引下，辛弃疾和党怀英这对好朋友做出了不同的选择。

党怀英决定留在北方，为金国效力。后来，他做了金国的大官。而辛弃疾，则选择了南归，他下定决心抛弃故土，去完成祖父和自己的心愿。

拜别了好朋友党怀英，辛弃疾带领着自己招募的两千人马，日夜兼程去投奔耿京。而耿京见到辛弃疾后，也对他以礼相待，委以重任。

耿京之所以对辛弃疾这样好，有两个原因。

第一个原因，辛弃疾有才华，是起义队伍里稀缺的人才。

耿京本是一个农民，因为实在没活路了，才选择了造反。这种人大字不识，根本无法处理公务，也缺乏见识。辛弃疾的到来，正好弥补了他的缺点，也让这个团队有一个文化人了。

第二个原因，辛弃疾是一张醒目的名片，他的到来会打响耿京团队的名气，吸引更多的人来加盟。

根据辛弃疾自己的《美芹十论·详战》记载，因为耿京是一个农民，所以当时山东的读书人和汉族军人都看不起他，这些人宁愿固守孤城，等待南宋的王师，也不愿意听从耿京指挥，跟他拧成一股绳。

结果，等辛弃疾投奔后，这种局面就彻底改变了。大家一看，连辛弃疾这种名门之后、官宦世家的人都投奔耿京了，我们还能说什么呢？一起来吧！

就这样，凭借辛弃疾这块金字招牌，越来越多的人加盟到了耿京的团队中。耿京的团队日渐扩大，一发不可收拾。

综上所述，因为这两个原因，耿京对辛弃疾以礼相待，并对其委以重任。

辛弃疾投奔后，耿京二话不说，立刻授予了辛弃疾义军“掌书记”的官职，类似于现在领导身边的贴身秘书。耿京允许辛弃疾参加所有重要会议，并可以在会议上发言。同时，还让他掌管义军的大印和其他重要文件。

可见，耿京给辛弃疾的待遇很高。按照历史的案例，此时此刻的辛弃疾，就相当于赵匡胤身边的赵普。他取代了贾端，成了这支部队的二当家。

当然，事实证明，辛弃疾对得起这个身份。在他的出谋划策下，耿京的起义军越发壮大，并发展到了一个新的阶段。

在辛弃疾来以前，起义军就是一群无头苍蝇，也不知道怎么进军。辛弃疾来到后，立刻给起义军指出了一条明路。他率军攻陷了兖州和郓州，不仅抢占了一块易守难攻的宝地，还与梁山泊一代的义军会合了。

后来，在辛弃疾的出谋划策下，起义军的队伍发展到了全盛时期，不仅兵强马壮，还屡次重创金军。

当时，辛弃疾曾发动河北、山东一带的三十万义军，对济南和淄川发动大规模的进攻。虽然军事行动失败了，但他的这些军事行动却让前线的完颜亮苦不堪言，也减少了南宋的压力。

同时，辛弃疾还率军配合南宋海军将领李宝，在胶西海战中大败金军，一举粉碎了完颜亮由水路入侵宋朝的计划。

就这样，凭借这些战功，耿京声名远播、名震天下。在辛弃疾的帮助下，耿京自封为天平军节度使，占领了半个山东。山东、河北的所有义军，也都愿意听他调遣。

按照当时的兵力（三十万大军）和威望，耿京的名气要比《水浒传》中的宋江强上百倍。当然，辛弃疾也比《水浒传》中的吴用强上百倍。

其实，对比只能出谋划策、摇旗呐喊，却不能上阵杀敌的吴用，辛弃疾除了能干吴用的工作外，也能上战杀敌。

此外，辛弃疾更能只身犯险，他敢一个人、一把剑、一匹马，就去完成斩杀行动。

这个斩杀行动，是这么一回事。

《宋史·辛弃疾列传》记载，当时义军有一个小头目，叫作义端。此人本是一个和尚。辛弃疾平时与义端有一些交情，在投奔了耿京后，他就劝说义端也来加盟了。

然而，加入了耿京的队伍后，不知道是因为待遇问题，还是因为受了什么委屈，义端打算辞职，不想跟着耿京混了。

员工无故辞职，有时会损失一些东西，但这里严重的是——义端辞职时，捎带脚地把辛弃疾保管的义军大印给偷了。

得知大印被偷了，耿京气得火冒三丈，他指着辛弃疾的鼻子骂道：“你都交的啥朋友呀！无故辞职不说，还把大印偷走了！这以后怎么办公呀，难道要用萝卜印吗？这件事情传了出去，我们的颜面何存！”

对于耿京的谩骂，辛弃疾也不反驳，他也一肚子火，心想道：“义端呀义端，你自己不愿意干了，走了便是。你拿我大印干啥呀，这不是故意阴我吗？”

愤怒的辛弃疾一抱拳，道：“大帅息怒，给我三天时间，我一定追回大印，把义端斩首示众。如果没有完成，愿认罪挨罚。”

“好，这是你说的！若三天之内没有追回大印，就等着军法处置吧！”说罢，耿京不再言语，气呼呼地离开了。

说实话，耿京这么说，也就是一句气话。毕竟，义端已经逃跑了，这人海茫茫的，哪里去找？即使给辛弃疾三十天，他也不可能把大印找回来了。

然而，让耿京始料不及的，没到约定的三天时间，辛弃疾就拿着义端的脑袋和大印回来复命了。

原来，送走了耿京后，辛弃疾一琢磨，说人为财死、鸟为食亡，义端偷了印，一定是想以此为筹码去投奔金人。于是，他就单人独骑向金营方向出发。果然，在半路上，辛弃疾截住了休息的义端。

义端看见从天而降的辛弃疾后，都吓傻了，他趴在地上，苦苦哀求道："我知道你的身份，你是太古神兽青兕转世，力大无穷，求你不要杀我，饶我一条小命吧。"

青兕，是一种力大无穷的犀牛。《西游记》中，青兕是太上老君座下的青牛。辛弃疾为什么被称为青兕转世呢？根据《龙川文集》记载，陈亮形容辛弃疾"眼光有棱，足以照映一世之豪；背胛有负，足以荷载四国之重"。就是说他眼光炯炯有神，能秒杀任何人；背上的肌肉异常发达，能够承受全世界的重量。虽然这些词语有夸张的艺术成分在里面。但大家想想，辛弃疾的这个形象，不就是一个愤怒的犀牛吗？

可能就是因为这个形象，久而久之，人们就相信辛弃疾是青兕转世投胎。

书归正传，虽然在自己的威慑下（那么大块头，再加上吃人的眼神，确实像一只杀红眼的犀牛），义端吓得跪地求饶，还玩命地赞美自己，但辛弃疾却没有一丝的怜悯之心，他都懒得跟这个叛徒废话了。辛弃疾上前一步，手起刀落，就让义端的脑袋搬了家。随后，辛弃疾拿着义端的首级和大印，回去复命了。

仅凭一己之力，诛杀了义端，还夺回了大印，辛弃疾立刻成为军中的传奇。大家对其刮目相看，耿京也更对其委以重任了。

凭借自己的本领，辛弃疾在起义军中威望颇高，他准备更好地指挥这支义军，去完成自己的梦想。

然而，天有不测风云，人有旦夕祸福，正当辛弃疾打算大干一场时，一个人的突然逝世，让这一切的一切全都发生了变化。这个人的逝世，也让辛弃疾的梦想发生了重大改变。

这个突然逝世的人，就是金国的皇帝——海陵王完颜亮。

投奔南宋

前面讲过，因为渡江不利，后院又起了火，在内忧外患下，海陵王被部下杀死了。他死后，金世宗完颜雍登基称帝，金国进入一个新的时代。

因为海陵王的横征暴敛，导致金国各地叛乱不断，金世宗上台后，立刻颁布了一道圣旨：在山者为盗贼，下山者为良民——他正式大赦天下了。

伴随这道圣旨的出炉，起义军立刻土崩瓦解了。

本来，义军就是一群官逼民反的百姓，是因为活不下去了才被逼上梁山的，他们根本就没有造反的觉悟。而且，义军领导也缺乏收复失地、安宋兴赵的思想教育，这些人根本不向往宋朝，也没有“匡扶宋室”的责任和义务。金国赦免了他们的罪后，这些人就作鸟兽散，各回各家了。

在这道赦免的圣旨下，义军土崩瓦解到了什么程度呢？

当时河北大名府有一个叫王友直的造反大头目，手下有十几万人，声势浩大，不可一世。结果，金国大赦天下后，他的部队全都跑光了。王友直归属南宋时，只剩下不到一百人了。

从十几万人，到只剩下了不到一百人。金人的这道大赦令，就是这样威力无比。

同样，在大赦令下，耿京的部队也不可避免地解散了。面对越来越少的部队，耿京无计可施。这时，辛弃疾给出了一个解决方案——趁着还有实力，赶紧投奔宋朝吧，否则等无兵无将了就全完了。

对于这个建议，耿京完全同意。于是，他找来贾谊，让他出使宋朝，去洽谈合作事宜。

对于投奔宋朝的决定，贾谊也同意，但是，他却不愿意出使宋朝。

原因很简单，贾谊是一个大字不识的农民，啥也不会，怎么去谈判？

对于这个问题，耿京一想，也是。于是，他就委派辛弃疾为谈判副使，陪同贾谊出使南宋。

对于辛弃疾而言，他终于可以踏上梦寐以求的土地，去造访那个仰慕已久的国度了。

怀着激动而忐忑的心情，绍兴三十二年（1162 年），辛弃疾一行人来到了建康（今南京）。在这里，辛弃疾受到了英雄的礼遇，宋朝对他的礼数也非常到位。在阴差阳错之间，辛弃疾竟然还得到了宋朝皇帝的亲自召见。

本来，辛弃疾是没有资格也不可能得到皇帝的召见的，但是，天意使然，辛弃疾来南京时，宋高宗正在这里视察工作、鼓舞前线的军民士气。

得知辛弃疾来投奔后，宋高宗大喜过望，说这是一个壮大自己威望的好事。于是，宋高宗亲自召见了他们。

这次见面，是辛弃疾与宋高宗的第一次见面，也是他们的最后一次会面。

君臣见面后，宋高宗很是高兴，他接受了辛弃疾投奔的请求。同时，宋高宗颁布圣旨，正式册封耿京为天平军节度使（以前是自封的），辛弃疾为承务郎、天平节度掌书记。其他起义军大大小小的头目，也都得到了不同的封赏。

为了表示诚意和重视，宋高宗还特意颁布圣旨，命礼部制作官服和正式的任命文件，并命枢密院派两个专使带着这些物品去北地亲自册封耿京。

就这样，拿着这些赏赐，辛弃疾高高兴兴地带着这两个专员，拜别了宋高宗，启程前往北地。

到了楚州（今江苏淮安）后，这两个专使却死活不走了。因为在他们的眼中，再往前走，就是金国的土地了，这两人不敢再往前走了。

辛弃疾一看，说你们不敢走了也没事，要不这样，我去把耿京叫过来，你们当面册封他官职，毕竟在哪里册封都一样。于是，安顿好了专使后，辛弃疾继续出发了。

孰料，辛弃疾刚刚进入北地，就从起义军那里听来一个惊人的消息。

义军的首领耿京，已经被部下杀害了！

原来，起义军中有一个叫张安国的将领，此人是耿京的老部下，耿京也非常器重他。在金人的劝降政策下，张安国不打算继续造反了。后来，见贾谊和辛弃疾都不在，张安国就打算动手了。

在一个伸手不见五指的深夜，张安国带着几个部下，偷偷摸摸地进入了耿京的营帐，一顿乱砍后，就把耿京剁成了肉馅。

耿京一死，义军群龙无首，立刻作鸟兽散了。张安国带着耿京的脑袋，高高兴兴地地进入金营，索要赏赐去了。

得此结果，辛弃疾等人面面相觑，不知道该怎么办。

沉默了一段时间后，有人建议，耿京已经死了，再前进也没有意义了，我们就掉头投奔南宋吧。

对于这个建议，多数人都表示同意，唯独辛弃疾强烈反对。他告诉众人：“我们受主帅恩赐，理应涌泉相报。如今主帅被奸人杀害，我们就这样灰溜溜地回去，如何告慰主帅在天之灵？百年之后，我们又有何面目去见主帅？”

说完后，辛弃疾表示：“你们先走吧，给我留下五十名勇士。我要深入虎穴，去金营抓张安国！”

辛弃疾是这么说的，也是这么做的。在众人瞠目结舌之下，辛弃疾率军出发了。结果，就跟当年“单人斩义端”一样，辛弃疾愣是在金人的众目睽睽下，把张安国抓回来了。

这个人，就是这样了不起！

千古之谜

关于辛弃疾的这次军事行动，最早记录的文件，是南宋洪迈为辛弃疾写的《稼轩记》。全文如下：“余谓侯本以中州隽人，抱忠仗义，章显闻于南邦。齐虏巧负国，赤手领五十骑，缚取于五万众中，如挟毚兔。束马衔枚，间关西奏淮，至通昼夜不粒食。壮声英概，儒士为之兴起，圣天子一见三叹息。”

这段话的意思是，辛弃疾本是出身中原的豪杰义士，一直对宋朝抱有忠义之心，所以在南宋王朝大名鼎鼎、路人皆知。当年，张安国叛国投敌时，辛弃疾率领五十个骑兵去追杀他，直接从五万金人中把他抓走了！抓住张安国后，辛弃疾就像抓住了一只狡猾的兔子似的，把他夹在胳膊下，一路南去。最终，辛弃疾把张安国抓到了南宋，让这个叛徒得到了应有的下场。此事传开后，天下震惊，大家都为此拍案鼓掌，懦弱之人听完后，产生了无限的勇气。皇帝听说此事后，也是赞叹不已。

这段历史，看着让人热血沸腾，但若细细读来，这个故事颇有戏剧性。

要知道，辛弃疾仅仅有五十人，他就敢直奔五万人的金营，冲进去抓人，这不是瞎扯吗？

后来，因为这个故事太离奇了，负责编写历史的史官都看不过去了。于是，在编写《宋史·辛弃疾列传》时，史官们重新加工了一下，让这个故事显得合理些。

这个重新编写的故事如下："会张安国、邵进已杀京降金，弃疾还至海州，与众谋曰：'我缘主帅来归朝，不期事变，何以复命？'乃约统制王世隆及忠义人马全福等径趋金营，安国方与金将酣饮，即众中缚之以归，金将追之不及。献俘行在，斩安国于市。"

这段话的意思是说：辛弃疾得知耿京被杀后，非常愤怒，他率领王世隆等人偷袭了金营。偷袭时，张安国正跟金人喝酒呢，根本没有防备，就被辛弃疾抓住了。辛弃疾抓走张安国后，金人才反应过来，赶紧率军追击。结果追晚了，辛弃疾已经逃回南宋了。

这么一解释，就合情合理了。

首先，辛弃疾的这次偷袭，完全是一个"打闷棍"的结果。打完就跑，绝不拖泥带水，这样的办事方法，成功率很高。

其次，"即众中缚之以归"中的"众"字，堪称点睛之笔。毕竟，几万、几千人，可叫"众"；几十、几个人，也可以叫"众"。这样一改的话，既维护了辛弃疾的面子，剧情安排也合情合理了。

综上所述，虽然这段历史还有很多疑点。比如辛弃疾是怎么进军的？是怎么逃跑的？张安国又是因为什么，在金营喝得烂醉如泥、只能乖乖就缚的？这些谜团都没有解开。但不管怎样，通过这段历史，辛弃疾乱军之中缉捕张安国的事情，就成为一件板上钉钉的事情了，辛弃疾也足以凭借此事载入史册了。

真的载入史册？非也。

其实，在宋朝的历史记录中——缉捕张安国的人根本不是辛弃疾，而是另有其人！

根据南宋史官章颖撰写的《魏胜传》记载，抓捕张安国的人是统制王世隆，不是辛弃疾。

根据这篇文章记载，张安国杀了耿京后，得到了金人的赏赐，当上了济州（今山东巨野）的一把手（知州）。南宋张浚复起后，对这个叛徒恨得咬牙切齿，他问众人："谁能把他缉捕归案？"

一听这话，耿京的老部下王世隆就站出来了，他自告奋勇地接受了这个艰巨的任务。为了缉捕张安国，王世隆带领20名骑兵，偷偷摸摸来到了济州城下。

来到后，王世隆叫门，说自己是张安国的老朋友，请求依附。得知老朋友来投奔自己后，张安国虽然一肚子怀疑（他知道王世隆已经投降南宋了），但还是把城门打开了。

这哥俩见面后，王世隆二话不说，瞬间拔出刀，把张安国给劫持了。同时，他还大声嚷嚷，说宋军十万大军已经兵临城下，马上就要攻城了，等等。

一时间，因为王世隆的胡说八道，再加上主帅被俘，济州城内群龙无首，立刻炸了锅。在这种混乱的局面下，王世隆把张安国抓走押解到了南宋，斩杀示众。

就连权威的《宋史》也承认了这种说法，还写下了那些永载史册的话：“绍兴三十二年闰二月，李宝将（将领）王世隆攻破安国（张安国），执之以献。”

那么，在真正的历史中，张安国到底是被谁抓的呢？是辛弃疾还是王世隆呢？

可惜，谁也不知道答案。

这个原因，有二。

第一，不管是写《稼轩记》的洪迈，还是写《魏胜传》的章颖，他们都跟辛弃疾、王世隆、张安国是同一个时代的人。换句话说，他们都是当时历史的第一见证人。

既然大家都是见证人，我们就无法判断孰是孰非。只能希望更多的史料出炉，来判断他们写的内容到底谁对谁错了。

第二，不管是辛弃疾还是王世隆，他们都是抓捕张安国的执行人。毕竟，《宋史・辛弃疾列传》明确记载了，辛弃疾与王世隆一起抓的张安国。而《魏胜传》虽然没有写辛弃疾，但以他的个性，辛弃疾也可能参与了那次军事行动。

但是，既然这个事情发生过，那为什么在现存的史料中，会出现两个完全不一样的故事呢？

如今，对于这个问题，史学家们一直争论不休。学者们仁者见仁，智者见智，谁也说服不了谁。

就我个人认为，《宋史・辛弃疾列传》的记录，应该是真的；《魏胜传》的记录，是错误的。

原因有三：

第一，时间对不上。

《魏胜传》里有一个明显的错误，导致内容有误。《魏胜传》里记载，张浚重新被重用后，才派人去抓的张安国。而根据时间推断和辛弃疾的秉性来定，张安国被处死时，张浚还没有官复原职，因此，时间上有错误，进而导致这本书的真实性很低。

第二，王世隆没有能力完成这项任务。

虽然在历史中，王世隆是武将，有丰富的作战经验，但是，让他干这种计划周密、行动果敢的事情，就有点强人所难了。史学家们大多认为，只有辛弃疾这种有胆有识、有勇有谋的人，才能完成这个任务，他才是这个任务的领头人。

第三，王世隆的秉性决定了他不太会干这种冒险的事情。

要知道，深入敌后、在万军之中取敌上将首级，可不是说说就行了。这需要实行者有坚定的意志，不怕牺牲的精神，还要有必死的觉悟！

在这个方面，作为南归后的忠义第一人，辛弃疾是合格的，而王世隆就不怎么合格。因为王世隆投降宋朝后没过多久，就因为待遇问题打算造反。后来，朝廷发现了他的阴谋，把他斩首示众了。

可见，在忠义方面，王世隆根本没法与辛弃疾相比。这就注定了，他不太可能会抛弃自己的荣华富贵，甚至是自己的性命，去干这种九死一生的事。

综上所述，我个人认为，《魏胜传》的记录应该是错误的。而之所以出现这个故事，也许是以讹传讹；也许是王世隆争功；也许是辛弃疾谦虚，不愿意记这点小功，主动让给王世隆的结果。

当然，如今，这个问题已经无法解答了。

但不管怎样，辛弃疾深入险境、勇擒叛徒的英雄壮举，也是不可否认的。而凭借这个功劳，辛弃疾也可以昂起骄傲的头，以一个英雄的身份，投奔南宋王朝了。

至此，告别了故土后，辛弃疾的北方生活结束了，而他的南方生活也就此开始了。

这一年，是宋高宗绍兴三十二年（1162 年），辛弃疾 23 岁。

那么，投奔了南宋、来到了一个全新的世界后，辛弃疾的未来又将何去何从呢？

第十二章 南宋新星

回归宋朝

辛弃疾晚年时，曾在回顾自己的一生时有感而发，写下了《鹧鸪天·有客慨然谈功名，因追念少年时事，戏作》这么一阕词：

壮岁旌旗拥万夫，锦襜突骑渡江初。燕兵夜娖银胡䩮，汉箭朝飞金仆姑。

追往事，叹今吾，春风不染白髭须。却将万字平戎策，换得东家种树书。

这首词的大概意思是，我当年率领千军万马，与敌人展开浴血较量，用一种叫作金仆姑的箭，玩命射杀敌军。那个时候的生活，是何等潇洒惬意。结果，回归南宋后，一切都不一样了，皇帝不重用我，官场排挤我。即使我书写了万字的《平戎策》，也没有得到东家的赏识，只换来了一些种树的书。

这首词，是辛弃疾回归南宋后的真实写照。

那么，回归南宋后，辛弃疾经历了哪些事情，让他这样憋屈呢？

现在，让我们一一道来。

绍兴三十二年（1162 年）五月，辛弃疾回归南宋后不久（闰二月回归），他就经历了一件事情。

原来，就在此时，宋高宗禅位，宋孝宗登基了。

作为强硬的主战派，宋孝宗会以一种强硬的态度来对付金国。金宋之间的关系，也将进入一个新的时代。

辛弃疾本以为自己是忠心报国的归正人，又熟悉北方的军政，自己理应受到朝廷的重用，成为北伐的一个重要将领，完成恢复中原的伟业。然而，理想和现实根本不是一回事。

辛弃疾惊讶地发现，自己被耍了！他不仅没有得到朝廷的重视，反而被发配边疆了。他那一腔报仇雪恨的热血，只能化成一缕悲伤的琴声，独自在长江上飘荡了……

这个结果，让他情何以堪！

原来，辛弃疾归正后，朝廷大笔一挥，就授予了他一个江阴军签判的官职，让他去当秘书了。

在宋朝的编制中，行政体制分为州和县两种单位。另外，在政治、经济、军事方面比较特殊的州，另立新名，以示区别。政治特殊的州，叫府；军事特殊（交通要道）的州，叫军；经济发达的州，叫监。

各州的最高长官，叫知州。同样，这些府、军、监的最高长官，叫知府、知军、知监。他们的副官，统一叫作通判（监一般不设通判），也称为签判。

辛弃疾担任的这个签判，简单来说，就是秘书。

这么一个小小的秘书官职，怎么可能让辛弃疾满意呢？何况，江阴军并不是一个大州，位置也比较偏僻。在这里办公时，辛弃疾常常无事可做，发出英雄无用武之地的唏嘘。

这里说一个小花絮。

根据元朝王恽编写的《玉堂嘉话》记载，辛弃疾投奔南宋后，发现要通过科举考试才能步入仕途、得到官职。对于这个考试，辛弃疾哈哈大笑道："这有何难？待我拿三百文钱买一个考试资料，定能中举。"

花三百文买一份考试资料就能中举？你是不是也忒异想天开了点？这种事情就是打死我，也不信。

然而，这事就发生了。

《玉堂嘉话》记载，就是通过这三百文钱买的考试材料，辛弃疾中举了。此事一出，天下震惊，宋孝宗也惊叹不已。

在召见辛弃疾时，宋孝宗惊讶地问道："你就是那个花了三百文铜钱，来我这里赚官职的人吗？"随后，在调侃的氛围下，宋孝宗大笔一挥，就授予了辛弃疾一个官职。

可见，对比陆游或是其他人，辛弃疾真是一个神童。

那么，历史上真的有这个事吗？

当然没有了。

虽然对于这个故事，作者王恽深信不疑，以至于他拜祭辛弃疾坟墓时，专门写了一首诗，来纪念此事——"青铜三百了时文，大节知公在致君"。

后来，因为王恽是元朝著名的学者、诗人兼政治家，一生也刚直不阿，所以到了最后，他撰写的这个故事，就成为真正的历史了。

但实际上，王恽撰写的就是一个传说罢了。要知道，很多资料显示，辛弃疾到了南宋就直接步入官场了。

书归正传，虽然不用参加科举考试、也不用毛遂自荐，就能步入官场，辛弃疾这样的仕途已经太好了，但是，作为一个以天下为己任的大臣，辛弃疾是不甘心在这个位置上做一个闲官的。

于是，跟陆游一样，辛弃疾也开始玩命地上疏、多管闲事了。

在江阴当官期间，辛弃疾是不在其位，也要谋其政。他直接上呈了一份奏章，送给了江淮宣抚使张浚，阐述自己的北伐思想。

可见，辛弃疾真没把自己当外人，他把自己当成了张浚的军事参谋，要替他出谋划策，共同讨伐敌国了。

说实话，虽然辛弃疾这种行为不可取，但不可否认的是，他真是一个将才。若南宋按照辛弃疾的构想进攻，真有可能打赢金国、收复中原。

辛弃疾这条与众不同的计谋，是这样的：辛弃疾告诉张浚，兵家之要，在于出奇，不可测识，始能取胜。不要墨守成规，跟金人正面刚。更不要意气用事，跟敌人死磕到底。如今，若我们从淮南一带进攻，即使能打赢金人，也会损失惨重，且在缺少战马的情况下，占领的地方也守不住。因此，要分散敌人的部队，出奇制胜。

怎么分散敌人的部队呢？辛弃疾建议，要分出三路部队，从关陕、襄阳、海上同时出兵，作为佯攻部队，分散敌人的兵力。为了应付其他战线，金人一定会调动部队，届时，我们就瞅准机会，发动奇袭，进击中原。

打入中原后，也不要着急收复故都，而是先要收复山东，与当地的义军相互照应。等在山东立住了脚，建立了稳固的根据地，那么收复旧都就是一件容易的事情了。

之前，包括陆游在内，宋朝所有将领的进攻路线就一条——出兵北上，用最快的速度攻陷汴梁，收复汉人江山。然而，辛弃疾清楚地知道，金人也不傻，他们一定会屯重兵防守开封城。这样一来，宋军客场作战，在缺少支援的情况下，只能不战而退。

按照辛弃疾的部署，他要先收复山东，以山东为前线阵地，高筑墙、广积粮，慢慢发展实力，始终威胁金国的汴梁城，再瞅准时机一举收复故都。这条计谋，确实高超。

要知道，在历史中，人们对于辛弃疾的这条计谋评价颇高，大家认为，若当时朝廷按照辛弃疾的战略去部署，真有可能灭亡金国，也没有成吉思汗什么事了。

毕竟，若看看朱元璋北伐中原时的进军路线，真是与辛弃疾的构思不谋而合。这对英雄，真是所见略同。

然而，让人扼腕痛惜的是，辛弃疾的这封奏章，却递给了那个刚愎自用、自以为是的张浚，这也注定了这封奏章的结局。

咱们前面讲过，在出兵的问题上，张浚谁的话也不听，就准备一意孤行，跟金军正面死磕。于是，对于辛弃疾的谏言，张浚看都没看，就扔进了废纸堆里。

虽然不采纳辛弃疾的建议，但基本的回复还是得有的。当时，张浚是这样回答辛弃疾的——某只受一方之命，此事恐不能主之。

张浚这么回答，可谓中规中矩。这就好比什么呢？我们给某位领导提意见，领导听完后，道："你的建议很好，但这个事情不归我管，你去找某某人吧。"当然，我们要是真的找了某某人，也只能继续被人当皮球踢来踢去。

这个官场老油条！

就这样，辛弃疾这条计谋被张浚当成了废纸，直接扔掉了。

没过多久，张浚就按照自己的意思出兵了……其结果，也只能让辛弃疾痛心了。

前面讲过，在这次北伐中，张浚选择了正面硬刚的战术。虽然宋军出兵后，瞬间就攻占了灵璧县、虹县、宿州等城池，战功显赫（还让史浩下岗了），但是，在金军的反击与本方将领不和下，宋军很快就大败而归，并在符离遭遇了一场溃败，史称“符离之败”。

当时，跟陆游一样，辛弃疾也只能作为一个看客，站在远处，替宋朝的胜利摇旗呐喊，为宋朝的惨败独自伤悲。

然而，作为一个坚定的主战派，辛弃疾是不会因为这点小挫折就自暴自弃的，他一定会继续上疏朝廷，阐述自己的北伐主张的。

《美芹十论》

目睹了符离之败后，辛弃疾悲痛欲绝。同时，战争失败后，主战派等依次被轰出了朝廷，主和派又重新把持了朝政。这样的结果，让辛弃疾郁闷极了。

在这种背景下，辛弃疾赋词《满江红·暮春》以表自己苦闷的心情：

家住江南，又过了、清明寒食。花径里、一番风雨，一番狼藉。红粉暗随流水去，园林渐觉清阴密。算年年、落尽刺桐花，寒无力。

庭院静，空相忆。无说处，闲愁极。怕流莺乳燕，得知消息。尺素如今何处也，彩云依旧无踪迹。谩教人、羞去上层楼，平芜碧。

可见，跟陆游一样，对于辛弃疾这种拥有英雄情怀的人来说，他当时的心情，也只剩下苦闷了。

然而，辛弃疾毕竟是辛弃疾，他很快就走出了阴影，重新振作了起来。辛弃疾开始书写自己的对金政策，并上疏朝廷。

辛弃疾书写的对金政策，就是大名鼎鼎的《美芹十论》。

这里的“美芹”是一个典故，出自道教著作《列子》（又名《冲虚经》）。这个典故是说：有一个乡下人非常喜欢吃芹菜，他极力向一个富翁推荐，说芹菜怎么怎么好吃，如何入口即化、丝滑爽口等。富人被他说得味蕾全开、口水直流，就让穷人拿芹菜来，他要好好地吃一顿。

结果，吃了芹菜后，富人大怒，说这是一个什么东西？咯吱咯吱的，一股怪味，太难吃了。富人恶心得反胃呕吐，把穷人打跑了。

后来，人们就用“美芹”或“芹献”来比喻把自己喜欢的但很卑微的东西送给别人。

辛弃疾之所以用这个“美芹”典故，就是用一种谦虚的口吻表达自己的建议。他希望用这个卑微的文章，得到皇帝的赏识。

当然，虽然辛弃疾口口声声称自己的文章为“美芹”，但他的这篇文章中，依旧保留了自己“奇、才、狂”的三大特点，文章中的话一点儿也不谦虚。

在文章中，他不仅大放厥词，还把自己当成了指点江山、谈论天下大事的英雄豪杰，简直就是三国时期的卧龙转世。

那么，辛弃疾在《美芹十论》中，都写了什么呢？

《美芹十论》的字数很多（1 万多字）、观点也很多（共十篇），但归纳起来，两点足矣。

第一点，金人不可怕，完全打得过。

经过了数次讨伐金国的失败战役后，南宋普遍产生了一种畏敌怯战的心理。大家认为，金人是不可战胜的部队，我们根本无法打赢金人、收复故地。

对于这种怯敌思想，辛弃疾反驳道：“虽然金人占领的土地很多，军队也很强，但他们实行民族压迫政策，百姓与国家离心离德，内部矛盾重重。因此，它就是一个外强中干的花架子，根本不足为惧。”

此外，为了鼓舞士气，辛弃疾还告诉大家：“自古以来，没有哪个少数民族能够长久统治中原。金国现在看似很强，但他一定会衰败下去，最终滚出中原！”

辛弃疾的这番话，有一定道理。

在辽国的时候，咱们就讲过了，游牧民族征服中原王朝后，都要面临两个选择：第一，学习中原文化，洗心革面，重新做人；第二，不学习中原文化，涛声依旧，被轰走人。在这种背景下，不管游牧民族选择哪个，都是一个字——死。

毕竟，游牧民族学习了中原文化，就跟北魏孝文帝一样了——没过多久，鲜卑这个民族就消失了，再也找不到了。相反，游牧民族不学习中原文化，那就跟蒙古人一样了，仅仅统治了中原 70 多年，就被轰走了。

因为这个原因，当时中原流传着一句话“胡虏无百年国运”。而这句话，就成了辛弃疾认为金人不可怕的证据。

第二点，迷信不可信，南方政权一定能够问鼎中原！

除了畏敌怯战外，南宋王朝内还弥漫着这么一个观点，认为南北有定势，吴越之脆弱不足以争衡于中原。意思是说，自古以来，中国北强南弱，只有北方政权能统一中国，南方政权想都别想。

这个说法，确实有几分道理。纵观中国五千年历史，拥有绝对人口和经济实力的北方，确实更容易统一天下。三国是如此，南北朝是如此，五代十国也是如此。

在南宋以前的历史中，还没有一次由南向北统一中原的案例。因此宋朝人这样想，认为自己无法统一天下，也是情有可原的。

话虽如此，辛弃疾根本不信这个邪！

辛弃疾告诉大家：“南方之所以打不过北方，是因为这些国家自己不修德，内部矛盾重重，最终亡于自己之手。与其说是北方政权灭亡了它们，不如说是他们咎由自取，怨不得人。

“别的不说，凭我大宋王朝江浙之财富，足以富国强兵。昔日，楚国最强悍时，天下诸侯战战兢兢，无人敢望其项背。南唐最鼎盛时，不也有实力饮马长江，问鼎中原吗？因此，只要我们韬光养晦、积攒实力，在众志成城、齐心协力下，一定能够北伐中原，收复这汉人天下！”

通过这两个观点，辛弃疾给大家吃了两粒定心丸。他的这些崭新的论点，也得到大宋官民的普遍认可。

后来，在大家的口口相传中，文章越传越广，《美芹十论》也成为辛弃疾的代表作了。

《美芹十论》带给辛弃疾的影响很大，而他自己，也通过《美芹十论》成功敲开了皇家的大门，正式映入了宋孝宗的眼帘。

隆兴二年（1164 年）秋，宋孝宗读了辛弃疾的《美芹十论》，并对里面的观点赞不绝口。

那么，得到了皇帝的赏识，辛弃疾未来的官场之路是不是就一帆风顺了呢？

当然不可能了。

读完文章后，虽然对里面的观点赞不绝口，但宋孝宗却啥表示也没有。他既没有给辛弃疾赏赐，又没有擢升辛弃疾的官职，宋孝宗选择了一种冷处理方式，就让文章石沉大海了。

这是一个什么情况？

喜欢我的文章、欣赏我的观点，却不提拔我，也不重用我？辛弃疾百思不得其解。

其实，这个问题很好解答。皇帝之所以这样处理，是当时的形势所迫，跟辛弃疾本身无关。

《宋史·辛弃疾列传》写得很清楚——“以讲和方定，议不行”。

意思是说，宋朝刚刚打了一个大败仗，当时宋朝的主要工作就是跟金国讲和。在这种背景下，所有讨伐金国的计策，都不讨论；所有主战的大臣，也都不重用，甚至将其贬职罢官。

可见，在这种大形势下，辛弃疾的《美芹十论》得到这么一个结局，也是一件无可奈何的事情。同样，在这种形势下，辛弃疾这个主战派官员，没有被革职查办，也已算是法外开恩了。

就这样，辛弃疾这次献策，最终以石沉大海的结局告终，没有掀起一丝波澜，也没有产生任何的实际效果。

这个结果，让辛弃疾无言以对，他又开始写郁闷的诗词了（前面那篇“掉书袋”的《满江红》，就是出自这个时期）。然而，跟陆游一样，在辛弃疾山重水复疑无路时，却突然柳暗花明又一村了。

这不，经过了六年的地方生活后，乾道六年（1170 年），在毫无征兆的情况下，宋孝宗突然对辛弃疾加官晋爵了，不仅把他调入了京城，还亲自召见了他。

可见，辛弃疾的《美芹十论》还是起了作用，皇帝还是喜欢他的文章，只不过，当时舆论压力太大，皇帝不敢重用主战的辛弃疾。现在，“隆兴和议”的风声已经过去了，宋孝宗打算重整旗鼓，再次北伐了。在这种背景下，宋孝宗就打算重用这个坚定的主战派战士，对辛弃疾委以重任了。

至此，从宋高宗绍兴三十二年（1162 年）南归开始，经过了 8 年的卧薪尝胆、韬光养晦后，辛弃疾终于进入了中央，准备一展宏图了。

这一年，辛弃疾 31 岁。

那么，面见了宋孝宗后，辛弃疾又将怎么表现呢？

进宫面圣

乾道六年（1170 年），辛弃疾风尘仆仆地来到了京城，面见了当今圣上宋孝宗，并展开了一次会谈。

这次会谈，是在愉快和谐、热情洋溢的氛围中进行的，双方就共同感兴趣的北伐问题交换了意见。最后，辛弃疾重申了北伐的重要性，并表明了自己北伐的决心和觉悟。宋高宗高度评价了辛弃疾这种北伐的精神，并承诺将尽力满足辛弃疾的要求。

辛弃疾高兴地走了，等了一段时间后，他又愤怒了。

因为，辛弃疾惊讶地发现，自己又被耍了！皇帝并没有对自己委以重任，会面时所谈的一切东西，皇帝也不打算兑现了！

原来，虽然宋孝宗很满意这个人才，但却没有授予辛弃疾兵权，也没有把他调到前线，而是授予了辛弃疾一个司农寺主簿的官职，把他冷藏了起来。

何谓司农寺主簿？就是一个负责粮食储备、仓库管理以及京城官员的禄米供应等事务的职务。按照今天的官职，就是国家粮食总局内一个办公室主任。

这样的结果，让辛弃疾情何以堪！而且，更可气的是，辛弃疾之前的官职是建康府通判，跟司农寺主簿平级，两个官职等级差不多。

换句话说，朝廷根本没有提拔辛弃疾的官职，只是把他调到了京城而已。

那么，到底是什么原因，让皇帝这样对待辛弃疾，将其冷处理了呢？

关于这个问题，历史上没有给出答案，我们只能通过历史的蛛丝马迹，来找出这个答案了。

关于这次君臣会议，《宋史·辛弃疾列传》是这么记载的：“六年，孝宗召对延和殿。时虞允文当国，帝锐意恢复，弃疾因论南北形势及三国、晋、汉人物，持论劲直，不为迎合。”

这段话的意思是说：乾道六年（1170 年），宋孝宗任命主战派虞允文为相，准备重新北伐。在这种背景下，宋孝宗把辛弃疾调入了京城，准备对其委以重任。在任命前的“面试”中，宋孝宗跟辛弃疾展开了一场会谈。辛弃疾侃侃而谈，阐述天下局势，并一一阐述了三国、两晋、两汉时期的风云人物，表现得非常抢眼。但是，他的言辞有很大的问题，最终惹恼了皇帝。

什么问题呢？就是“持论劲直，不为迎合”，一味坚持自己的看法，根本不懂得变通，也不去迎合宋孝宗的意思。

可见，就是这“持论劲直，不为迎合”，让宋孝宗痛恨他，把他冷处理了。

那么，辛弃疾到底说了什么话，惹恼了皇帝呢？

关于这个问题，历史依旧没有给出答案，我们只能通过辛弃疾上呈的奏章来寻找了。

这次“面试”前，辛弃疾可谓有备而来。当时，他上呈了自己最新的九篇军事论文，来阐述自己的复国思想。

这九篇军事论文，就是历史上大名鼎鼎的《九议》，是辛弃疾在《美芹十论》的基础上的延伸和补充，堪称《美芹十论》加强版。

就在这个《九议》中，我们找到了辛弃疾“持论劲直，不为迎合”的言辞，也找到了他得罪皇帝的原因。

这个原因，主要有二。

第一个原因，辛弃疾强调，北伐要偷偷摸摸地进行，不应该泄露机密。他还把矛头直指宋孝宗，“痛骂”他办事一塌糊涂！

原来，跟海陵王完颜亮一样，宋孝宗虽然想开战，却不想背负一个首先撕毁盟约的罪名。于是，他就故意挑唆金国，希望金国先撕毁盟约，好名正言顺地出兵。

当时，宋孝宗派了一个使者去金国，对金世宗道：“河南，是我大宋皇室祖坟之所。我想祭拜一下列祖列宗，希望金国把河南还给我们，方便我们祭祖。”

宋孝宗这么说，就是故意惹怒金国。毕竟，对于金国，河南是金国列祖列宗流了不少血、费尽千辛万苦才得到的土地，焉能轻易归还？宋孝宗这么说，就是想让金国在愤怒之下率先出兵。

结果呢？人家金世宗根本不上套。

听完了这个不合理的要求，金世宗只是微微一笑，道：“归还土地，这恐怕不行。但是，为了表示诚意，朕可以发动三十万大军，帮你们把坟墓迁到南方。你们看，这样可否？”

一听这话，宋孝宗立刻不言语了。好家伙，三十万大军南下，这哪是要“迁坟”呀！这是要“挖坟”呀！算了，算了，当我没说，当我没说……

就是因为这件事情，让辛弃疾把矛头直指宋孝宗。

在辛弃疾眼中，派遣使者要求归还祖坟的行为，根本就是向敌人泄露用兵计划的鲁莽行为！这样做，不仅自取其辱，还会引起金人的注意，使金人加强防备，有百害而无一利。

辛弃疾认为，要打，就应该偷偷摸摸地打，先打金人一个措手不及，再昭告天下讨伐的原因！何况，关于讨伐金国的原因，也不用去找，“报仇雪恨”就是最好的理由！

在《九议》的第四篇中，辛弃疾给皇帝举了一个生动的例子：从前，有个乡里人想报杀父之仇，因为力量不足，他只能先忍辱负重。一方面，这个乡里人买好酒肉，去讨好仇人，以麻痹对方；另一方面，他偷偷摸摸锻炼身体，积攒实力。

过了一段时间后，乡里人练好了武功，也买了称心如意的兵器，结果，在报仇前却去挑衅仇人，希望他先动手。

按照乡里人的想法，他要仇人先动手，自己再还击，以免背负一个首先动手的罪名。然而，乡里人根本不知道，一个“杀父之仇”就足以让他随时动手，何需一个对方先动手的理由！

但是，辛弃疾这么写，就是暗讽宋孝宗是一个目光短浅、胸无大志的“土锅村民”！

这……辛弃疾是痛快了，宋孝宗却愤怒了。

第二个原因，辛弃疾强调，北伐行动不应该马上实施，要慢慢积攒力量，准备充足了再进行。

辛弃疾在《九议》中强调：“凡今日之弊，在乎言和者欲终世而讳兵，论战者欲明白而亟斗。”

这句话的意思是，现在的朝廷内，有两派人，即主和派和主战派。主和派认为，最好永远不要发动战争；主战派则认为，一定要尽快发动战争，最好明天就打。

辛弃疾主张，这两派的言辞都是错误的。为了报靖康之耻的仇，我们一定要打，但是，我们不能草率出兵，一定不能急于求成，要做好长期的准备。否则，只能重演一遍“符离之败”。

事实证明，辛弃疾的这个结论，完全正确。在不久的将来，南宋还是吃了这个急于求成的亏，朝廷仓促出兵，最终导致了惨败。

而且，这种惨败，竟然还是两次！

第一次，是宋宁宗时间，朝廷仓促对金国发动进攻，结果惨败，失去了最后一次收复中原的机会。第二次，是宋理宗时间，朝廷仓促对蒙古发动进攻，结果惨败，开启了宋朝跟蒙古 50 年战争的大幕。

俗话说，事不过三。结果，南宋竟然在同一个问题上栽了三回跟头，也只能让我们无言以对了。

那么，对于辛弃疾的“无欲速”的战略方针，宋孝宗是怎么看的呢？这个皇帝满意这种战略吗？

关于这个问题，史书还是没有给出答案。但是，我们通过三件事情，就能看出宋孝宗的心理、知道里面的端倪了。

失宠原因

第一件事，征求意见。

乾道四年（1168 年），也就是在召回辛弃疾的前两年，宋孝宗曾经开了一个秘密会议，他让近臣们畅所欲言，决定是否跟金国重新开战。

在这个会议上，大臣们各持己见，争论得很厉害。大家争持了半天，也没有达成共识。最终，见大家讨论得没完没了，宋孝宗站起身来道：“这样吧，大家别争了，让宰相蒋芾发言吧。他说怎么干，咱们就怎么干！”

一听让蒋芾发言，主战派很高兴，因为蒋芾是一个坚定的主战派。他一直发表北伐的文章，平时的言论中，蒋芾也是捶胸顿足，一副苦大仇深的表情，恨不得马上收复中原。

结果，蒋芾支支吾吾地说了半天废话，最后总结道：“这个吧……北伐之事……可行……但也不行……因为吧……天时人事还没到呀……”

蒋芾此言一出，宋孝宗这个泄气呀。因为古代打仗，就讲究天时地利人和，你说天时、人和没到，就是不主张出兵呀。

因为有言在先，宋孝宗也没法改口了，只能下令不北伐了。后来，气得吐血的宋孝宗找来蒋芾，把他骂了一顿，罢免了宰相职务，还把他轰出京城，贬黜地方了。

第二件事，对策张栻。

根据《宋史·张栻列传》记载，乾道六年（1170 年），宋孝宗除了召见辛弃疾外，还召见了张浚的儿子张栻，询问他是否可以北伐中原。

对于皇帝的问题，张栻委婉地回答道："臣官小卑微，不知道金国的情况，不敢擅自定论。"

宋孝宗一听，你不知道金国的情况，没事，朕告诉你呀。于是，宋孝宗侃侃而谈道："爱卿呀，你看，金国现在政局不稳，黄河决口，连年饥荒。国内盗贼四起，国外又被外族所困。我们现在出兵，定能大获全胜呀！"

宋孝宗侃侃而谈时，张栻一言不发，就在旁边默默地听着。宋孝宗说完了，张栻才慢慢说道："陛下呀，您跟臣说这些，臣也不懂。金国啥情况，臣不知道。但是，我朝什么情况，我可是很清楚的。"

随后，张栻侃侃而谈，把南宋当时军事、经济、内政方面的种种弊端，按照一二三四五六七的顺序，全给讲了一遍。

讲完后，张栻慢慢道："陛下呀，您看，咱们宋朝有这么多的弊端。金人不打咱们，咱们就阿弥陀佛了，您真的要出兵讨伐金国吗？"

一听这话，宋孝宗无言以对，北伐之事也不再提了。

第三件事情，对小人加官晋爵。

乾道七年（1171 年），就是召见辛弃疾后的一年。这一年中，有一个叫赵雄的大臣出使了金国。回来后，赵雄立刻跑到了宋孝宗那里，开始给他"上眼药水"了。

赵雄告诉宋孝宗，说现在金国内乱不断，金世宗就是一个平庸的皇帝。中原百姓苦不堪言，天天"遗民泪尽胡尘里，南望王师又一年"，希望咱们赶紧打过去。这个背景下，您现在出兵，肯定就把金国灭了，妥妥的！

赵雄的这番说辞全是扯淡。

前面讲过，金世宗是金国最贤明的皇帝。在他的统治下，金国社会稳定，百姓安居乐业，还出现了一个“大治”的盛世。

赵雄这么说，要么就是失职，打听到了一堆稀奇古怪的假情报；要么就是故意在拍宋孝宗的马屁，为其编织了一个美好的谎言。

然而，事实证明，这个马屁拍得还真准！

听完赵雄的话，宋孝宗高兴得不行了，他立刻加封了赵雄的官职。此后，赵雄的官运一路畅通，最终做到了宰相。

可见，通过这三件事情，我们就能明白一个道理——宋孝宗是一个速战派，他恨不得马上出兵，收复失地！

在这种心态下，宋孝宗肯定不喜欢辛弃疾那套“无欲速”的战略，也肯定不会给他好脸了。

何况，这个人竟然敢骂自己，影射自己是一个目光短浅、胸无大志的村民！这也就是宋孝宗脾气好，换上另外一个皇帝，估计辛弃疾早就人头落地了。

就这样，在自尊心受挫和道不同不相为谋这双重原因下，宋孝宗讨厌辛弃疾了。

当然，为了给天下一个表率，宋孝宗并没有惩罚辛弃疾，只是给了他一个不重用的安置，把他打入冷宫了。

在这种背景下，辛弃疾无奈地开始了京城的生活，在司农寺这个无法施展拳脚的地方当一个小小的后勤部主任。

那么，在南宋的都城杭州生活期间，辛弃疾又干了什么事情呢？

杭州的岁月

杭州，一座神奇的城市，一座让中外友人痛并快乐的城市。

一个外国人看见杭州（比如薛凤，德国汉学教授），对别人这样道：“杭州是最适合当中国都城的城市。因为，这里太美了！”

一个中国人看见杭州（比如鲁迅，他曾劝郁达夫不要搬家去杭州），对别人这样道：“杭州，是最不适合当中国都城的城市。因为，这里太美了！”

同样的美景，在有的人眼中，就成了“悦”；而在有的人眼中，就成了

“罪”。杭州，就是这样的神奇。

其实，这是因为人们的思想发生了改变。

北宋时，人们没有靖康之耻、没有亡国之恨，百姓看杭州美景时，都是愉悦的、开心的。那时文人骚客的诗句，也都以歌颂美景为主。如苏轼的“水光潋滟晴方好，山色空蒙雨亦奇。欲把西湖比西子，淡妆浓抹总相宜”等。

南宋时，因为有了靖康之耻、有了亡国之恨，百姓看杭州美景时，都是愤怒的、悲伤的。那时文人骚客的诗句，就以忧国忧民为主。如林升的“山外青山楼外楼，西湖歌舞几时休。暖风熏得游人醉，直把杭州作汴州”等。

那么，对于辛弃疾而言，他在看杭州美景时，是会写出愉悦欢快的词语呢，还是会写出悲伤郁闷的词语呢？

答案不说自明。

在杭州期间，郁闷的辛弃疾看着歌舞升平的杭州城，有感而发，写出了那首经典的《青玉案·元夕》：

东风夜放花千树，更吹落，星如雨。宝马雕车香满路。凤箫声动，玉壶光转，一夜鱼龙舞。

蛾儿雪柳黄金缕，笑语盈盈暗香去。众里寻他千百度，蓦然回首，那人却在，灯火阑珊处。

如今，这首词不仅是辛弃疾的代表作，更被很多表述感情的文章所引用。

好多人认为，这首词描写的就是一个约会的场景。

在元宵佳节，拥有一百万人口的杭州城热闹喧腾。大街小巷、家家户户都挂上了各式各样的灯笼，其数量堪比天上的繁星。在各条道路上，达官显贵们驾驭着他们装饰华丽的马儿纵横往来，他们身上的香气飘得满条街都是。

在各种大型的娱乐场所，大家开怀畅饮、箫声不断。无数的鱼灯、龙灯上下飞舞，甚是壮观。

在这个灯火辉煌的热闹场景下，一个男人在焦急地寻找着自己的女友。虽然当时有很多穿金戴银、身上散发着淡淡香气的美人从他身边走过，但他不为所动，依旧在熙熙攘攘的人海中寻找着自己的女友。

无数次的寻找，却只换来了无数次的失望，正当男人打算放弃时，突然，他猛地一转头，发现那个心中的女友已经来了。虽然她站在灯火稀疏、冷冷清清的地方，但是她的出现，竟成为这个繁华热闹的夜晚中最亮丽的风景。

辛弃疾构造的这个画面如此浪漫。如今，这个画面也成为各大青春偶像剧中必不可少的画面。

部分史学家们坚信，辛弃疾构造的这个画面，是他自己的切身体会。

因为，根据时间推断，此时此刻的辛弃疾正好单身。他的第一任妻子赵氏已经病逝了，第二任范氏还没有娶进门，在这种情况下，辛弃疾通过自己的切身体会，构建出这么一个男女约会的场面，也就不足为奇了。读者把这首词理解为一首情诗，也合情合理了。

然而，通过史料的分析，我们就能知道，辛弃疾创作这首词的初衷，绝不是诉说一个风花雪月的约会场面，而是借景生情，阐述自己的悲惨命运。

毕竟，他好不容易来到了京城，却天天郁郁不得志。

正如史学家们认为的那样——诗词中那个在灯火阑珊处的美女，其实是辛弃疾的自我写照。他站在那个冷冷清清的地方，过得凄凄惨惨戚戚，他渴望知音。

对于这个意境，梁启超的一句总结最为精辟——“自怜幽独，伤心人别有怀抱”。

当然，虽然辛弃疾把自己比喻成一个不同凡俗、自甘寂寞愿闲居、不肯同流合污的美女，一直过得孤苦伶仃，也无人照顾，但是，美女毕竟是美女，金子始终是金子，只要一直等待下去，只要那个意中人“蓦然回首”，他就会被发现，瞬间破茧成蝶、一鸣惊人！

这个辛弃疾心目中的“意中人”，就是当朝的皇帝无疑。而这个皇帝，也没有让他失望。

这不，仅仅在京城赋闲了两年，辛弃疾就被皇帝委以重任，得到了一个位高权重的官职，从此一发不可收拾。

辛弃疾终于修成正果。同时，伴随着这个结果，他的这首“众里寻他千百度，蓦然回首，那人却在，灯火阑珊处”的词，也变得励志起来了。

认为这首词“励志”的人，是中国近代著名学者王国维。在他的《人间词语》中，他认为古今之成大事业、大学问者，必经过三种之境界。

第一个境界，是晏殊《蝶恋花·槛菊愁烟兰泣露》中的“昨夜西风凋碧树。独上高楼，望尽天涯路”。

第二个境界，是柳永《蝶恋花·伫倚危楼风细细》中的“衣带渐宽终不悔，为伊消得人憔悴”。

第三个境界，就是辛弃疾《青玉案·元夕》中的“众里寻他千百度，蓦然回首，那人却在，灯火阑珊处”。

这三首诗词代表的三种境界，是什么意思呢？

王国维的意思是，一个有志青年，首先要站得高、看得远，选定自己的奋斗目标，即要经历“昨夜西风凋碧树。独上高楼，望尽天涯路”的过程。

认定了奋斗目标后，就必须要刻苦读书，为实现自己的目标而拼搏。即使衣带宽了，人变瘦了，也绝不后悔，决不放弃。

在刻苦读书后，自己积累的这些，一定会升华。到了那个时候，所谓成功也就是“蓦然回首”间的事情了。自己为之奋斗的目标，也就会在“灯火阑珊处”向你招手了。

当然，对于这三个境界，王国维也承认，自己的这番言论，不一定能得到原作者的认可。但是，不可否认的是，王国维的这三个境界，确实有道理。

毕竟，人在遇到困难的时候，都会想过放弃；在看别人潇洒时，也会迷茫、困惑。但是，为了实现自己的人生理想，我们必须要付出超乎常人的努力，耐得住寂寞，经得起诱惑，只有这样，人生才得以升华，才能得到属于自己的成功。

辛弃疾，如此；希望诸位，也如此。

就这样，忍辱负重多年的辛弃疾终于得到了皇帝的青睐，准备大干一场了！

第十三章 地方政绩

滁州为官

乾道八年（1172 年），在苦苦等待了两年后，辛弃疾终于得到了皇帝的青睐，被委以重任，去滁州当知州了。

对于辛弃疾而言，这个任命不仅是他仕途的一个重大突破，而且还意义非凡。

何为重大突破？

要知道，所谓知州，就是一个城市的一把手（相当于现在的市长）。按照辛弃疾以往的履历和官职，他是不可能获得这个官职的。即使能够当上知州，根据惯例，也应该加上一个“权”字，就是“代理”的意思，必须经过一段实习期。

然而，现在皇帝大笔一挥，就让他直接上任了。这对辛弃疾的仕途产生重大的影响，并让他受益匪浅。

何为意义非凡？

辛弃疾负责的这个滁州，可不是一个无名的小城市。此城地理位置重要，从三国两晋南北朝起，就是兵家必争之地（水路连接长江，陆路护卫金陵）。而且，宋军签署了“绍兴和议”后，滁州就成为宋金的边境城市，它的地理位置更加重要了。

对于这个城市的重要性，辛弃疾也无比清楚。昔日，在给皇帝上《九议》奏章时，辛弃疾就一再强调滁州的重要性。他认为滁州是战略之地，希望朝廷派一个有胆有识的人去镇守那里。

令辛弃疾万万没有想到的是，他所谓那个有胆有识的人，竟然就是自己！他要走马上任，去镇守滁州了。

很显然，宋孝宗的这个决定，绝不是脑袋一热的结果。虽然他讨厌辛弃疾的言辞，但是对于他的文章，还是很认可的。宋孝宗把辛弃疾派到滁州，准备看看他的能力，再对其委以重任。

就这样，在皇帝的期待中，辛弃疾高高兴兴地出发了。那么，在滁州为官期间，辛弃疾会怎么表现呢？他是一个独当一面的贤臣？还是一个纸上谈兵的书呆子？

答案不说自明。

这不，仅仅用了一年，辛弃疾就让滁州这片废墟重获新生，变成了一座梦幻的城市（都道幻出层楼），堪比西北神州了。当然，这期间的心酸苦楚，也只有辛弃疾自己能够明白。

辛弃疾来滁州前，虽然做好了最坏的打算，但还是被眼前的一切惊呆了。

原来，经过了战火的洗礼后，滁州百废待兴、一片狼藉。因为战争，百姓们在残破不全的危房内居住，大风一吹，就有倒塌的危险。城内经济萧条，没有一个商人和旅客，物价也奇高无比，老百姓连日常用品都买不起，生活苦不堪言。

换成一般人，面对这么一个局面，估计都得崩溃了。但辛弃疾岂是一般人，在别人眼中不可能完成的任务，在他这里，那就是五个字——根本不叫事！

这不，辛弃疾这个新官上台后，仅仅耍了三板斧，就让滁州重获新生了。

这第一板斧，叫作轻装上阵。

辛弃疾上台后，“财务部长”就第一时间上门了，他把多年的账本一摆，道："报告长官，滁州是个穷地方，已经多年没上税了。如今，滁州欠了国家五百八十万钱的税款，您看这个问题，怎么办？"

对于这道难题，一般的官员就两个解决办法，"缓"或者"催"。上奏国家，希望延缓几年再补交税钱；或者是全军动员，逼老百姓交钱。然而，对于这两个办法，辛弃疾一个没选，他选择了第三种解决办法——免。

辛弃疾告诉"财务部长"："滁州城已经穷得叮当响了，还交什么赋税！我现在就上奏朝廷，免掉所有的欠款，让滁州城放下包袱，重新上阵！"

随后，在"财务部长"惊恐的双眼中，辛弃疾真的打了报告，请求朝廷免掉滁州城的欠款。

在经过无数次交涉后，朝廷一看："行，你赢了。我可以减免滁州城的赋税，但是，你若干不出一点儿成绩，看我怎么收拾你！"

就这样，在辛弃疾的据理力争下，朝廷减免了滁州城所有的赋税，允许这座城市卸下历史的包袱、重新上阵了。

当然，减免了滁州城的赋税，也不能改变这种城市的面貌。要想让这座城市获得新生，辛弃疾还得有真功夫才行。

这个真功夫，就是他的第二板斧和第三板斧！

这第二板斧，叫作发展经济。

《宋史》记载，减免了滁州城的赋税后，辛弃疾立刻开展了"宽征薄赋，招流散，教民兵，议屯田"等政策，玩命发展经济了。

后来，在辛弃疾的这些降低赋税、招募流散百姓回家当劳动力，组织他们开荒种地的政策下，滁州城的经济为之一振。再加上天公作美，这一年滁州城风调雨顺，获得了一个大丰收。这一下子，百姓们终于脱贫了，至少吃饭的问题解决了。

虽然老百姓脱贫了，能够吃饱饭了，但咱们都知道，单靠这些政策，没法让他们致富。

那么，辛弃疾用了什么办法，让滁州城在短短一年之内，就获得新生了呢？

辛弃疾用的这个办法，就是现在老生常谈、宋朝却新颖未识的办法——来看看他的第三板斧。

这第三板斧，叫作招商引资。

如今，咱们都知道，要想让一个地区富庶，那就得让商业蓬勃发展。但是，在宋朝，这可不是一件容易的事情。

毕竟，纵观整个北宋王朝，除了一个姓王的大臣喜欢这种“离经叛道”的商业外，其他的大臣都对商业嗤之以鼻、认为其不可取！

对比传统的士大夫，虽然辛弃疾也是士族出生，但他却清楚地知道，怎么运用招商引资这个政策，把地方经济搞上去。

辛弃疾在滁州时，干了很多“离经叛道”的事情。

首先，他提高了商人的地位，鼓励大家经商。随后，辛弃疾出台了一个政策，规定只要是来滁州经营的商贩，只按照国家征收的十分之三交税。同时，辛弃疾还在滁州城修建了很多便商设施，如宾馆、酒楼、仓库等，方便商人交易、休息和储存货物。

伴随着这些政策的出炉，天下的商人蜂拥而至，全都奔着滁州来做生意了。且滁州本来就四通八方，是一块经商的宝地，没过多久，商人就把滁州城“占领”了。

根据《滁州奠枕楼记》记载，在辛弃疾的治理下，滁州城焕然一新，史称“荒陋之气一洗而空矣”，原来那种荒凉萧条的景色全都消失了。取而代之的，是一片“商旅毕集，人情愉愉，上下绥泰，乐生兴事，民用富庶”的场面。

可见，辛弃疾绝非纸上谈兵之辈，他的理政能力和果敢决断的作风无人能敌。

这个人，真是一个奇才。

当然，创造了这么一个显赫的成功，辛弃疾要是不“自吹自擂”一下，他就不是辛弃疾了。

这不，为了表彰自己的政绩，辛弃疾下令，动用剩余的财政收入在滁州修建一座标志性的建筑物奠枕楼，供百姓娱乐休息之用。

落成后，辛弃疾举行了一个隆重的仪式，并率领百姓和官员登楼开怀畅饮，庆祝滁州复兴。

酒席中，辛弃疾喝得很高兴，他扶着奠枕楼的栏杆，有感而发，遂赋词《声声慢·滁州旅次登楼作和李清宇韵》一首：

征埃成阵，行客相逢，都道幻出层楼。指点檐牙高处，浪拥云浮。今年太平万里，罢长淮、千骑临秋。凭栏望，有东南佳气，西北神州。

千古怀嵩人去，还笑我、身在楚尾吴头。看取弓刀，陌上车马如流。从今赏心乐事，剩安排、酒令诗筹。华胥梦，愿年年、人似旧游。

在这首词中，辛弃疾少有地没有“掉书袋”，他一共才举了两个典故，即“怀嵩人”和“华胥梦”。

所谓“怀嵩人”，指的是唐朝的宰相李德裕。

李德裕曾经被贬到滁州当官。在滁州时，他也修了一座楼，取名怀嵩楼，寓意为怀念洛阳附近嵩山的楼，以表达自己想回中原的意愿。后来，他果然北归了。

所谓“华胥梦”，指的是黄帝的一个梦。

传说黄帝在睡觉时，梦见了一个叫华胥的国家，此处就是一个理想的乌托邦国度。大家尊老爱幼，没有长辈去盛气凌人，用所谓道理去教训人；也没有晚辈目无尊长，对长辈皆毕恭毕敬。这个国家的人相亲相爱，共同创建了一个和谐的社会。

辛弃疾写这首词，就是要告诉世人——虽然自己治理滁州大获成功，也希望这个国家像华胥国一样，年年风调雨顺、国泰民安，成为一片盛世乐土。但是，即便如此，自己并不满足这个结果。因为，他的梦想还未实现，他一定要回归中原。否则的话，李德裕先人地下有知，一定会嘲笑他没有本事，只能留在这个楚地之尾、吴地之头的滁州！

这段文字，虽然修改了前后顺序，但意思完全一致。

通过这首词，我们就能知道——这个人，不管身在何处、位于什么位置，依旧是那个渴望收复失地，用自己的军事才能建功立业、为民族报仇雪恨的辛弃疾。

终其一生，至死不渝。

出相入将

在滁州工作期间，因为积劳成疾、再加上酗酒无度（辛弃疾当时写了好几首词，都是描写宴会喝酒的场面），辛弃疾终于病倒了。重病缠身的他只能放弃滁州的工作，回家养病去了。

乾道九年（1173年），辛弃疾辞掉了滁州知州的工作，回到了镇江居所，安心养病。这时，距离他上任滁州仅仅过了一年。

只用了一年的时间，就让滁州发生了如此翻天覆地的变化，如此治国奇才，朝廷是不会放过的，也肯定会继续对其委以重任。

这不，淳熙元年（1174年）春，辛弃疾的病刚刚痊愈，朝廷就任命他为江东安抚司参议官，让他去当省长助理，去那里发挥力量了。

这里补充一个知识：在宋朝的编制中，“安抚司”可不能用字面解释，这个官职位高权重，号称“帅司”，总揽一路（现在的一个省）的军政和民政，可谓封疆大吏也。而参议官，就是安抚司的下属官员。

当时，朝廷安排辛弃疾这么一个官职，就是想历练他一下。让他跟地方的一把手学学本领，增加一些能力，之后就可以加以重任。

得到了这么一个任命，此时此刻辛弃疾的心情只剩下一个“爽”字。

殊不知，还有让他更爽的事情呢！

原来，江东安抚司不是别人，正是辛弃疾的好友兼老师——叶衡。

辛弃疾和叶衡的友情可谓深厚了，早在乾道四年（1168年）时，他们就相识并在一起工作了。

当时，辛弃疾的官职是建康通判，叶衡也在建康上班，虽然他们不是上下级，但志同道合，都视对方为知己。辛弃疾还拜了叶衡的码头，称其为自己的老师。

如今，这对师徒再次重逢了，辛弃疾当时的心情可想而知。而在老师的麾下，辛弃疾的未来也必将一片光明。

殊不知，还有更加光明的事情呢！

原来，辛弃疾到叶衡这里报到后，仅仅过了两个月，这对师徒还没有好好叙旧呢，朝廷就颁布了一道圣旨，把叶衡调任京城了。此后，叶衡官运亨通，仅仅用了半年的时间，他就进入了南宋政权的核心班子，担任参知政事兼枢密使，成了帝国的丞相！

老师高升了，辛弃疾这个小弟自然也要跟进。

淳熙二年（1175年），叶衡当上宰相后，立刻推荐了辛弃疾。他称这个学生慷慨有大略，能力出众、见识不凡。在叶衡的推荐下，宋孝宗又一次召见了辛弃疾，并把他调回京城，让他在京城当官了。

回到中央后，朝廷授予了辛弃疾一个仓部郎官的官职，也就是户部下的一个负责储备、管理、供应粮食机构的负责人，类似于今天某部委下面一个局级单位的局长。

虽然在京城的官职中，这个职位不显眼，权力也不大。但在战争时期，这个官职就非常重要了。因为自古以来，兵马未动，粮草先行，你不把粮食管理好，怎么出兵呢？

朝廷授予了辛弃疾这么一个官职，就是要他做好粮食的储备工作，为北伐做准备。这个职位的工作也与辛弃疾的志向不谋而合，所以在这个工作岗位上，他干得兢兢业业，没有任何的怨言。

没有怨言吗？也许有……也许没有吧……

这不，在仓部郎官的位置上干了没多久，辛弃疾又开始狗拿耗子多管闲事了。只不过，这一次他管的闲事有点儿过了。他竟然要率军出征了！

戎马上阵

淳熙二年（1175 年）七月，在众人的注目下，辛弃疾高高兴兴出京，奔赴江西了。

因为，此时此刻，朝廷授予了他一个提点江西刑狱的官职，让他去江西上班了。

按照宋朝的官职等级序列，提点刑狱是掌管地方的主要官员之一，其职责主要是管理一路（一省）的刑狱公事，还有弹劾和举荐辖内官员的权力。

因为位高权重，所以在任命这个官职前，宋朝有明确的政策规定。

首先，担任此官职者，必须是中央的朝官，即经常上朝、参与重要朝会的官员。其次，担任此官职者，必须有丰富的为官经验，至少有两个知州或两个通判的履历。没有这两点者，一般不授予这个官职。

可见，若从资历和能力上看，辛弃疾是没有资格获得这个官职的，但他得到了这个官职，这明显是更加进步了，标志着他的仕途更上了一层楼。

那么，到底是什么原因，让朝廷破格提拔、授予辛弃疾这个官职呢？

说来比较搞笑，这是辛弃疾毛遂自荐、主动争取的结果！而且当时，大家对这个官职避之不及，这才让辛弃疾钻了空子。

这还得从头说起：辛弃疾重新回到朝廷后，没过多久，朝廷就爆发了一件大事——茶商们不服朝廷的管理，造反了！这场造反，叫作“茶寇之乱”。

关于茶的问题，王小波起义时，咱们就说了（参见《宋朝果然很有料》（第三卷））。在两宋期间，茶不仅是百姓生活的必需品，还是出口敌国的重要战略物资。

当时，西夏人喜欢喝茶，金国人也喜欢喝茶，甚至有过之而无不及。金国对茶叶的需求量大到什么程度呢？

金章宗时期，有一大臣义愤填膺道：“陛下，如今金国上下饮茶成风，每年购买茶叶的钱已经不下百万了，请下令限茶吧。”

咱们都知道，“隆兴和议”规定，宋朝每年要给金国银二十万两、绢二十匹。结果，金国每年向宋朝购买茶叶的钱，就高达百万了。可见，当时金国的消费量之高，宋朝茶叶收入的利润之厚。

因为有巨大的利润，所以南宋政府规定，茶跟盐属于垄断产品，禁止民间私自交易。茶商若想贩卖茶叶，需要向政府购买“茶引”——就是茶叶经营许可证，然后才可以贩卖交易。

虽然国家规定的“茶引”的价格并不贵，但在各级官员层层扒皮和中饱私囊下，“茶引”的价格水涨船高，最终到了一个天文数字，让茶商们望而却步、无利可图了。

商人们无利可图了，那还怎么做生意呢？于是，茶商们一合计，说国家如此不仁，那就别怪我们不义了。

在这种背景下，各地都掀起了茶商起义，他们武装走私，与国家对抗，久而久之，逐渐形成了南宋政府眼中的茶寇。

茶寇愈演愈烈，终于在淳熙二年（1175 年）彻底爆发。

当时，在湖北一代，四百多个走私茶商在赖文政的领导下，宣布起义。

根据《鹤林玉露》记载，赖文政之所以起义，不是他自愿的，而是被逼迫的结果！赖文政是一个规规矩矩的茶商，且年过六十了，根本没打算造反。但是，其他人造反时，就逼迫他当首领。

赖文政当了首领后，立刻把湖北闹了一个天翻地覆。后来他率军进入湖南，又把湖南闹了一个天翻地覆。紧接着，他率军进入江西，又把江西闹了一个天翻地覆。最终，赖文政在江西永新县建立了一个根据地，开始招兵买马，对抗中央，他的实力也越来越大了。

看见自己的床榻旁边，来了一个贼子，宋孝宗惊恐万分，他立刻拜贾和仲为将，命他出兵平叛。

要说这个贾和仲，人品不咋样，就是一个小人（他诬陷过南宋一代名将魏胜）。小人带兵，自然是刚愎自用、不听谏言。

当时，贾和仲仗着自己人多势众，根本没把茶寇放在眼里，他打算奇袭茶寇，来一个速战速决。结果，因为孤军深入，再加上不熟悉地形，贾和仲被茶寇打了一个伏击，损失惨重，反被对方速战速决了。

知道了茶寇的威力后，贾和仲再也不敢跟茶寇开战了。贾和仲选择了围而不打的战术，准备耗死这些茶寇。结果，双方僵持了几天后，赖文政突然上呈了一份降书顺表，“投降”了。

此时此刻，但凡一个明眼人都能看出来，茶寇刚刚打了一个胜仗，气势如虹，怎么可能乖乖投降？他们肯定另有所图。结果，贾和仲根本没看出对方的计谋，不仅第一时间接受了对方的请求，还安排了时间，准备风风光光地接受对方的投降。

这种结果，可想而知。

到了约定的时间，贾和仲大摇大摆地率军来到茶寇山寨下，准备接受对方的投降。结果等了半天，山寨里一点儿动静也没有。派人一打听，贾和仲才惊讶地发现——自己被耍了！茶寇们早就逃跑了！他们在赖文政的指挥下，已经突破了官军的包围圈，直奔广东去了。

贾和仲后悔不已，赶紧派兵去追。然而，茶寇早就跑远了，贾和仲又岂能追得上。

就这样，从湖北到湖南，从湖南到江西，从江西到广东，赖文政率军转战四省，屡战屡胜，还把官兵耍得团团转。得此结果，金銮殿上的宋孝宗气得七窍生烟，他下令将贾和仲等人革职查办，以泄心头之恨。

同时，宋孝宗下令，把湖南、湖北、江西等地的重要官员全部革职，以儆效尤。各省的提点刑狱也一视同仁。在这些被贬的官员中，宋孝宗特别恨江西的提点刑狱叶衡，恨他欺上瞒下，无力平叛，还坐观寇乱（连根据地都建立了）。

江西提点刑狱被撤换之后，宋孝宗下令，让一个叫方师尹的大臣去江西接替叶衡的工作。结果，这个方师尹竟然贪生怕死，以年老为由，迟迟不去上任。

后来，宋孝宗一看："不去，是吧？行，你也甭当官了！"宋孝宗颁布了一道圣旨，也把方师尹革职查办了。

至此，江西提点刑狱这个官职始终空虚，宋孝宗再次瞪大双眼，寻找下一个人选了。

就在此时，一个大臣主动请缨，为君主排忧解难了。

这个大臣，就是辛弃疾。

据说，辛弃疾主动请缨后，皇帝还在考虑呢，群臣却先同意了。大家赞同辛弃疾的请求，推动皇帝加封了他的官职，把他送到江西去了。

据说，辛弃疾出京时，很多官员都自发地带着家眷们来为其送行，他们要用辛弃疾的实际行动，好好地给自己的儿女上一课——看见没有，以后入朝为官，不能胡说八道，否则这个人就是例子！你们就跟这个人一样，去地方平叛，也就等于是去刑场了！

据说，辛弃疾去了江西后，京城所有的官员翘首以盼，准备看辛弃疾如何出丑，如何被叛军打得落荒而逃。

毕竟，在他们的眼中，一个小小的归正人，啥情况也不懂，就敢主动请缨，率军去平叛，真是笑煞旁人也！

可见，在大家眼中，辛弃疾就是这样一个不识时务的大臣。

然而，辛弃疾最终让他们失望了。

要知道，人家辛弃疾就是农民起义军出身！

辛弃疾造反时，赖文政还老老实实当商人呢。论资历、论辈分，赖文政得叫辛弃疾一声"祖师爷"。辛弃疾来了江西后，只用了两条计策，就让赖文政损失惨重，乖乖投降了。

第一条计策，赦免茶寇。

辛弃疾用了当年金国的办法，他告诉这些茶寇，朝廷已经赦免了你们的罪行，只要乖乖投降，就赦你们无罪，若顽抗到底，只能身首异处。

伴随着这个大赦令出炉，茶寇开始军心涣散、陆续投降了。在这个大赦令下，赖文政也彻底感受到了当年辛弃疾的苦痛了。

第二条计策，用兵围剿。

辛弃疾深知造反人的心理和用兵路线。他下令，严守各地关隘和路口，限制茶寇出入。同时，辛弃疾下令重兵搜山，组成一个巨大的包围网，将茶寇包围起来。

包围起来后，辛弃疾只看不打，他就派重兵把对方围一个水泄不通。即使把对方饿一个弹尽粮绝后，也还是围而不打。最终，见敌军实在受不了了，辛弃疾才与敌人交战，而且故意露出一个缺口，引诱茶寇突围。

茶寇高高兴兴突围后，才惊讶地发现，自己落入辛弃疾另一个包围圈了。在这种士气低落、无力再战的局面下，茶寇们也只能乖乖投降了。

淳熙二年（1175 年）九月，辛弃疾仅仅用了三个月时间，就平定了这场波及四省的茶商起义，替朝廷解决了心腹大患。

仅仅用了三个月时间，就能平定这么一场大规模的叛乱……辛弃疾真乃将才也！

得知平叛大获全胜后，宋孝宗很是高兴，他论功行赏，授予了辛弃疾一个秘阁编撰的贴职。

在宋朝的编制中，贴职是一种荣誉，无实权，只用来奖励在勤王、政事、御敌、平叛等方面的有功之臣。虽然贴职无实权，但它有两个好处：第一，直接增加经济待遇；第二，升官时可以跳级。

对于辛弃疾这种归正人而言，朝廷的这种赏赐真可谓不薄。

殊不知，还有更加不薄的事情，在等待着辛弃疾呢！

淳熙三年（1176 年）冬，为了表彰辛弃疾平叛时做出的贡献，朝廷大笔一挥，授予了辛弃疾一个京西转运判官的官职，同时还让他兼职京西路提点刑狱司和提举常平司的官职。

次年，即淳熙四年（1177 年）春，朝廷大笔一挥，又授予了辛弃疾一个显赫的官职，任命他为江陵府知府兼湖北安抚使了。

至此，辛弃疾成了一路主管军政、民政的最高领导，他正式成为南宋王朝的一个封疆大吏了。

然而，对于这个官职，辛弃疾却并不高兴，他反而赋词《满江红·赣州席上呈陈季陵太守》以表自己忧心忡忡的心情：

落日苍茫，风才定、片帆无力。还记得、眉来眼去，水光山色。倦客不知身近远，佳人已卜归消息。便归来、只是赋行云，襄王客。

些个事，如何得。知有恨，休重忆。但楚天特地，暮云凝碧。过眼不如人意事，十常八九今头白。笑江州、司马太多情，青衫湿。

这首词中“过眼不如人意事，十常八九今头白”的句子，就是俗语“人生不如意事，十之八九”的来源。

那么，什么事情让辛弃疾如此忧心忡忡呢？

闲愁最苦

辛弃疾不满意的事情，有二：

第一件，自己的“大树”叶衡“下岗”了。

正当辛弃疾率众平叛时，朝廷也爆发了一场内讧，结果自己的恩师叶衡不幸中弹“下岗”了。

前面讲过，为了挑起战火，宋孝宗曾故意挑衅金国，以归还祖陵为由让金人先败盟，当时，宋孝宗的这个计谋没有得逞，过了一段时间后，宋孝宗竟故技重施，又打算派使者去金国，以归还祖陵为由逼迫金人出兵。

主意已定，宋孝宗就告诉宰相叶衡，让他选一个人出使金国，去完成这个重任。

叶衡选了半天后，觉得一个叫汤邦彦的官员不错，口才很好。

名单上呈后，宋孝宗一看，汤邦彦是朝廷的谏官（当时官职左司谏），确实是一个合适的人选。于是，他大笔一挥就准奏了。

汤邦彦得知此事后，却直接急哭了！

要知道，汤邦彦虽是朝廷的谏官，但他毫无担当，胆小怕死。

得知自己要出使金国后，汤邦彦吓得大哭，他知道自己活不了了。于是，这哥们一咬牙一跺脚，说你叶衡对我不仁，我就对你不义，咱们玉石俱焚，一起玩完吧！

说干就干，出发前，汤邦彦找到宋孝宗，开始给叶衡“上眼药水”了。

汤邦彦告诉宋孝宗：“陛下，您对叶衡那么好，把他从一个低微的官位提拔成了宰相，对他可谓不薄。但是，您知道吗？叶衡一点儿不感恩戴德，他反而结党营私，还说您坏话呢！”

宋孝宗确实是一个明君，但也容易办糊涂事。结果，听完汤邦彦的告状后，宋孝宗竟然火冒三丈地直接颁布了一道圣旨，让叶衡“下岗”回家了。

这一下子，伴随着叶衡的“下岗”，辛弃疾朝中无人，再也没有人给他说好话了。同时，因为是叶衡的死党，辛弃疾也上了宋孝宗的“黑名单”。只不过，现在是用人之际，朝廷才没有对他秋后算账。

第二件不满意的事情，北伐无望。

辛弃疾一直关心北伐大计，也一直关注金国的局势。结果，辛弃疾眼睁睁地看着北伐之事无疾而终。

一是金国出现了一位明君。在金世宗的统治下，金国风调雨顺、国泰民安，百姓安居乐业，一点儿也不思念旧朝。在这种情况下，南宋已经没有民心支持来发动战争。

二是随着时间的流逝，宋朝也越来越没有北伐的念头了。伴随着主战派虞允文的去世，宋孝宗斗志锐减，他还改国号为“淳熙”，就想当一个太平天子，安度晚年。

在这两件不如意的事情下，辛弃疾天天郁闷不已，即使获得了位高权重的官职，也忧心忡忡。

结果，就在这忧心忡忡中，辛弃疾仅仅当了一年的封疆大吏就开始走背运了。因为一个人的归来，彻底堵死了辛弃疾的升迁之路。

这个人，就是隆兴年间被轰走、如今重新回归朝廷的老臣史浩。

咱们前面讲过，因为反对打仗，结果在主战派的八条罪状下，史浩被轰出了朝廷。

后来，虽然“隆兴北伐”失败，但宋孝宗一点儿也没有死心，所以这么多年过去了，宋孝宗没有复起这位老师，一直把史浩晾在了家里。

然而，此时此刻，宋孝宗竟然颁布了一道圣旨，复起了这位已经 73 岁的老师。他这么做，明显是另有所图。

宋孝宗这么做，原因很简单，他就是在昭告天下——从此以后，我将起用主和派人士，不进行北伐了！

在这种背景下，主战派人士的下场就可想而知了。

何况，史浩重新出山后，对辛弃疾非常不利。

这个说法绝非危言耸听，原因有二。

第一，前面讲过，史浩绝不信任从北方南下的归正人，并一直怀疑他们另有所图。

第二，史浩一直认为，张浚之所以着急北伐，是受了北人的蛊惑。而这个北人，也许是山东人，也许是别的地方的人。

后来，就是在这两个原因下，史浩排挤辛弃疾，并将其“雪藏”了。

得到了湖北安抚使这个官职后，辛弃疾正准备放开手脚、大干一场。结果，在主和派的挑拨下，他被调回京城。在“雪藏”了五个月后，辛弃疾又被发到了湖北，去那里当转运副使。

咱们都知道，在宋金的版图中，湖北位于前线，那里也是昔日岳家军的大本营。朝廷把辛弃疾送到前线，是要让他整顿兵马、准备北伐吗？

非也！朝廷把辛弃疾调到湖北的原因很简单——那里出现了叛乱，等着辛弃疾去平叛！

自古以来，湖北就号称九省通衢，经济非常发达。经济发达，自然流动人口就多。流动人口一多，自然什么样的人都有了！

当时，湖北的治安非常差，盗贼非常猖獗，经常团伙作案，抢劫、偷取老百姓和商人的财物，导致外地人都不敢在湖北过夜。

对于这个问题，当地官员束手无策。朝廷一看，就把辛弃疾这个“救火队员”送去了。

朝廷让辛弃疾去湖北，不是把他当成一位统率千军的大将，而是当成一块救火用的“板砖”了，哪里需要就往哪搬。

在这种背景下，辛弃疾若不写几首抒发感情的诗词，他就不是辛弃疾了。

在整顿湖北治安期间，辛弃疾一边努力工作一边努力写作。他的很多脍炙人口的诗词，都是出自这个阶段。这些诗词，也很好地表达了当时辛弃疾的心情。

比如，在《水调歌头》中，辛弃疾写道：“孙刘辈，能使我，不为公。”这个意思是说：现在的朝廷中，有“孙资、刘放”这样的奸臣，即使他们能用我这个“辛毗”，我也不稀罕跟他们为伍，不当这个三公（汉朝以太尉、司徒、司空为三公）。辛弃疾用这个典故，痛骂朝中有奸臣，指出他们压制自己，让自己难有作为。

比如，在另一首《水调歌头》中，辛弃疾写道：“莫射南山虎，直觅富民侯。”意思是说：我这么能打，都快成飞将军李广了，在南山到处寻找老虎，以射死它们为乐。然而，这么干有什么用呢？不如去安邦定国，让老百姓安居乐业，自己去当一个汉武帝手下的“富民侯”。“富民候”的典故之意是：汉武帝晚年时，认为自己发动的战争太劳民伤财了，于是，他封自己的宰相为“富民侯”，表示自己将改变国策，以富裕百姓为第一要务。可见，辛弃疾这样说，就是在告诉天下——在这个现实的世界面前，自己已经改变志向了。从此以后，他不想像李广一样去建功立业了，而是要当一个“富民侯”，去改善百姓的生活水平。

还比如，在《满江红》中，辛弃疾写道：“笑尘劳、三十九年非，长为客……英雄事，曹刘敌。被西风吹尽，了无尘迹。”意思是说：我奋斗了39年，结果发现自己完全干错了，还错得非常离谱。昔日，三国时期曹操与刘备争雄天下，他们的英雄事迹天下皆知。结果呢？还不是被西风吹尽，一粒沙子也没有留下。可见，辛弃疾这时就已经怀疑自己的前半生，并把前半生追求的抗金复国的梦想给全盘否定了！

综上所述，通过这些诗词，我们能真切感知辛弃疾当时苦闷、低落的心情。他为这个国家的前途和自己的命运发愁，却毫无办法，只能独自扶着高处的栏杆，望着正在落下的太阳，独自肠断神伤。

这样的结果，真是让人唏嘘。然而，朝廷的那些大佬并不会因为这么几首诗词，就会同情辛弃疾。他们一直排挤他，一直“利用”他，直到把他用废了为止！

在这种用人思想下，辛弃疾被调到湖北，他刚刚把这里治理得井井有条，朝廷就迫不及待地颁布了另一个任命，改任辛弃疾为湖南转运副使，让他帮助湖南安抚使去平叛。

对比前线的湖北，湖南位于后方。辛弃疾去湖南，就等于彻底远离自己的抗金梦想了。

至此，跟陆游一样，为了表示自己的心情，辛弃疾留下了这首大名鼎鼎的《摸鱼儿》：

更能消、几番风雨，匆匆春又归去。惜春长怕花开早，何况落红无数。春且住，见说道、天涯芳草无归路。怨春不语。算只有殷勤，画檐蛛网，尽日惹飞絮。

长门事，准拟佳期又误。蛾眉曾有人妒。千金纵买相如赋，脉脉此情谁诉？君莫舞，君不见、玉环飞燕皆尘土！闲愁最苦！休去倚危栏，斜阳正在，烟柳断肠处。

这首词，就是一个中心思想——闲愁最苦！

就这样，淳熙六年（1179 年），辛弃疾带着自己愁闷的心情来到了湖南，开始了一段崭新的征途。

这一年，辛弃疾 40 岁。

然而，塞翁失马，焉知非福！辛弃疾万万没有想到的是，他到了湖南后，竟然不再闲愁了。他反而跟南郑时期的陆游一样，事业达到了一个高峰！

治理潇湘

史料记载，带着郁闷的心情来到湖南后，没过多久，辛弃疾就更加郁闷了。

原来，辛弃疾与自己的顶头上司湖南安抚使王佐不合，谁也看不起谁。

当时，王佐是湖南安抚使，掌管一路军政和民政。辛弃疾是湖南转运使，掌管一路的财政。他们分属不同的部门，工作上没有什么交集。而且，辛弃疾还是一个副手，与王佐更无关系。然而，因为要平叛，这些人就要聚在一起出谋划策，通力合作。

就在这个平叛过程中，辛弃疾与王佐发生了矛盾，且愈演愈烈。

这个矛盾的原因，说来比较搞笑，简言之，他们的平叛理念压根就不一样。

原来，辛弃疾来到湖南后，大家通力合作，打了几个胜仗。起义军连战连败，只能躲在山里不敢出来。

在这种情况下，辛弃疾就发布了一个告示，告诉大家："盗贼已经到了山里，那就应该以招安为主，不要再赶尽杀绝了。现在是农忙季节，百姓们可以解甲归田，去干农活了。"

王佐看完这个告示后，立刻针锋相对地写了另外一个告示，告诉大家："那些盗贼都是恶贯满盈的人，必须斩尽杀绝，才能永绝后患。如今，大家要一鼓作气，把这些反贼消灭干净。消灭了反贼，才能踏踏实实干农活。"

可见，在处理反贼的问题上，辛弃疾的理念是人命关天，而王佐的理念是建功立业，他们根本就不是一个路子的人。而关于他们孰是孰非，待会再揭晓答案。

官大一级压死人，争到最后，辛弃疾只能听从王佐的调遣，继续率军平叛了。

平定叛乱后，王佐很是高兴，就上表请功。而对于王佐的功绩，朝廷也很是满意，就赏赐了他一个侍从官的职位。

在宋朝的编制中，翰林学士、给事中、六部尚书、侍郎也称为侍从。王佐得到了这个侍从官的职位后，就可以进入朝廷"出将入相"了。

王佐升官后，下属和同僚要写诗词或文章以表祝贺。

当时，辛弃疾也写了一首词《满江红·贺王宣子平湖南寇》，表示祝贺。结果，就是这首词让两人彻底交恶了。

原来，辛弃疾写的这首词，哪里是祝贺，根本就是一篇冷嘲热讽的檄文！

笳鼓归来，举鞭问、何如诸葛。人道是、匆匆五月，渡泸深入。白羽风生貔虎噪，青溪路断猩鼯泣。早红尘、一骑落平冈，捷书急。

三万卷，龙韬客。浑未得，文章力。把诗书马上，笑驱锋镝。金印明年如斗大，貂蝉却自兜鍪出。待刻公、勋业到云，浯溪石。

这里有两个典故需要补充。

一是宋朝的侍从官帽子上有特殊的貂蝉装饰，所以这里的"貂蝉"指的就是侍从官。

二是"浯溪刻字"，唐朝官员曾在浯溪石崖上刻《大唐中兴颂》，以歌颂唐肃宗的功劳。

这首词的大概意思是，王佐将军很厉害，像诸葛亮一样挥舞羽扇纶巾，杀得敌军片甲不留。不费吹灰之力，就平息了叛乱。他派一骑红尘入京，去上呈平息叛乱的捷书。然而，读了三万卷书还当过状元（龙头客）的王佐，却一点儿没有借用文章的力量，去治国安民。您拿着书，谈笑风生地骑在马背上指挥，就这样“轻描淡写”地平定了天下。因为这个功劳，您明年肯定会当大官了。但问题是，谁能想到您这个侍从官却是从战争中得来的呢？您的功绩，也会被刻在浯溪旁的石崖上，永远被世人所“铭记”。

辛弃疾这么写，到底想说什么，真是不说自明。

辛弃疾就是在痛骂王佐——别看你读了很多书，还立了大功，但你骨子里就是一个满口仁义道德，实则杀人如麻的战争狂徒！

王佐看完这首词后，史称“疑为讽己，意颇衔之”！他恨得咬牙切齿，彻底恨上辛弃疾了。

王佐很生气，后果很严重。

被冷嘲热讽一番后，王佐大怒，他跟辛弃疾吵了起来。王佐让辛弃疾写一封道歉信，为他挽回名誉。而辛弃疾不仅不写，反而上了一份奏章给朝廷，阐述自己嘲讽王佐的原因。

这封奏章，叫作《论盗贼劄子》。

在这篇奏章中，辛弃疾告诉皇帝，老百姓之所以叛乱、之所以沦为盗贼，主要是因为当地贪官和豪强的联合剥削。老百姓无法生活了才造反。在这种困境下，要想保湖南太平，就不能单纯用武力消灭盗贼的办法，而是要知道老百姓的苦，整顿吏治，爱护百姓，这样才能达到“弭盗”的效果。

可想而知，辛弃疾的这番话真可谓一石激起千层浪，引起了朝廷巨哗，让大家不知道该说什么了。

辛弃疾的这番话，错了吗？没错！但问题是，朝廷刚刚平息了一场叛乱，大家正为这场胜利欢呼雀跃、论功行赏呢，结果，就在这个普天同庆的时刻，辛弃疾却跳出来告诉大家：“你们高兴啥？百姓之所以造反，全是你们这些当官的逼迫的结果。把自己的子民逼得造反了，却不好好反省，还在这里为平息叛乱之事论功行赏，你们也真高兴得起来！你们自己说，有什么功？有什么赏？”

辛弃疾这样的话，就等于“啪啪啪”地抽皇帝的脸了，试问哪个皇帝受得了？

至此，辛弃疾算是命悬一线了，连他自己都承认，话还未出口，灾祸已经如期而至了。然而，明知道灾祸要来，辛弃疾也要不吐不快！

就这样，辛弃疾说出了想说的话，也准备接受自己的灾祸了。

然而，不管辛弃疾怎么等，那个灾祸却始终不来。相反，却天降横财了！

原来，作为南宋王朝少有的一代明君，也可能是唯一的一位明君，宋孝宗竟然接受了这种批评，他不仅没有治辛弃疾的罪，反而送给了他一个官职，这个官职就是——朝廷让辛弃疾接替了王佐的官职，让他去当湖南安抚使了。

辛弃疾终于可以按照自己的意思在一方办事了。当然，朝廷授予辛弃疾这个官职也有不怀好意的成分在里面。

宋孝宗想看看，辛弃疾到底能不能把湖南治理好，给自己干出一个样子！

至此，一个巨大的挑战，摆在了辛弃疾面前，他也准备迎接这个挑战了。

那么，辛弃疾是怎么治理湖南的呢？

湖南建军

辛弃疾不愧为治理地方的奇才。在治理湖南期间，辛弃疾先后采用了抓民生、抓教育、弹劾贪官、打击豪强、严惩土匪等办法，在很短的时间内就让湖南重获新生了。

虽然湖南的治安得到了很大的改善、百姓也安居乐业了，但辛弃疾清楚地知道，治理地方既要治标，也要治本，更要防患于未然。

辛弃疾认为，湖南之所以一而再再而三地发生叛乱，与当地的腐败有关，也与当地的老弱残兵组成的军队有关。这些军队根本没有威慑和平叛的能力，才让叛乱发生。

建立一支强大的军队，以保护湖南一境的太平，就成为辛弃疾下一步要干的事情了。于是，辛弃疾二话不说，就上呈了一份奏章，要求在湖南组建一支精锐的地方部队，以保护这里的太平。

这支部队的名字，辛弃疾都想好了，就叫飞虎军。这个名字取自当地一种灵活迅速、可在空中滑翔飞行的动物——鼯鼠（古称“飞虎”）。

可见，辛弃疾用这种动物给部队取名，就是要建立一支善于丛林作战，能第一时间应付各种突发事件的精锐之师。

辛弃疾的申请上呈后，宋孝宗想都没有想就批复同意了。

得到了皇帝的批复后，辛弃疾立刻行动了起来，他选择了五代十国时楚国马殷在长沙的营垒旧址，在这里安营扎寨，招兵买马，组建飞虎军。

殊不知，就在辛弃疾紧锣密鼓地整顿兵马时，一个大麻烦却从天而降了。

这个大麻烦，就是来自枢密院的阻挠。

原来，对于建军这个问题，枢密院这些大佬清楚地知道，地方组建部队到底意味着什么。而且，他们也讨厌辛弃疾这个人，所以他们就三番五次加以阻挠，不让辛弃疾组建部队。

当时，枢密院阻挠的办法，从舆论压力到派人破坏，可谓五花八门。但最釜底抽薪的还是那个老战术——要啥没啥，看你怎么办！

你辛弃疾不是要建军吗？我就啥也不给，你要人没人，要钱没钱，要物没物，我看你怎么组建！

然而，虽然枢密院使出了釜底抽薪的办法，但他们显然太小看辛弈疾这个人了。这个人要是没点本事的话，他就不是辛弃疾了。

对于枢密院的压力，辛弃疾的反应是“行愈力，卒不能夺”。就是说，朝廷越阻拦，辛弃疾干得越起劲，越要把这个军队建设好。而且，辛弃疾也有能力把这个军队建设好。

根据《夷坚志》记载，辛弃疾修建飞虎军军营时遇到了一个大难题，缺少大量的石头，且无人搬运。这咋办？

没问题，好办。辛弃疾下令：凡是犯了罪的人，若想减刑的话，可上交石料，用来赎罪。

如果从今天的法律角度看，辛弃疾的这条命令非常不可取。这就是等于拿法律做交易了，哪有这么干的。不过，从实际效果看，这条政策却非常好，瞬间就解决了没有石头的难题。

这道命令发布后，罪犯们都欢声雀跃，大家拿起斧头镐子，直奔石堆而去。

在长沙城北，有一个叫麻潭的地方，有很多的石料。结果，无数的人蜂拥而至，在这里热火朝天地干上了。没过多久，辛弃疾就凑足了需要的石头。

没费朝廷一钱一银，辛弃疾略施小计，就解决了石料问题。

当然，不管他怎么用计，也要经历巧妇难为无米之炊的苦楚。毕竟，组建军队是很需要钱的。

辛弃疾深知，光靠耍小聪明是无法解决根本问题的。为了筹备军费，辛弃疾另辟蹊径，从其他方面下手，增加收入。

这就是当时的酒税。

原来，当时潭州的酒业在民间百姓手中，百姓在城外酿好后，再运到城内来卖。在酒进城时，官府按照酒的数量收税。为了筹备军费，辛弃疾就瞄上这些酒税了。

辛弃疾下令，关掉城外的酿酒作坊，所有的酒都在城内酿造，并由国家统一经营。这一下子，经费问题就被辛弃疾轻松解决了。

然而，虽然辛弃疾筹集到了想要的经费，但他也等于是与民争利了——他直接把酒变成国家垄断产品了，让以酿酒为生的人下岗，导致很多百姓颇有怨言。

后来，百姓的这种怨言越来越大，终于传到了朝廷。那些准备陷害辛弃疾的人一看，这是一个好机会呀。于是，这些人状告了辛弃疾一本，说他胆大妄为，胡乱修改法律，还与民争利，搞得民间怨声载道，若不加以管束，恐酿成民变，等等。

您想呀，宋孝宗派辛弃疾去湖南，是让他去治理地方、不让湖南百姓造反的，结果辛弃疾在地方不体恤百姓疾苦，还巧取豪夺，搜刮民脂民膏，这还得了！

于是，宋孝宗颁布了一道御前金牌，命令辛弃疾马上停止飞虎营的建设。

咱们前面讲过，御前金牌是一种八百里加急御旨。它的威力之大，当年，即使是岳飞这等人，也得老老实实班师回朝，何况这个归正人？

那么，收到了这块金牌后，辛弃疾又是怎么办的呢？他是会遵从上级的命令，不再修建飞虎营，让自己的心血半途而废呢？还是会选择抗旨不遵，等着皇帝继续颁布金牌，也凑齐一十二块金牌呢？

这里，就能看出辛弃疾为人处世的原则了。对比那个原则有余、变通不足的岳飞，辛弃疾则圆滑得多。

收到这道金牌后，辛弃疾就跟没事人似的，他把这块金牌偷偷藏了起来，也没跟任何人说过这个事情。

随后，辛弃疾叫来建筑人员，告诉他们："一个月内，必须把飞虎营建好。如果超过了期限，全部按军法处置！"

辛弃疾采用先斩后奏的办法，准备先把米煮熟了，再跟朝廷汇报。

听完这道死命令后，建筑人员一肚子怨言，但也清楚地知道，辛弃疾下达的命令，那就是死命令，没有任何讨价还价的余地。

最终，在辛弃疾的死命令下，大家只能加班加点地玩命干了。然而，虽然大家日夜施工，但还是出了一个问题。

原来，飞虎营的大营要铺瓦片，但当时是梅雨季节，根本无法烧制瓦窑。眼看工期就要到了，瓦片问题还没有解决，建筑人员叫苦不迭。

辛弃疾知道此事后，哈哈大笑道："这有何难？"

辛弃疾颁布了一道告示，告知长沙所有居民——每户供应二十片瓦给官府，限两天内交货，送到飞虎军军营。当然，官府也不白拿，愿意出一百文钱购买。

二十片瓦对于百姓而言，不是什么大事，屋檐下随便匀一匀，就出来了。而且还有钱赚，真是不赚白不赚。所以，对于这道有偿征购的命令，百姓的积极性都很高。不到两天，辛弃疾就收足瓦片了。

解决了瓦片问题后，飞虎营的建设再无问题。没到一个月的时间，飞虎营就竣工完成，投入使用了。

修好了飞虎营后，辛弃疾才慢悠悠地给朝廷回信，说自己一直废寝忘食、玩命修建飞虎营，等修好了飞虎营，才发现有金牌这么回事。自己独断专行，不听朝廷号令，恳请治罪，等等。同时，辛弃疾还把飞虎营修建过程中的所有收支账目等物，全部交给了宋孝宗，请这位皇帝过目，看看自己是否贪污腐败。如果贪污了，请给自己治罪。

本来，宋孝宗是很痛恨辛弃疾这种阳奉阴违的办事风格的。但是，他一看，飞虎营已经建好了，再追究辛弃疾不听命令的罪行已经没有意义了，而且，辛弃疾修了一座军营，竟然没有耗费朝廷一分一厘，这个人太了不起了。

就这样，在木已成舟的情况下，宋孝宗就不再追究辛弃疾的罪行了。不仅如此，宋孝宗还颁布了一道圣旨，表彰辛弃疾的政绩。

又过了几个月，宋孝宗亲自选了一批禁军将士，把他们编入了飞虎军，让这支部队越来越强了。

至此，在顶住了巨大的压力之下，凭借自己过人的胆识和智谋，辛弃疾终于组建了一支强悍的精锐之师。

飞虎军的战斗力极强，史称“雄镇一方，为江上诸军之冠”。辛弃疾的好友朱熹也对这支部队赞不绝口，称在飞虎军的威慑下，“数年以来，盗贼不起，蛮徭贴息，一路赖之以安”。这支部队一直保护着湖南，不仅很好地维护着当地的治安，也使湖南的叛乱事件数量直线下降。

后来，因为这支部队的战斗力极强，在未来那场金宋六年战争中，宋朝频繁地把这支部队调到前线去抵御金人、戍边。金人也非常畏惧这支部队，称他们为“虎儿军”，以示尊重。

组建了这么一支雄军后，辛弃疾高兴不已，他终于完成了心中的一个梦想。同时，这支部队也为他赢来了不少掌声，让他更加被朝廷“委以重任”了。

在组建了飞虎军后，辛弃疾还没有好好享受一下自己苦心经营的成果，朝廷就迫不及待地颁布了一道圣旨，把他又调回江西去了。而把辛弃疾调到江西的原因也很简单——江西出现了灾荒，让辛弃疾去那里赈灾。

对于这样的结果，辛弃疾愤怒了，因为在他的履历中，在短短的南归十八年中，竟然被调动了十六次，这根本就不是他渴望的生活！然而，对于这个结果，辛弃疾也无可奈何，只能继续书写诗词以表达自己的不满。

其实，辛弃疾根本不知道，朝廷之所以把他调离湖南，除了让他去别处发挥余热外，更因为朝廷已经不信任他了。

第十四章 英雄下岗

小人陷害

虽然朝廷解释，把辛弃疾调到江西的原因是那里出现了灾荒，然而，在辛弃疾的眼中，朝廷把他调离湖南，明显是另有所图。

从辛弃疾当时离开湖南写的词《送湖南部曲》中，就可见端倪了。

青衫匹马万人呼，幕府当年急急符。愧我明珠成薏苡。负君赤手缚于菟。
观书老眼明如镜，论事惊人胆满躯。万里云霄送君去，不妨风雨破吾庐。

这首诗中的“明珠成薏苡”的典故，泄露了这个天机。

所谓的“明珠成薏苡”，出自《后汉书•马援传》。昔日，马援出征交趾（今越南中北部，中国广西的一部分）时，为了抵御当地的瘴气，服用一种叫薏苡的植物果实（俗称薏米，有健脾祛湿的作用），用来“轻身省欲，以胜瘴气”。

因为吃的时间长了，马援喜欢上了这种果实，他就运了一车薏米，准备带回中原，在家里播种。

因为薏米的颗粒比较大，表面又晶莹洁白，汉朝人也没有见过这种东西，所以大家远远望去，以为马援满载而归，带回来一车珍珠。

得知马援带回来一车珍珠，当朝的权贵都红了眼，大家望眼欲穿，就等着马援送他们几颗，让他们也分一杯羹。

马援哪里知道大家的想法，他把薏米运回家，就开始播种了，也没打算分给别人。

见马援独吞了这批珠宝，当朝的权贵都怒了，大家准备收拾马援。后来，马援病死战场后，满朝权贵终于抓住了机会，大家玩命中伤马援、开始清算了。

权贵们告诉汉武帝，说马援是一个贪图富贵之人，犯了欺君之罪。上回，马援打仗胜利后，偷偷摸摸往家里运了一车珍珠。这个事情，他没跟您汇报，自己私吞了，等等。

可想而知，得知此事后，汉武帝勃然大怒——马援竟然私吞宝物，不主动上交领导，真是可恶！

得知皇帝愤怒后，马援的家属惊恐不已。由于不知道先人干了什么事情，让皇帝如此大怒，他们只能低调行事，以求躲过这个危机。

在这种背景下，马援死后，他的后人都不敢把他安葬在坟墓内，只能偷偷摸摸把他运到一个偏僻的角落，简单下葬。马援的亲戚朋友们也不敢去吊唁他，导致这位生前声名远播的将领，死后竟然如此凄凉。

再后来，过了很长时间，在马援家属的解释下，汉武帝才明白了其中的原委，这才原谅了马援。

可见，辛弃疾在这里引用马援的典故，就是在告诉世人——我跟马援一样，被小人陷害了！这些小人玩命在皇帝面前中伤我，导致我失去了皇帝的信任，这才被迫离开湖南。

事实正是如此！

原来，朝中小人见辛弃疾不费吹灰之力就组建了一支强大的军队，这些人彻底慌了。他们开始弹劾辛弃疾，向宋孝宗状告他的罪行了。

根据《宋会要辑稿·黜降》记载，官员状告辛弃疾的罪名是这样的：“肆厥贪求，指公财为囊橐；敢于诛艾，视赤子犹草菅。凭陵上司，缔结同类。愤形中外之士，怨积江湖之民。方广赂遗，庶消讥议。”

这段话的大概意思是说：辛弃疾在当官时非常贪婪，把公家的财物当成了自己的，中饱私囊，贪污腐败。同时，他对老百姓也非常不客气，把老百姓当草芥一样随便杀掉。在为人处世上，辛弃疾不听领导的话，公然违抗圣旨，藐视领导的权威。他结交的那些朋友，也跟他一个德行，他们在一起为虎作伥，组建自己的关系网。辛弃疾的所作所为，让天下的读书人和百姓都非常愤怒，但他却有恃无恐。因为他四处行贿送礼，以此来躲过世人的口诛笔伐。

综上所述，这些“正直”的官员给辛弃疾扣了两顶帽子：一是贪污腐败；二是杀人如麻。这两条罪名都很重，也基本构成了陷害辛弃疾的框架。

后来，宋光宗时期，御史王蔺在这段文字的基础上，总结出来两句话，一举“落实”了辛弃疾的罪名。

这两句话叫作——用钱如泥沙，杀人如草芥。

《宋史·辛弃疾列传》如是说：“绍熙二年，起福建提点刑狱……弃疾为宪时……招强壮补军额，严训练，则盗贼可以无虞。事未行，台臣王蔺劾其用钱如泥沙，杀人如草芥，旦夕望端坐闽王殿。遂丐祠归。”

就这样，在这两句话中，辛弃疾算是声名远播了，他百口莫辩，只能乖乖认栽。

那么，辛弃疾为官时，真的如王蔺说的那样，用钱如泥沙一样、杀人如草芥一般吗？

当然不可能了。

现在，我就来一一反驳这两个罪名。

先说这个“用钱如泥沙”的问题。

小人们状告辛弃疾贪污腐败的罪证主要有两条，第一，当湖南安抚使时，动用了十万石粮食赈灾，借机中饱私囊；第二，组建飞虎军时，与民争利，巧取豪夺，掠夺民间财物，借机贪污腐败。

虽然在小人嘴中，这两条罪证说得有鼻子有眼的。但其实呢？要知道，辛弃疾比这些小人还“精”呢！当时，辛弃疾每干一件事情，必将财务报表上交给宋孝宗，请这位皇帝过目。换句话说，宋孝宗就是辛弃疾的审核员。在这种背景下，辛弃疾要是出现了账目不清的现象，宋孝宗早就跳起来骂街了，还轮得到这些官员来告发？

其实，对于辛弃疾的账目，宋孝宗非常满意，史称“上遂释然”。可见，小人们状告辛弃疾贪污腐败、中饱私囊的罪名，就是莫须有。

虽然这个“用钱如泥沙”罪名，就是一个诬告，但辛弃疾也无力反驳。因为他在江西上饶修建的那座豪华别墅，给他留下了一个受制于人的把柄。

这个豪华别墅，就是那个大名鼎鼎的——稼轩。

用钱如泥沙

跟大多数官员一样，辛弃疾当上大官后，也想买一处豪宅，改善一下生活水平。后来，在一番寻找后，辛弃疾看江西信州（今江西上饶）不错，打算在这里置办房产。

辛弃疾选择在上饶修房子，绝对是一步妙棋。

一是上饶交通便利，距离临安也比较近，辛弃疾在这里居住，可以就近打探朝廷的消息，得知朝廷的最新动态。二是上饶山清水秀，景色优美，一直受文人士大夫青睐。

就这样，辛弃疾在上饶买了一块临水的土地，开始修建自己的房子了。

淳熙八年（1181 年）十一月，这座房屋竣工后，辛弃疾邀请好友们来游玩。在这次聚会上，辛弃疾告诉了大家这个房子的名字，叫作“稼轩”。

为什么叫“稼轩”？《宋史》给出了一个解释，辛弃疾曾说，人生在世，应该把农业劳动放在第一位。北方人靠耕地养活自己，虽然不会发大财，但都是小康之家足以自给自足。南方人则不同，他们多喜欢经商，不喜欢种地，所以兼并之风兴盛，贫富差距也越来越大。我希望大家回归传统，视农业为根本，因此把自己的茅舍取名“稼轩”，以表明农业的重要性。

这段话，就是“稼轩”的由来。后来，这“稼轩”二字，也成了辛弃疾的别号。

当然，辛弃疾之所以把房子命名为“稼轩”，还有更深的一层意义在里面。辛弃疾渴望在功成身退后能够回归田野，以种田为乐，颐养天年。

然而，虽然辛弃疾选择了一个低调的名字，作为自己房子的名称，但在历史的记录中，这个屋子可一点儿也不低调，堪称豪宅。

辛弃疾修建的这个湖边别墅，规模那叫一个大！他一共修建了上百间房子，整个别墅的占地面积（包括田土），有一百七十多亩！

除了规模惊人外，辛弃疾对于内部的装修也是精益求精。这座别墅修完后，辛弃疾的好友朱熹参观了一下。当然，也有文献记载，是朱熹潜入了进去，偷偷摸摸参观的。

看完后，朱熹对这个豪宅赞不绝口。在给好友的信件中，朱熹会把辛弃疾的房子写进去，让他们也来参观一下这座豪宅，好好地开开眼！

要知道，朱熹可是一代大儒，什么场面没见过、什么豪华的宅子没住过。结果，这么一位见多识广的朱熹，竟然被辛弃疾的豪宅震住了。

后来，就是因为这座雄伟的豪宅，给辛弃疾引来了一个贪污腐败、用钱如泥沙的罪名。

毕竟，在官员眼中，虽然宋朝给的工资颇丰，但再颇丰，也不足以修建这么一座豪华的园林呀！你辛弃疾到底哪里来的钱，能够建造这么一座庞大豪华的园林府邸？肯定有灰色收入呀。

这么一说的话，辛弃疾这个用钱如泥沙的罪名，也就合情合理了。对于这个罪名，辛弃疾百口莫辩，也只能自认倒霉了。毕竟，要怪，也只能怪自己不会低调行事了。

其实，关于修建这座“稼轩”的钱财问题，直到今日，史学家们也一直争论不休。

部分史学者认为，以辛弃疾的工资待遇，是不可能修建这座豪华园林的，他肯定有很多灰色收入。至于这个灰色收入是什么，是他经商所得，还是“拆大家修小家”的结果就不得而知了。

著名宋史专家邓广铭先生认为，辛弃疾完全有能力修建这个豪宅，他的工资待遇也足以支撑修建费用。

邓广铭先生举了很多例子证明，辛弃疾当时修建的豪宅，并没有后人想象的那样豪华。而且像辛弃疾这样的地方大员，宋朝给的工资是非常高的，因此辛弃疾完全有能力修建这座“稼轩”。他没有灰色收入，也能维持这个别墅的开支。

虽然对于这个豪宅的规模和花费问题，我们不得而知，但是，我们却知道辛弃疾修建这座豪宅的下场。

对于辛弃疾而言，在“用钱如泥沙”的罪名上，他认栽了，那个“杀人如草芥”的罪名，又是怎么回事呢？

杀人如草芥

原来，在湖北平乱期间，为了快速恢复社会秩序，辛弃疾采用了一种“得贼辄杀，不复穷究”的办法，就是只要抓住盗贼，不用各种复杂的审理程序，就将其杀之，严惩不贷。

在这种严厉打击下，辛弃疾杀的人太多了，就给自己留下了一个口实，落下了一个“杀人如草芥”的罪名了。

其实，辛弃疾在当时用这个办法，一点儿也没错。治乱世用重典，如果不用残酷的刑法治理乱世，天下就乱套了。

话是这个理，但辛弃疾的这个办法，也有很多不足之处，就是太偏激了，也太容易造成冤假错案了。

当时，有一个人偷了一头牛，被缉捕归案了。按照正常的法律程序，这个最多判流放之罪。结果，在严打期间，辛弃疾也懒得复查了，他竟然判了一个死刑，要把偷牛贼扔河里淹死。后来，得亏当地的县令据理力争，玩命为这个偷牛贼求情，辛弃疾这才改判，饶了这个偷牛贼一命。

通过这个案件，我们就能知道——当时的冤假错案多如牛毛，这个偷牛贼命好，碰上了一个负责任的官员，这才死里逃生；若百姓碰到一个不负责、没有良心的官员，他们也只能自认倒霉了。

在这种背景下，官员状告辛弃疾杀人如草芥，也就不无道理了。当然，在那种背景下，辛弃疾的这种做法也是能够被理解的。

毕竟，当时湖北那么乱，他若不用重典治理，湖北怎么能够太平呢？而且，经过了辛弃疾的治理后，湖北境内有了立竿见影的效果，盗贼全都消失了，老百姓终于可以安心过日子了。

其实，功首罪魁非两人，流芳遗臭本一身。我们看一个人，本来就需要客观地去看，不能只看他的坏，不看他的好。

无独有偶，在未来的大清王朝中，那位号称“一代完人”的曾国藩，他在治理湖南时跟辛弃疾用了同一个办法，也来了一个大杀四方。结果，他也得到了一个杀人如草芥的罪名，还得到了一个“曾剃头”的头衔。

可见，任何问题，还是要具体问题具体分析。

话虽如此，但即使辛弃疾上疏分辩，又有什么用呢？人家挑明了要办你，又怎么反驳呢？

淳熙八年（1181 年）十一月，辛弃疾被罢免了官职，黯然回归山林了。

对于这个结果，辛弃疾满腔愤怒，却又无处发泄，只能留下“愧我明珠成薏苡”的诗词，来表达自己的不甘。

两上两下

淳熙八年（1181 年）十一月，在政敌的攻击下，辛弃疾被罢免了官职，黯然神伤地回家了。

这一年，辛弃疾 42 岁。而他这一次下岗，就在家里整整赋闲了十年之久。

无法想象，一个满腔热情、誓死要报效祖国的他是如何孤独地度过这十年的，辛弃疾又是如何在这昏暗的灯火阑珊处，翘首期盼，苦苦等待的。

后来，绍熙二年（1191 年）冬，在经过了整整十年的苦苦等待后，辛弃疾终于等来了那位真命天子，他重新被起用，正式回归朝廷了！

原来，此时此刻，宋孝宗已经禅位、宋光宗登基称帝了（故事后面再说）。新皇登基，自然焕然一新。于是，朝廷进行了一场大规模的人事变动，无数的官员下岗或上任，辛弃疾这才获得了出仕的机会，重新入朝为官。

宋光宗对辛弃疾，那是非常不错。录用辛弃疾后，宋光宗立刻授予了他一个福建提点刑狱的官职。

此后的三年内，宋光宗又授予了他代理福建安抚使、福建安抚使等官职，中间还曾把辛弃疾召入京城，当了半年的京官（太府卿，负责与敌国贸易等事，从四品）。

可见，宋光宗对辛弃疾，真可谓不薄。然而，皇帝再喜欢他，却改变不了群臣讨厌他的事实。

最终，在群臣厌恶下，一场对辛弃疾“贪、酷”的弹劾，又如期上演了。而且，这一回的暴风雨来得更加猛烈。

绍熙五年（1194 年）七月，谏官黄艾弹劾辛弃疾严酷贪污，奸赃狼藉。对于这个罪名，辛弃疾百口莫辩，又被罢免了福建安抚使官职。

同年九月，御史中丞谢深甫弹劾辛弃疾“交结时相，敢为贪酷，虽以黜责，未快公论”。对于这个罪名，辛弃疾百口莫辩，又被降两级处分。

庆元元年（1195 年）十月，御史何澹弹劾辛弃疾“酷虐裒敛，掩帑藏为私家之物，席卷福州，为之一空”。对于这个罪名，辛弃疾依旧百口莫辩，他被罢免了所有的官职，只留下了一个主管武夷山冲佑观的祠禄官（主管道观工作，无实权，只拿很少的俸禄）。

庆元二年（1196 年）九月，御史们再接再厉，他们弹劾辛弃疾“贪污姿横，唯嗜杀戮，累遭白章，恬不少悛”。对于这个罪名，辛弃疾还是百口莫辩，他被剥夺了祠禄官的俸禄，彻底一无所有了。

其实，史学家们已经证明了，弹劾辛弃疾的这些罪名，全都是莫须有，御史们只是玩命弹劾辛弃疾，打压这位政敌，来巩固自己的势力罢了。对于政敌送给自己的罪名，辛弃疾也释怀了很多，他不打算与这些小人争一个你死我活了。辛弃疾选择了辞职，正式离开了朝廷。

毕竟，在辛弃疾的眼中，这种尔虞我诈、钩心斗角的生活，并不是自己渴望的生活。

厌了、烦了……我走了，不跟你们玩了！

至此，庆元二年（1196 年），辛弃疾又下岗回家，他再也不想政事。

这一年，辛弃疾 57 岁。

艰辛的“辛”

宋宁宗庆元二年（1196 年），57 岁的辛弃疾再次归隐山林了。

我相信，辛弃疾做出这个决定时，一定痛苦不已。

毕竟，从宋高宗绍兴三十二年（1162 年）开始，辛弃疾一共为这个国家奋斗了 34 年。他从一个义军的掌书记开始，凭借自己的本事，最终做到了一名封疆大吏。

其间，辛弃疾报国家、保社稷、献良策、平祸乱，发展经济，严惩贪官，还组建了一支无敌的部队，对这个国家可谓鞠躬尽瘁、死而后已。

然而，这个国家又是怎么对他的呢？

由于自己归正人的身份和敢作敢为的个性，辛弃疾遭遇了无穷无尽的弹劾、无穷无尽的猜疑、无穷无尽的报复和打击，其间他两次被罢官，还被致闲了整整 10 年之久。

辛弃疾的一生，没有愧对国家；是这个国家，彻底辜负了他……

事已至此，再争论谁对谁错，已经没有意义了。对于辛弃疾而言，他无力改变这一切，不如潇洒地离开。无官一身轻的他，反而能够躲避世间的流言蜚语，得到一个真正的解脱。

就这样，参透了一切的辛弃疾与嬉鸟花草为伴，书写各种田园风景的诗词。正如这首《西江月·夜行黄沙道中》：

明月别枝惊鹊，清风半夜鸣蝉。稻花香里说丰年，听取蛙声一片。

七八个星天外，两三点雨山前。旧时茅店社林边，路转溪桥忽见。

这首词，就是辛弃疾归隐山林后写的，这种独具特色的农村诗，也把辛弃疾的诗词水平带到一个崭新的高度。

当时，辛弃疾除了写农村诗，干农活，住农家院（稼轩），为了表示自己就要当一个与世无争的农民，他连自己儿子的名字，都加上了一个“禾”字旁，以表自己的决心。

辛弃疾一共九子两女，除了夭折的幼子辛䆟外，其余八子名称依次为：稹、秬、秠、穮、穰、穟、秸、裦，全部都是“禾”字旁。两个女儿，也都是“禾”字旁。

综上所述，有这么多“禾”字旁的子嗣，辛弃疾的心情就可想而知了。

当时，辛弃疾还写了一些诗词，以表自己无处报国、壮志未遂的心情。

这个时候的辛弃疾的诗词，也有了一个新的高度。

辛弃疾致仕期间，他的族弟辛茂嘉要去桂林上任。送行时，辛弃疾突发奇想，用他的姓氏为题，写了一首《永遇乐· 戏赋辛字送茂嘉十二弟赴调》送给弟弟。

烈日秋霜，忠肝义胆，千载家谱。得姓何年，细参辛字，一笑君听取。艰辛做就，悲辛滋味，总是辛酸辛苦。更十分，向人辛辣，椒桂捣残堪吐。

世间应有，芳甘浓美，不到吾家门户。比著儿曹，累累却有，金印光垂组。付君此事，从今直上，休忆对床风雨。但赢得，靴纹绉面，记余戏语。

在这首词中，辛弃疾告诉弟弟，咱们家族的“辛”字，是什么意思呢？我悟了半辈子，终于明白了！

这个“辛”字，它是“辛辣”的辛，难合世人之口！它是“辛苦”的辛，要操劳一生！它是“艰辛”的辛，要倒霉一辈子！

可见，能用自己的姓氏做主题，把诗写到这个地步，辛弃疾也算是“会当凌绝顶，一览众山小”了。

就这样，参透了自己的一生后，辛弃疾彻底隐居了。即使朝廷打算重新录用他，辛弃疾也没有兴趣了，他对朝廷的诏书，也根本不闻不问。

原来，庆元年间，有人建议恢复辛弃疾的官职，最不济也要给他一个祠禄官的职务，让他成为国家的“储备干部”。因为，这是一个有本事、有才能的官员，万一国家出现了什么紧急事情，还能让他去“灭火”。

于是，在这种想法下，皇帝大笔一挥，恢复了辛弃疾的集英殿修撰和武夷山冲佑观祠禄官的职务，让他成为一个候补官员。

虽然得到了官职，辛弃疾随时有可能复出，但对于这个结果，辛弃疾却根本不上心，而且通过他写的一首《沁园春·戊申岁，奏邸忽腾报，谓余以病挂冠，因赋此》，我们就能知道他的心情。

老子平生，笑尽人间，儿女恩怨。况白头能几，定应独往，青云得意，见说长存。抖擞衣冠，怜渠无恙，合挂当年神武门。都如梦，算能争几许，鸡晓钟昏。

此心无有新冤，况抱瓮年来自灌园。但凄凉顾影，频悲往事，殷勤对佛，欲问前因。却怕青山，也妨贤路，休斗尊前见在身。山中友，试高吟《楚些》，重与招魂。

从中可以看出，辛弃疾已经看透了官场和人生。此外，辛弃疾还准备从佛教的因果理论中寻找失败的根由，打算皈依佛门了。

辛弃疾是真的打算跟陶渊明一样，“一松一竹真朋友，山鸟山水好弟兄”，沉醉在自然的美景中，与花草鸟兽做兄弟朋友。

直到若干年后，辛弃疾才重新响应国家的号召，再次出山。当然，那些都是后话，咱们未来再议。

就这样，辛弃疾为这个国家奋斗了一生，却被这个国家伤透了心。从此以后，他与自己的好朋友们为伍，对酒狂歌空度日，飞扬跋扈为谁雄。

辛弃疾的这些好朋友，也都是南宋历史上鼎鼎大名的人物，他们分别是辛弃疾的徒弟刘过、一生挚友陈亮，还有那个亦敌亦友的——朱熹。

那么，辛弃疾的这些好友，又将书写什么样的历史呢？他们的下场，是不是跟辛弃疾一样呢？

让我们拭目以待。

第十五章 辛弃疾的好友们

狂人之徒

辛弃疾有很多的好朋友，比如陆游、陈亮、洪迈、张坚、张栻、朱熹等，他们都是当时的著名贤臣，也是辛弃疾的莫逆之交。

在这些朋友中，辛弃疾与陆游最为投缘，虽然他们整整相差了 15 岁，但共同的目标把他们联系在了一起，让他们书信往来、无话不谈。

同时在这些好友中，辛弃疾最喜欢的人，则是他的徒弟刘过。

这个刘过，他是一个什么样的人呢？

刘过是吉州人（江西省泰和县），一介书生。刘过比辛弃疾小十余岁，他特别崇拜辛弃疾，一直把辛弃疾当成自己的偶像。

刘过崇拜辛弃疾到了什么程度呢？有诗《呈辛稼轩》为证：

书生不愿黄金印，十万提兵去战场。
只欲稼轩一题品，春风侯骨死犹香。

这首诗的大概意思是，我不稀罕挂着黄金印、带领十万军队去战场建功立业的荣耀，我只稀罕一件事情。这就是请辛弃疾为我签个名、题个字。这样即便我死去了，骨头也能散发着幽香。

看见没有，这马屁拍的……也是没谁了。

那么，作为辛弃疾的超级粉丝，刘过又是怎么跟辛弃疾相识的呢？

关于这个问题，历史上有两种说法。

第一种说法，刘过主动追的辛弃疾。

根据南宋蒋子正的《山房随笔》记载，辛弃疾晚年在浙东做安抚使时，刘过来找他。结果，辛弃疾事情太忙了，就没有见他。刘过一直见不到这个偶像，心里很是着急。恰好，刘过听说朱熹和张栻也在当地做官，便登门拜访了他们，希望他们引荐一下，让自己与偶像见面。

听了这个请求后，朱熹和张栻比较为难，说你是一介布衣，怎么能轻易地见朝廷大员呢？不如这样吧。过几天，官府要举行一场宴会，我们都得参加，你也跟我们去。不过你不是官员，肯定进不了会场。你进不去就在门外嚷嚷，玩命大喊大叫。到时候，我们就能想办法让你进去了。

刘过依计而行。过了几天，他就随朱熹等人参加宴会。刘过到了门口后，守门的卫兵一看，说你干吗的？有请帖吗？没有请帖，在这站着干吗，一边去！

这时，刘过就跟门卫吵起来了，他故意大喊大叫道：“瞎了你们的狗眼，我是一代文人刘过，文采天下皆知，凭什么不让我进去！”但不管刘过怎么嚷嚷，门卫还是履行职责，就是不让他进。

门口吵起来了，里面的辛弃疾就听见动静了，他派人一问，得知门口来了一个狂生，不由分说，就是要往里面闯。

对于这种人，辛弃疾很是生气，他下令把这个人打跑，不要耽误了自己饮酒娱乐。

这时，一旁的朱熹和张栻说话了，他们告诉辛弃疾，这个刘过虽然狂妄，但却是当世豪杰，特别擅长赋诗，不妨一见。

辛弃疾一听，不好驳了这两位朋友的面子，就下令让刘过进来了。

刘过面见了辛弃疾后，辛弃疾问："听说你能写诗？"

刘过拍着胸脯道："能。"

辛弃疾道："好，那你就写一首吧。"随后，他一指桌面的羊腰肾羹，道："以此菜名为赋。"

刘过看了一眼那道菜，请求道："天气太冷，能否让我喝一口酒，暖暖身体再写。"

辛弃疾笑着亲自给了刘过一杯酒。

偶像给自己酒喝，刘过太激动了，所以在喝酒时，他的手抖个不停，一些酒就洒在胸口了。

哆哆嗦嗦喝完酒后，刘过道："用什么韵来作诗？"

辛弃疾一指刘过的胸口，道："就用'流'字为韵。"

本来，辛弃疾以为，在这么苛刻的条件下作诗，怎么也得思考呀。结果，这个刘过竟然很快道："拔毫已付管城子，烂胃曾封关内侯。死后不知身外物，也随樽酒伴风流。"

听完这首诗，辛弃疾大喜过望，说这真是一个奇才呀！于是，辛弃疾让刘过入席喝酒，后来，在深入地了解后，辛弃疾就收了这个徒弟，让刘过拜自己为师。

这个故事，就是刘过与辛弃疾见面的全过程。

虽然这个故事说得有鼻子有眼的，但若细细考证，就一个词——胡扯。

因为这里面有一个明显的漏洞，辛弃疾当浙东安抚使时，朱熹和张栻都已经病逝了，他们怎么可能当介绍人呢？

因此，这个刘过主动追辛弃疾的说法，被史学家们否认了。

第二种说法，辛弃疾主动找的刘过。

根据《程史》记载，辛弃疾在浙东当安抚使时，下面有人来报，说浙东有一个能人，叫刘过，此人诗词歌赋样样精通，据说还是您的一个超级粉丝。要不我们把他找来，您抽空见见。

辛弃疾最喜欢结交文人了，于是，辛弃疾派人去请刘过。结果，刘过当时有事出远门了，错过了这个机会。

刘过回家后，得知此事，后悔不已，马上给辛弃疾写了一封信，请求再约时间见面。

当然，作为辛弃疾的超级粉丝，刘过不在这封信中写上辛弃疾招牌的奇、才、狂的诗词，也就不是辛弃疾的超级粉丝了。

刘过在《沁园春》中是这么写的：

斗酒彘肩，风雨渡江，岂不快哉！被香山居士，约林和靖，与坡仙老，驾勒吾回。坡谓西湖，正如西子，浓抹淡妆临镜台。二公者，皆掉头不顾，只管衔杯。

白言天竺去来，图画里、峥嵘楼观开。爱东西二涧，纵横水绕；两峰南北，高下云堆。逋曰不然，暗香浮动，争似孤山先探梅。须晴去，访稼轩未晚，且此徘徊。

这首诗的大概意思是说：得知您的邀请后，我非常高兴，本想第一时间赶过去、跟您一起喝酒聊天，但是被三个好友拖住了，所以才没有去，还请您见谅。

这三个好友，就是“浓抹淡妆临镜台”的东坡居士苏轼、“峥嵘楼观开”的香山居士白居易和“争似孤山先探梅”的和靖先生林逋。我净顾着跟他们聊天，就忘记您的邀请了。

由此可见刘过狂妄的性格。

要知道，白居易、苏轼、林逋都是什么人呀？他们都是唐宋年间名满天下的学士，而且这三个人都入土很久了，刘过还能跟他们聊天，其自夸狂放与丰富的想象可见一斑。

鉴于此，《桯史》的作者在写这段故事时，就用了一个很贴切的标题，称此为“白日见鬼”。

辛弃疾却大呼过瘾。于是，他把刘过安排在了自己身边，让他当自己的幕僚。

《桯史》的作者叫岳珂，就是那个饱受争议的岳飞的孙子。他曾经是辛弃疾的手下，也是那段历史的第一见证人。因此，史学家们认为，岳珂的话比元朝蒋子正的话更靠谱。

当然，不管真相如何，总之一句话——刘过和辛弃疾见面后，因为共同的性格和志向，立即变成无话不谈的好友，最终变成莫逆之交了。

这哥俩相识后一起饮酒作诗、一起旅游嬉戏。后来，这哥俩还一起“扫黄打非、打击嫖娼”。而就是因为这件事情，这哥俩彻底得罪了整个官场。

打击嫖娼

根据元朝的《江湖纪闻》记载：辛弃疾在淮河一带做安抚使时，雇了刘过当幕僚。对于这个助手，辛弃疾很满意。但是，对于这个助手的生活习惯，辛弃疾就很不满意了。

刘过这个人放浪不羁、花钱如流水。为免得早晚有一天，他穷困潦倒，辛弃疾特别送给了他一千缗钱，让他回家置办一些田产。结果，刘过我行我素，把这一千缗钱换成了酒肉，全部吃下肚了。

得知此事后，辛弃疾大怒，就不再给他钱了。后来，刘过的母亲生病了，刘过要请假回家照顾老母。临行前，刘过给辛弃疾辞行，辛弃疾摆了一桌酒席，双方好好吃了一顿。

酒过三巡，菜过五味后，辛弃疾问道：“你此次回家，可有钱啊？”

刘过拍拍空空如也的口袋，苦笑一声。

见此情景，辛弃疾一摸自己的口袋，也没剩下多少钱，也只能苦笑一声。

喝了几杯酒后，辛弃疾道：“老母病重，你此次回家，肯定要花很多钱，怎能空手回去呢？不如这样，你跟我去挣钱吧。”

一听这话，刘过苦笑道：“大人，这三更半夜的，我们去哪里挣钱，您莫非是喝醉了不成？”

辛弃疾哈哈一笑道：“你跟我走便是。只不过，咱们要换身衣服，不能穿这么好。”

就这样，在刘过的质疑中，辛弃疾找来两件破旧的衣服，两人换上后直奔一个高档娼楼，准备去那里“抓嫖”。

正好，有一个肥头大耳的官员在这里喝酒玩耍，他左拥右抱、不亦乐乎。于是，辛弃疾立刻走上前去故意找碴。

您想，官员喝得正高兴呢，突然面前来了两个衣衫褴褛的乞丐，他哪能满意？于是，官员大怒，他也没看清楚这俩人是谁，就下令仆人把他们轰走了，据说还踹了他们两脚。

被轰出来后，辛弃疾掸掸身上的尘土，毫不动怒，反而笑着对刘过道："走吧，回府衙，挣钱去也。"

回到衙门后，辛弃疾立刻以处理加急文件为由，下令召那个官员来干活。可怜的官员，正在青楼花天酒地呢，哪里找得着？结果，第二天日上三竿了，官员才得知此事，他赶紧第一时间来找辛弃疾，并恳请治罪。

辛弃疾看见这名官员后，大怒，随后一一列举了他不法之事。最后，辛弃疾告诉他，身为国家公务人员，应忠于职守、随叫随到，怎么能去烟花酒色之所呢？而且还敢动手打人，真是大大地可恶！

官员听完后，被骂得稀里糊涂的。他仔细回想乞丐的长相，这才恍然大悟，瞬间被吓得半死。

最终，辛弃疾把他轰了出去，不仅命他停薪革职，回家反省，还扬言要严惩他，定要把他发配边疆。

官员回家后惶惶不可终日，他就找到了刘过，送给他五千缗钱，请求原谅，并请他到辛弃疾面前美言几句，不要严惩自己了。

吃人嘴软，拿人手短，收了钱后，刘过找辛弃疾问道："他认栽了，也交罚金了。这个事情是不是就算了？"

辛弃疾回答道："不行，踹一脚，五千缗钱。他一共踹了两脚，让他再交五千缗钱，否则没完！"

刘过传达后，那官员一看，啥也别说了，只能乖乖补交了五千缗钱。

至此，辛弃疾终于有钱了。刘过走的那天，辛弃疾买了一条小船，送给他，并将那一万缗钱都留在了船上，送给了刘过。

辛弃疾告诉他："行啦，这回你有钱了，可以踏踏实实上路了。切记，这些是给你母亲治病的钱，不可乱花。"

刘过非常感动，对辛弃疾千恩万谢，临走时，赋《念奴娇》一首，作为纪念。而他们的这段交往，也成了千古美谈。

当然，虽然这个故事说得也有鼻子有眼的，但我可以很负责地告诉您——这个故事漏洞百出，根本不足采信。

因为，没有任何资料记载了辛弃疾曾在淮河一带做安抚使。既然他没有在那里当过官，又何来“扫黄”之事？刘过确实写过《念奴娇》，但那是送给别人的，跟辛弃疾一点儿关系也没有。

综上所述，这个故事，只是表达了人们的一种美好心愿罢了。

刘过虽然狂，也留下了很多的江湖传说。但是，在真正的历史中，有一个人比刘过更狂、更桀骜不驯。这个人，不仅对辛弃疾的胃口，而且成了他的莫逆之交。

这个人，就是南宋历史上家喻户晓，后世更是评其为“评法批儒”的法家杰出代表——陈亮。

狂人之友

陈亮，原名汝能，字同甫，号龙川，学界称其为“龙川先生”。他是婺州永康（今属浙江）人，南宋著名思想家、文学家，现存著作有《龙川文集》《龙川词》等。

在南宋的历史上，陈亮的名气很一般。然而，在那场“评法批儒”的运动中，陈亮作为杰出的法家代表，却备受褒扬，成了那个时代的英雄。

当时，他的文章作为法家著作大规模地印刷，政府的工作人员几乎人手一本，他也因此声名显赫。

根据《宋史》记载，陈亮是一个天降大任的奇才。他出生时，眼睛就能发出神奇的光。长大后，陈亮喜欢谈论兵法，讲起来滔滔不绝，动笔的话更是一挥而就，不费吹灰之力就能写出一篇几千字的文章。

陈亮不到二十岁，就已经成为天下闻名的“国士”。后来，他更成为南宋最著名的学者之一。

然而，不管陈亮多么有才，在世人眼中，他有一个巨大的缺点。这个缺点就是狂。

陈亮有多狂呢？《宋名臣言行录外集·卷十六》为证：“公天资异常，俯视一世，常以经纶天下自任，壮岁应乡举推为褒然之选。”

在中国这个传统社会里，这种狂徒的仕途，是肯定不会一帆风顺的。即使陈亮曾经得到皇帝的青睐，也得一波三折，最终销声匿迹。

跟陆游一样，为了阐述自己的思想，陈亮也毛遂自荐了一把。他以一介布衣上书朝廷，慷慨陈词，建言献策，呼吁废除和约，对金宣战，并恳请皇帝给他一个当面发言的机会。

陈亮的这篇奏章，就是历史上大名鼎鼎的《中兴五论》。

在这篇文章中，陈亮开门见山道："海内涂炭，已有四十余载。赤子嗷嗷无告，不可以不拯救；国家遭受的耻辱，不可以不去报；先皇的陵墓还在敌国，不可以不去收；这些道理连小孩都懂，我们必须要北伐中原、报仇雪恨！"

那么，怎么北伐中原呢？对于这个问题，陈亮给出了一个四步战略。

第一步，皇帝迁都至建业（南京），给天下一个表率。随后在武昌建立行宫，整顿兵马，定期演习。这样一来，金人看见我们如此部署兵力，一定会加强京、洛、陈、许、汝、郑等地的防备，他们的防守力量就被分解了，我们就能在川陕和山东一带有机可乘。

第二步，委派一员大将镇守四川，在这里整顿兵马、训练士兵，做好北伐中原的准备。一旦天下有变，就从祁山出击，从子午道偷袭长安。收复长安后，就以这里为前线基地，讨伐中原。

第三步，委派一位善于言辞、颇有担当的归正人去山东，去游说当地的豪杰做内应，让他们从内部攻打金国。同时，派遣水军去山东半岛，攻击金人后部。届时，内外夹攻，必能让金军疲于奔命，减弱金人淮北一代的军事力量。

第四步，在以上三步棋都走完后，金人就将左右不顾、疲于奔命了，届时，我们从襄阳出兵，直接讨伐中原。到了那个时候，收复中原、报仇雪恨就指日可待了。

以上，就是陈亮献给宋孝宗的主要内容，他还给这个计谋起了一个很好听的名字，叫作"批亢捣虚，形格势禁"之道！

虽然陈亮的这个计谋，看似说得头头是道，但真正落实起来却问题重重。

如从子午道偷袭长安，你不怕全军覆没吗？此外，派人游说山东豪杰，这是谍战剧看多了呀。可以说，陈亮的这篇奏章，大多属于"纸上谈兵"，观点并不成熟，还需要继续研究。

虽然这篇文章的内容还需商榷，但这篇文章却写得非常好。

宋孝宗看完这篇文章后，大呼过瘾，并深受震撼。在这种情形下，宋孝宗打算召见陈亮，对其破格录用。

在这种背景下，陈亮可以跟陆游一样，通过毛遂自荐的办法入朝为官了。然而，就在这个时候，因为一个小人的突然出现，让陈亮失去了这个平步青云的机会。

这就是坑害过陆游的——曾觌。

原来，得知皇帝要召见陈亮后，曾觌认为这是一个机会，他主动担任传召使，去宣陈亮入宫了。他准备先一步拉拢陈亮，让其为自己所用。

得知前来传旨的人是小人曾觌后，陈亮大吃一惊，说我这么一个正人君子，怎么能跟小人为伍呢？陈亮二话不说，就从后院翻墙逃走了。曾觌扑了一个空，只能很丢脸地回去了。

曾觌气得咬牙切齿地说，你一个小小的贱民，竟然不给我面子，看我怎么收拾你！

曾觌回宫后就给陈亮穿小鞋了。他告诉宋孝宗："陈亮这个人狂得要命，臣去宣旨让他进宫，他却说朝廷给他的待遇太次了，要八抬大轿去抬他才肯进宫。臣跟他争论了起来，陈亮竟然甩袖子走了，根本不把圣旨放在眼里。"

宋孝宗一听，没想到这个陈亮竟然是这种人，真是一个狂妄之徒。于是，皇帝就不打算再召见陈亮了。

后来，等了几天，陈亮见没有动静了，就又献了一篇文章，再次毛遂自荐。结果，陈亮的文章再次打动皇帝，宋孝宗又打算召见他了。

这一次，皇帝没有让小人曾觌去传旨，而是委派了几个正直的官员，让他们去请陈亮。

按理来说，正直的官员来请陈亮，陈亮应该进宫面圣阐述自己的思想了吧。结果呢？他还是没去成！

原来，这几个官员见到陈亮后，就出了几个题目让陈亮回答，准备先考查他一番。对于这些问题，陈亮知无不言言无不尽，回答得头头是道，也把这些官员惹怒了。

原来，陈亮在回答问题时借题发挥，痛骂社会，表达不满。

陈亮说现在的朝廷上都是一群不思进取、安于现状、小富则安的小人，让这群废物治理国家，如何富国强兵？如何收复失地？若我执政，一定扫尽这群垃圾，整顿朝纲，等等。

可想而知，听完陈亮的厥词后，这几个官员一琢磨，行了，走吧，回宫吧。眼前的这位仁兄，谁用谁倒霉！若把他带回去，朝廷就永无宁日了。

于是，这些官员随便找了一个借口，就把陈亮晾在原地。

回来后，这些官员告诉皇帝，这个陈亮就是一个只会吹牛皮的狂生！什么本事也没有，谁用谁倒霉。他的那些文章，全是纸上谈兵，一点儿用也没有。

本来，宋孝宗还是挺喜欢陈亮的，但也架不住“三人成虎”。于是，宋孝宗又收回成命，对陈亮也没有兴趣了。

再后来，等了几天，陈亮见又没动静了，他就又献了一篇文章，第三次毛遂自荐。

那么，在事不过三的原则中，宋孝宗会召见他了吧？

当然不可能了。

经过了两次考察后，宋孝宗已经对陈亮没有兴趣，也不打算重用这个人了。当然，碍于面子，也为了给天下一个表率，宋孝宗授予陈亮一个芝麻绿豆的小官，作为鼓励。

结果，宋孝宗根本没有想到，对于这个任命，陈亮直接拒绝了。

心高气傲的陈亮笑道：“吾欲为社稷开数百年之基，宁用以博一官乎？”意思是，我上书，是想为国家开启百年的基业，怎么变成一个博取官职的事情了？他宁可穷困潦倒，也不会为这“五斗米”折腰。

至此，陈亮接连上了三次奏折，也没有得到皇帝的召见，只能回家了。当然，之所以得到这么一个结局，跟宋孝宗被小人蒙蔽、慧眼不识有关系，但更多的还是因为陈亮太愤世嫉俗、狂妄嚣张了。

那么，陈亮又是怎么跟辛弃疾认识的呢？这两位同样“不恨古人吾不见，恨古人不见吾狂耳”的人见面后，又会发生什么样的故事呢？

一生的挚友

陈亮跟辛弃疾一样，也是一个一身英雄气概、力主恢复中原、藐视当朝权贵的狂生。这两个生活在同一个时代的狂生，要是没有见面，那将是一件多么遗憾的事情呀。

好在，陈亮不仅跟辛弃疾见面了，他们还成为一对好友。

那么，这对天下闻名的狂生，是怎么见面的呢？

根据江湖传说，这对狂生的见面有两个版本。

第一个版本，杀马过桥，惊悚会面。

根据南宋赵溍的《养疴漫笔》记载，陈亮在家期间，正好路过辛弃疾所在的城镇，他就准备拜见辛弃疾。

当时，陈亮骑马进城，要经过一个小桥。但是，小桥可能因为年久失修，断了，但断得不是很严重，可以跳过去。

于是，陈亮就催马跳跃，但是，陈亮的马比较胆小，他三次催马跳跃，这匹马就是不跳。

见马如此不听话，陈亮大怒，他二话不说，跳下马来，抽出腰间的宝剑，咔嚓一下，就把马斩首了。陈亮踢了一脚地上的马头，纵身一跃，就过桥去找辛弃疾了。

当时辛弃疾就在城楼上呢，他目睹了整个过程。辛弃疾大惊，说这个疯子是谁呀？好家伙，稍有不顺心，就斩了坐骑！后来，得知此人就是名扬天下的狂生陈亮后，辛弃疾就跟他结交了，双方变成了一对好友。

第二个版本，敲诈勒索，被迫结交。

还是出自赵溍的《养疴漫笔》记载，说陈亮跟辛弃疾见面时，没有杀马过桥，他是主动投奔的辛弃疾。因为他太穷了，家里一贫如洗，只能来辛弃疾这里混口饭吃。

陈亮面见了辛弃疾后，辛弃疾一看，这个小伙可以呀，很是合我胃口，他就把陈亮留了下来。辛弃疾还准备了一桌酒席，宴请了陈亮。

后来，借着酒劲，这哥俩就聊开了，因为有共同的梦想和话题，他们聊起北伐中原的路线和战略，模拟各种宋金的战争。

聊着聊着，辛弃疾喝醉了，他一拍陈亮的肩膀，大喊道："我若面见了皇帝，一定要告诉他迁都！杭州这里，真不适合建都！"

陈亮疑惑道："为何，是因为杭州太美了吗？"

辛弃疾摆摆手，大声道："不是，因为杭州易攻难守，根本守不住！我若是金人，把牛头山一堵，天下的勤王之师就进不来了。我再把西湖水一放，哈哈，整个杭州城的人，都得被活活淹死……"

说完，辛弃疾往桌上一趴，就呼呼大睡了。他是睡着了，但此时此刻，陈亮却被吓醒了！

陈亮越想越怕，你辛弃疾这么说，不是在诅咒当今圣上要被活活淹死吗？你怎么能这么说话呢？这是大逆不道、株连九族的大罪呀！不行，我不能在这里继续待了。若辛弃疾酒醒了，想起这番话，这个人一定会杀我灭口，我还是赶紧跑吧。

说干就干，陈亮偷偷摸摸溜到马厩，偷了一匹宝马良驹就不辞而别了。

过了一个多月，陈亮给辛弃疾写了一封信，信里面委婉地告诉辛弃疾："老兄，我之所以不辞而别是有原因的。因为你那天晚上的言辞太劲爆了，我不敢听，只能逃跑了。至于你说了什么，估计你也忘了，我也就不说了。只不过，我想告诉你另外一件事情，我快饿死了，你借我十万贯钱吧，求求你了，救我一下吧。"

结果，辛弃疾二话不说，乖乖奉上了十万贯钱，以堵住陈亮的嘴。

在这个故事里，陈亮和辛弃疾的形象都不怎么样。陈亮是一个敲竹杠的小人，辛弃疾也不光彩，成了一个口无遮拦、心甘情愿被敲诈的窝囊废。

那么，这故事是真的吗？

当然不是了。

要知道，陈亮虽然性情暴躁，但他穷得叮当响，连马都没有，何来杀马之说？而且，资料显示，陈亮是一介文人，手无缚鸡之力，何来杀马的力气？因此，第一个故事，就是一个荒诞传说罢了。同样，第二个故事，也是杜撰的。要知道，陈亮和辛弃疾都是坦荡荡的君子，他们不会干这些龌龊的事情。即使辛弃疾酒后失言，陈亮也不会去告发他，更别说去敲竹杠了。

因为在真正的历史中，这哥俩是一对好朋友。

起初辛弃疾跟陈亮是笔友，他们虽然没有见过面，但一直互通书信，关系好得不得了。

淳熙年间，辛弃疾遭到了弹劾、下岗回家了。为了安抚这位笔友，陈亮不远万里来到辛弃疾的府邸，那时这对英雄才正式见面。

当时，辛弃疾正在生病，得知陈亮到来后，辛弃疾很是高兴，他们愉快地聊了很久，辛弃疾失落的心情也一扫而光。

双方聊了数日，陈亮启程回去了。辛弃疾意犹未尽地写了一首词给陈亮，以纪念他们之间的这段友谊。这就是大名鼎鼎的《贺新郎·同父见和再用韵答之》。

老大那堪说。似而今、元龙臭味，孟公瓜葛。我病君来高歌饮，惊散楼头飞雪。笑富贵千钧如发。硬语盘空谁来听？记当时、只有西窗月。重进酒，换鸣瑟。

事无两样人心别。问渠侬：神州毕竟，几番离合？汗血盐车无人顾，千里空收骏骨。正目断关河路绝。我最怜君中宵舞，道“男儿到死心如铁”。看试手，补天裂。

老规矩，咱们先解释这里面的典故。

这首词里面，一共有五个典故，分别是——元龙、孟公、汗血盐车、收骏骨、中宵舞。

第一个典故，元龙。

元龙，指的是东汉时期的陈登（字元龙）。他是一位忧国忧民、有救世之志的贤人。在词里，辛弃疾把陈亮比作陈登，说他是一个以经纶天下自任、欲开社稷数百年之基的贤人。

第二个典故，孟公。

孟公指的是西汉时期的陈遵（字孟公）。此人嗜酒好客，天天举办宴会，并乐此不疲。喝到高兴时，陈遵会下令关闭大门，破坏客人的车子，大家不喝一个通宵，谁也别想走。在这里，辛弃疾把自己比作陈遵，说自己也是一个喜欢结交朋友的人，并打算与陈亮不醉不归。

第三个典故，汗血盐车。

《史记·大宛列传》记载，有一天，相马专家伯乐在路上行走时，突然看见一匹拉着盐车的马。这匹马步履蹒跚，身体已经被盐水渗得腐烂了，膝盖也骨折了。见到这匹马后，伯乐冲上前抱着马痛哭流涕，还解下自己的衣服披在了马的身上。

马主人不明所以地疑问道：“你哭啥？还对它这么好？这就是一匹拉货的普通马呀。”

伯乐大怒道：“此乃传说中的汗血宝马，在战场上所向披靡！竟然被你用来拉盐！”

一听这话，刚才一直低头的汗血宝马突然抬起了头，高声嘶叫起来，那声音直上云天，响亮得好像金石发出来的一样……

后来，人们就用汗血盐车这个典故，比喻人才埋没受屈。

第四个典故，收骏骨。

收骏骨指的是千金买骨。

《战国策》记载，古代有一个君主，特别想得到一匹千里马，为此甚至不惜花费千金。但很多年过去了，却一直没有找到。

这时，一个大臣主动请缨，拿着千金出发去寻找千里马。结果，大臣没有买到千里马，却花费了五百金，买来一副千里马的遗骨。

一见此物，国君大怒，说："寡人要寻求的，是活的千里马！你怎么给我弄来一副遗骨，还花费了我五百金！"

大臣解释道："大王息怒，天下看见我们为了一匹死去的千里马都愿意花费五百金，何况是活马呢？天下看见大王您这么有诚意购买千里马。我相信用不了多久，千里马就会来到我国了。"

果不出大臣所料，不出一年，各地就送来了好几匹千里马。

后来，人们就用千金买骨比喻求贤若渴，愿意花费重金得到渴求的人才。

最后一个典故，中宵舞。

中宵舞指的是闻鸡起舞。

晋朝有一个胸怀坦荡、拥有远大抱负的人叫祖逖。为了振兴晋朝，祖逖和好朋友刘琨发誓，每天早上，只要听到鸡叫声，不管多黑、多冷、多困、多累，都要爬起来练武。

后来，凭借这股毅力，他们都成了国家的栋梁之材，而这个闻鸡起舞，也成为成功人士不惧怕困难、极早发奋图强的代言词。

综上所述，这首词的大概意思是：我本来一事无成，不该再说什么了，可是，如今碰到了你这个如同陈登与陈遵般的朋友，便忍不住"老夫聊发少年狂"。我正在生病，你来了，我高兴得与你高歌痛饮，欢喜和友谊驱散了所有的寒意。我们在一起讨论国家大事，谈得如此投机，相互一次又一次地倒酒，听着一首又一首的音乐。我们最关心的就是这片神州大地何日才能脱离金人的主宰。那些可怜的汗血宝马，何日才能抬起自己的头颅仰天长鸣。我们这个国家，也不知何时才能"收骏骨"。然而，不管何时何地，在我眼中，你陈亮永远是一匹千里宝马，你拥有矢志不渝的觉悟，“男儿到死心如铁”的决心，我等待你大显身手的那一天，望用自己的手去补天裂！

通过这首词，这两个人的关系也就可想而知了。话能聊到这个份儿上，人生得此知己，真可谓无怨无求也。

那么，在未来的岁月中，这对莫逆之交，又将何去何从呢？为什么这个与辛弃疾一样才华横溢、秉性相同的陈亮，在历史上却鲜为人知呢？

陈亮病逝

咱们都知道，辛弃疾一生不招小人待见，小人们也一直给辛弃疾使坏，让他痛苦不已。同样地，陈亮也不招小人待见，他也得到了辛弃疾一样的待遇。

而且，陈亮比辛弃疾还要惨！辛弃疾的惨，只是罢官回家。陈亮的惨，不仅是锒铛入狱，还有性命之忧。而且，陈亮的这种牢狱之灾，竟然还发生了两次！

第一次牢狱之灾，发生在淳熙十一年（1184 年）。

这场牢狱之灾本来跟陈亮毫无关系，但在各种机缘巧合下，他竟稀里糊涂锒铛入狱了。

陈亮有一个学生，叫吕约。这个学生跟他一个秉性，恃才自傲，还容易惹是生非。就是因为这个学生，陈亮被连累入狱了。

有一次，吕约和一个姓卢的朋友（真名不详，这里称卢某）喝酒。

吕约喝高了，他把自己当成了皇帝，要求卢某对其三跪九叩。他还命卢某对自己高喊“万岁”，承认他是一位皇帝。当时，卢某也喝高了，就稀里糊涂地干了。等酒醒后，卢某这个后怕呀，于是就报了官，说吕约犯上作乱，要造反。

本来，这件事情跟陈亮没有任何关系。谁知审讯期间，为了救这个学生，陈亮就带着吕约的父亲去找卢某的父亲，希望大家和平解决此事，结果，聊天时不知道大家说了什么，卢某的父亲回来后就忽然病逝了。

父亲无故病逝，卢某就急眼了，他就告了陈亮和吕约父亲一状，说他们狼狈为奸，这两人跟吕约是一伙人，杀人灭口，也打算造反。因为这一状，陈亮就受到了牵连，稀里糊涂入狱了。

因为当地官府看不惯陈亮的为人，所以在审讯期间，他们就想整死陈亮。官府罗织了很多莫须有的罪名往陈亮身上栽，得亏辛弃疾的全力营救，陈亮才被无罪释放。

第二次牢狱之灾则发生在宋光宗绍熙元年（1190 年）。

这场牢狱之灾跟陈亮也没有关系，他也是在稀里糊涂的情况下锒铛入狱。当然，他之所以入狱，跟他的这张嘴也有关系。

原来，这一年的春天，朝廷举行了一场科举考试，主考官是一个叫何澹的年轻官员。这个官员看不惯陈亮的文章，就让他落榜了。

陈亮愤愤不平，他就到处嚷嚷，说自己这么大岁数了，不仅有才华，还是社会公认的著名学者，结果竟然没有考上，还被一个什么本事都没有的年轻人侮辱，看来这个考试有很大的黑幕，朝廷要严格审查，还自己一个公道。

陈亮这么一嚷嚷，朝廷就坐不住了，他们立刻派人严查考试成绩。虽然最终还是以何澹的判定为主，但经过此事后，何澹恨死陈亮了，他要弄死陈亮，出出心中这口恶气。

没过多久，何澹就惊讶地发现，这个报仇的机会竟然来了。

原来，考试结束后，出了一场命案。这个杀人的人，“据说”曾经是陈亮家的仆人；这个被杀的人，“据说”曾说过陈亮父亲的坏话。这两个“据说”联系在一起，何澹就知道自己该干什么了。

何澹以受害者骂过陈亮的父亲，陈亮心中愤怒，就指使仆人杀人为由，把陈亮缉捕入狱了。在狱中，何澹指使酷吏玩命殴打陈亮，希望屈打成招，置陈亮于死地。

眼看好朋友又要身首异处了，辛弃疾又展开营救。虽然辛弃疾当时闲居在老家，无权无势，但他通过自己的关系网，还是联系了很多的朝廷官员，让他们去宋光宗面前鸣冤叫屈，并重审了此案。最终，在一番公平的审理下，陈亮被判无罪释放。

连续两次稀里糊涂锒铛入狱、连续两次稀里糊涂接近死神，陈亮的一生也算是可以了。当然，性格决定命运，他若不是那种性格，也不会有那些飞来横祸。

即使经历了两次背运，陈亮也不改初衷，继续我行我素，还是一如既往地语出惊人。结果，他竟然开始走好运了！

绍熙四年（1193 年），在参加科举考试时，陈亮一举夺魁，被宋光宗定为状元。

殊不知，陈亮之所以能够得到宋光宗的青睐，是因为他的文章正中宋光宗下怀。

当时宋光宗正在上演“过宫风波”，这个极其不孝的皇帝，正在找借口不去给老爹宋孝宗请安。宋光宗这种不孝之举，遭到了群臣的口诛笔伐。孰料，就在此时，陈亮在科举考试时，竟然完全支持宋光宗，认为他就是不用给父亲请安。

陈亮认为，继承父亲的遗志，是最好的孝道，何必走那些形式，一个月四次去看父亲呢？这种行为完全是多此一举。

因为不孝，正被群臣口诛笔伐得苦恼不已之际，宋光宗看到这篇文章不禁大喜过望，他按照陈亮的对策，去处理父子关系了。

可见，在这种背景下，宋光宗大笔一挥，让陈亮当状元了。

至此，在皇帝的赏识下，这个一生坎坷、时运不济的陈亮，竟然否极泰来，飞上枝头变凤凰了。

得知陈亮成了状元，辛弃疾非常高兴，他立刻提了一壶酒，给陈亮祝贺。同时，辛弃疾还写了一首词送给陈亮，以鼓励他继续上进。

这首词，就是大名鼎鼎的《破阵子·为陈同甫赋壮词以寄之》。

这首词，不仅是辛弃疾送给陈亮的礼物，也是他送给自己的最好礼物。

毕竟，在辛弃疾所有的总结自我的诗词中，这首词是对他一生最好的总结。

书归正传，虽然辛弃疾对陈亮寄予厚望，又是帮助他脱险，又是鼓励他上进，还为他考中状元而高兴。但是，人生就是这样荒诞，在考中状元的第二年，陈亮就因病逝世了，他还没有来得及证明自己的才华，就遗憾而终了。

绍熙五年（1194 年），陈亮溘然长逝，享年 52 岁。

陈亮的死，对辛弃疾的打击很大，从此以后，他再也找不到知己了。

即使那个宋朝历史上著名的理学家、思想家、哲学家、教育家、诗人，闽学派的代表人物，也不行。

这个拥有这么多头衔的人，就是宋朝一代大儒——朱熹。

第十六章 理学宗师的那些事

朱熹理论

朱熹，字元晦，又字仲晦，号晦庵，晚称晦翁，谥文，世称朱文公。此人是宋朝乃至中国历史上最著名的一个思想家，主要思想有“理在先，气在后”“存天理，灭人欲”等。

关于朱熹那套理论是好还是坏，还请各位自己定夺。

毕竟，朱熹的那套理论，最大的特点就是八个字——“严于律女，宽于待男”！

不管承认与否，朱熹的这套理论，是男女不平等的学说。在他眼中，女人要秉持妇道，做到“饿死事小，失节事大”，不许改嫁。搞婚外情的女子，要浸猪笼淹死、被乱石打死。反之，男人偷腥纳妾则不用受任何法律制裁，甚至连社会谴责都没有，还美其名曰“三妻四妾”，合理合法。

如此不平等的理论，让广大女子情何以堪？

然而，我们一直忽略了一个问题，一个很少有人关注的问题。

这就是，为什么南宋才出现朱熹的思想？为什么在朱熹以前，这套理论没有市场呢？

原因很简单——南宋的男人普遍不自信，缺乏安全感。在这种思想下，他们对自己的女人也不信任，才用这种招数，捆绑住女人。

君若不信，请好好思考一下。越没有本事的男人，越想把自己的女人关在家里，女人稍微去外面活动一下，他们就会认为女人“红杏出墙”。反之，越有本事的男人，越不爱管老婆，因为在他们的眼中，自己如此优秀自信，老婆根本不可能找到更好的男人，自然也不会出轨。

其实，南宋男人没有本事，也是当时的政治形势逼迫的结果。要知道，宋朝自建国的那一刻起，就没有消停过。这个国家总是伴随着金戈铁马之声。宋朝南渡后，君臣百姓更是惶惶不安，他们对未来的预测也越来越悲观、越来越黑暗。

从南宋文人喜欢的“四君子”中就能看出这个现象了。

所谓四君子，即梅兰竹菊，就是梅花、兰花、竹子、菊花。

梅花，生于隆冬，傲霜斗雪，不畏严寒。

兰花，自古以来，就被文人用来表达自己不染红尘，洁身自好，孤傲清高的人格精神。所以历史上一直称“同心之言，其臭如兰”。

竹子，直且有节，象征着正气有气节。竹子是中空的，象征谦虚谨慎；竹子秀丽挺拔，象征着潇洒俊逸。竹子在冬天不凋谢，欺霜傲雪，象征着不屈不挠的精神。所以，从先秦时期，竹子就是“君子”的代言人。

菊花，是一种晚开的植物，百花盛开的时候没有菊花的身影，但在肃杀凋零的寒秋，却能看见它一枝独秀，在寒风中绽放。菊花一直备受文人画家的推崇和赞美。

这四种植物虽然形态各异、秉性不同，但它们都有一个共同的特点——命苦。

梅花生长在寒冬之中，兰花在鲜为人知的幽谷绽放，竹子未曾出土而先有节，菊花抱团而亡。他们一出生，就生活在残酷的环境中，它们一生坚守气节，在迎来死亡时得到属于自己的尊严。

宋朝人也是如此，他们出生后就知道“严冬”会来。他们会用一生的时间进行准备，而文人尤其会用梅兰竹菊的精神来武装自己的意志，迎来那最终的死亡。

我们知道，按照科学解释，这种情况叫作“习得性无助”，是一种主动等待死亡的症状。从心理学角度讲，这个思想是畸形的、阴暗的、不健康的。所以宋朝的男人普遍不自信的原因就在于此。

对比唐朝，我们知道，唐朝的苦难一点不比宋朝小，但唐朝的男人都是自信的。他们桀骜不驯、对酒长歌，出塞入关，笑傲人生。他们身上充满了活力和正能量。

到了宋朝，因为敌国的威胁和主动自我阉割（重文轻武），宋朝的男人们不知道如何与敌人打仗，甚至根本不想去打仗。他们唯一能做的，就是老老实实地吟诗作画，梦游在诗词歌赋之中，想在这个虚伪的世界里找到自己渴望的太平。

最终，就是在这种大背景下，理学兴起了，它成了宋朝的主流思想，并深远影响着后世子孙。

不打不相识

在南宋的历史中，朱熹和辛弃疾颇有一种不打不相识的感觉。

朱熹比辛弃疾大十岁，名气比辛弃疾大，影响力也比他高。在当时，他们分别在不同的地方当官，工作上没有合作的机会，平常也没有什么交集。

朱熹虽然听说过辛弃疾，也听说过他那些英雄事迹，但朱熹对这个人不感冒，甚至有点反感辛弃疾。

比如，辛弃疾在湖南建立了飞虎军后，满朝称赞，可唯独朱熹唱反调，他上疏朝廷，认为辛弃疾另外建立一支部队完全是无用功，因为湖南有很多的部队了，好好训练即可，何必另外建立？而且，辛弃疾这么干，既增加了军费开支，又增加了当地老百姓的负担，弊大于利。

可见，朱熹不喜欢辛弃疾，否则他不会写这种话。后来，因为一件小事，这两人还发生了摩擦，让朱熹更加讨厌辛弃疾了。

淳熙八年（1181 年），朱熹在江西南康就任，有一艘挂着江西安抚使的船要从他境内通过，请求开闸放行。当时，辛弃疾就是江西安抚使，朱熹是他的部下，因此于情于理，朱熹都不应该检查这艘船。结果，朱熹见这艘船被布裹得严严实实的，且船工们都神色紧张，他觉得此船非常可疑。于是，朱熹下令检查此船。

结果，不查不要紧，一查吓一跳。这艘船里面装了满满一舱牛皮！要知道，牛皮是当时重要的军用物资，严禁走私，辛弃疾这样干捅下大娄子了。

一见此物，朱熹二话不说就给扣押了。后来，在辛弃疾的软磨硬泡下，朱熹虽然归还了这些牛皮，但还是写了一封信，批评了辛弃疾。

可见，朱熹和辛弃疾的关系并不好。辛弃疾对朱熹也不存在好感。然而，随着时间的推移，朱熹领略了辛弃疾的本领后，就对其刮目相看、产生好感了。

淳熙八年（1181 年），江西爆发了一场大规模的旱灾，田地颗粒无收，百姓苦不堪言。奸商趁火打劫，囤积粮食，高价出售，导致江西境内粮价飞涨。灾民买不到粮食，只能铤而走险，一场大规模的民变随即爆发。

为了平定这场民变，包括朱熹在内的江西官员用尽了办法，也毫无对策，只能指望“救火英雄”的辛弃疾来出谋划策、指点迷津。

结果，辛弃疾只用了八个字，就解决了这道难题。

这八个字就是“闭粜者配，强籴者斩！”

意思是说，凡囤积粮食准备谋取高利的人，一律流放；凡不守国法、抢夺粮食的人，一律处斩！

此八字一出，民间彻底太平。奸商不敢再囤积粮食了，老百姓也不去铤而走险、抢夺粮食了。至此，局势得到了控制，这场民变也慢慢消亡了。

对此，朱熹钦佩不已，对辛弃疾留下了深刻的印象。后来，在进一步的接触后，朱熹就正式和辛弃疾交往了，他还收了辛弃疾，让其成为自己的弟子。

那么，辛弃疾到底是拜师了还是没拜师呢？

我个人认为，辛弃疾应该是没有拜朱熹为师。因为，他们的理念完全相反，堪称背道而驰，这样的情况下，又怎么能拜师呢？

要知道，朱熹最主要的理念就是“克己复礼”，就是要战胜自己心中的欲望，遵循天理，从而达到完美的道德境界。

那么，对于这套理论，辛弃疾会接受吗？

未必。

辛弃疾是一个什么样的人？是一个完全遵循自己欲望的人！别的不说，就他那个豪宅，就他那句“老子当年，饱经惯、花期酒约”，他能是一个克己复礼的人吗？

因此，我个人认为，这两人的生活理念、处事原则完全不同，很难产生共鸣，更别说拜师了。

总之，辛弃疾到底拜没拜朱熹为师这个问题，只能寄希望于更多的史料出炉了。但有一点，学术界却达成了共识，那就是——辛弃疾对朱熹非常钦佩，尤其对他的道德、学问十分佩服，并一生尊敬朱熹。

这个说法，证据有二。

第一个证据，辛弃疾送给朱熹的诗。

有一年朱熹过生日，辛弃疾送给他一首祝寿诗，曰：“历数唐尧千载下，如公仅有两三人。”这个意思是说，从先古圣王尧舜开始，历经了千年时间，但像朱熹这样杰出的人物，这个世界上只有两三人。

辛弃疾的这个评语，可以说是非常高。在他心中，朱熹已经是一个圣人了，已经可以与圣贤孔子、孟子等人齐名了。更难能可贵的是，辛弃疾是一个恃才自傲、目中无人的狂生，让他这么由衷地佩服一个人，朱熹的本领就可想而知了。

第二个证据，辛弃疾给朱熹写的墓志铭。

庆元六年（1200 年）三月，在奸臣的迫害下，满腔悲愤的朱熹郁郁而终，病逝在了武夷山。

因为当时是“庆元党禁”时期，朝廷对理学人士进行了一次大规模的围剿。朱熹的理学，被称为伪学；朱熹的门徒，被称为伪学逆党。朝廷对这些伪学逆党毫不客气，轻则罢官，重则严惩。

在这种背景下，一时间，朱熹的学子们人人自危，以致朱熹死后，这些正统的理学门人害怕被牵连，竟然都不敢去给朱熹送葬。可怜的朱熹，生前桃李满天下，死后竟然无一朋友、学生为其送葬，真是可悲又可怜。

好吧，既然正统的理学门人不去，那我来！

这个人，就是辛弃疾。

得知朱熹病逝后，辛弃疾二话不说，就启程奔赴武夷山。来到朱熹的坟墓前，辛弃疾也不管什么禁令、什么避讳，不仅直接给朱熹送葬，还亲自写了一篇祭文，以纪念他们之间的深厚友谊。

可见，辛弃疾还是那个顶天立地的“老子”，他不会因为朝廷的禁令、奸臣的打击就选择退缩。他依旧会怀念好友，并为他们之间的崇高友谊画上一个完美的句号。

得此知己、夫复何求？虽然在历史上，就辛弃疾到底拜没拜朱熹为师的问题，一直争执不断，但在此情此景面前，这种争吵又有什么意义呢？君子之交淡如水，在这对推心置腹的君子面前，拜没拜师真的很重要吗？

诬陷下岗

在中国，朱熹的思想虽然饱受诟病，但不可否认的是，他依旧是一个圣贤。即使是圣贤，朱熹也被人陷害，下岗回家。

据《宋史》记载，朱熹之所以下岗，是因为他弹劾了一个小人，同时他也遭到了小人同党的报复，含冤下岗。

原来，当时台州知州叫汤仲友，此人是一个贪污腐败、结党营私、祸害百姓、无恶不作的败类。对于这种人，朱熹上疏弹劾，要求将其罢官，严惩不贷。

结果，朱熹万万没有想到的是，汤仲友之所以有恃无恐，是因为他的后台特别硬。此人是当朝宰相王淮的门生，而且王、汤两家还存在着婚姻关系，所以汤仲友才敢如此嚣张跋扈，且这么多年了，一直屹立不倒。

汤仲友这回倒霉了，因为他被朱熹瞄上了。尽管王淮极力包庇汤仲友，朱熹顶着巨大的压力，连上六道奏章，愣是让王淮公事公办了。

最终，汤仲友黯然下岗，而朱熹也上了王淮的黑名单。没过多久，朱熹知道王淮要收拾自己，就审时度势地上交了辞呈，辞官回家了。

后来，虽然在宋宁宗时期，朱熹重新出山了，但他没过多久，又下岗了，而且输得更加惨烈。

综上所述，不管是陆游，还是辛弃疾，抑或是陈亮、朱熹，他们都证明了，宋朝当时并不是没有人才。

可惜的是，这些人生活在了南宋，活在了这个只会猜疑武将、小富则安、毫无进取心的时代。

事已至此，只能徒增伤悲。对于陆游、辛弃疾等人来说，也许等新的皇帝登基、开启一个新的时代后，他们才能得到重用，重新建功立业，完成心中北伐的梦想。

后来，在卧薪尝胆数十年后，陆游、辛弃疾等人惊讶地发现——他们竟然真的等来了这个时代。

虽然这依旧是一个君昏臣奸的时代，但这个时代却给这些老将搭好了一个舞台，可以让他们完成自己心中的梦想，去北伐中原，收复失地！

神奇的是，这个时代的掌门人，是宋孝宗的孙子，换句话说，在短短十余年时间里，宋朝已经完成三次新老交替、换了三任君主了。

在这三次新老交替中，宋孝宗和宋光宗两位皇帝竟然都选择了禅位。再加上已经禅位的宋高宗，南宋的前三位皇帝竟然都是禅位。

宋高宗、宋孝宗的禅位，是自愿的结果，而宋孝宗的继任者宋光宗的禅位，则是被逼迫的结果，因为这个皇帝极其不孝，群臣群起而攻之，让他退位了。

宋光宗……不孝……禅位……这些词语背后，又有哪些故事呢？

别急，关于这段历史，听我慢慢道来。

这一切的一切，就从宋高宗病逝开始讲起。

第十七章 叛逆的时代

宋高宗病逝，宋孝宗禅位

淳熙十四年（1187 年），宋高宗最宠爱的刘贤妃（被完颜亮看上的那个）病逝，享年不详。她陪伴了宋高宗三十多年，可谓患难夫妻。

可想而知，晚年丧偶这个打击对宋高宗而言，不可谓不大。这不，刘贤妃病逝后，宋高宗就因伤心过度而病倒。没过多久，他就重病缠身了。

同年九月，宋高宗已经病得不省人事。看见父皇如此病重，宋孝宗着急不已，他下令罢朝、大赦天下、去宗庙祈祷。同时，宋孝宗还花费重金聘请名医，来医治太上皇。

虽然宋孝宗下了血本，宋高宗还是没有敌过生老病死的自然规律。同年十月，他终于迎来了分别的那一刻。

淳熙十四年（1187 年）十月八日，宋高宗驾崩于德寿宫，享年 81 岁（他是宋朝历史上活得时间最长的皇帝）。

至此，这位两次改元、统治了中国 35 年、内禅退休后又在后宫滋润生活的皇帝，终于闭上了双眼。

对于这位宋高宗，怎么说呢？他的手下，有李纲、赵鼎、张俊、岳飞这种贤臣，但他却不思进取，不去报杀父之仇，只想着苟且偷安，反而重用汪伯彦、黄潜善、秦桧、张俊等奸臣，最终成了一个遗臭万年的皇帝。

明清之际，王夫之在《宋论》中的一段话，可以作为对赵构的盖棺之论："高宗忘父兄之怨，忍宗社之羞，屈膝称臣于骄虏，而无愧怍之色；虐杀功臣，遂其猜防，而无不忍之心；倚任奸人，尽逐患难之亲臣，而无宽假之度。孱弱以偷一隅之安，幸存以享湖山之乐。惉滞残疆，耻辱不恤。"

好吧，俱往矣，现在，让我们举起手中的酒杯，送这个昏君最后一程。

这里说两个小花絮，算是对宋高宗时代的最后补充。

第一个小花絮，庙号。

古代皇帝驾崩后，会根据他的生平事迹与品德修养，评定褒贬，给予他一个带有评判性质的称号，也就是所谓的庙号。

庙号虽然千奇百怪，字数也不会特别限制，但大致可分为三类：属于表扬的有：文、武、景、烈、昭等；属于批评的有：炀、厉、灵等；属于同情的有：哀、怀、愍、悼等。

那么，赵构死后，加封什么庙号呢？

赵构病逝后，翰林学士洪迈上疏朝廷，称可追封赵构为"世祖"。毕竟，人家是"中兴之主"，建立了一个新的南宋王朝，为宋朝延续了血脉，足以称"祖"。

对于这个建议，非常孝顺的宋孝宗同意了，然而，太常少卿尤袤却强烈反对，他认为不可称祖，只可追封为"高宗"。

尤袤给出的理由是："虽然根据宗庙的'祖有功，宗有德'的制度，太上皇开创了一个新的王朝，足以称祖，但是，太上皇为徽宗之子，如果父亲称宗，而子嗣称祖，这不就失了'昭穆之序'了吗？如果徽宗看见儿子位列自己之上，恐在天之灵也有所不安。"

尤袤的这番话，惊醒了梦中人。于是，宋孝宗立刻颁布圣旨，确定赵构的谥号为"圣神武文宪孝皇帝"，庙号"高宗"。

第二个小花絮，神庙的配享人选。

历朝历代，都会在皇帝的神位旁边，供奉几个忠臣列子的神位，好让这些大臣陪王伴驾。

当时，在讨论配享神庙人选时，翰林学士洪迈给出的意见是，吕颐浩、赵鼎、韩世忠、张俊。

在这四个人选中，吕颐浩、赵鼎是名满天下的贤臣，韩世忠更是救国之臣、开国元勋，唯独这个张俊争议很大。因张俊晚年依附秦桧，力主议和，诬杀岳飞，群臣认为他不配入选。其后，有人提议岳飞、张浚。张浚虽在“苗列兵变”中有勤王之功，但志大才疏，群臣也激烈反对。

群臣反对的理由是——斩杀曲端，自毁长城，导致川陕几乎易主；因为不会协调指挥，导致一场淮南兵变和一场符离之败，这么一个罪孽深重的人，怎么能够进入太庙呢？而且，太上皇说过，宁可亡国，不用此人，你让一个太上皇极其痛恨的人去配享太庙，太上皇地下有知，又会作何感想呢？

最终，宋孝宗不顾群臣意见，下诏确定配享功臣，除吕、赵、韩外，让张俊位列其中。

没错，就是那个小人张俊！宋孝宗宁可让这个小人上位，也不愿意让岳飞去太庙，还这位将军一个千古英名。

如今，一些“岳粉”们通过历史的只言片语，就说宋孝宗一生最佩服、最喜欢的人，就是岳飞。他视这位将军为宋朝的偶像，认为其是宋朝最有功勋的将领，等等。

诚然，宋孝宗确实喜欢岳飞，还追封岳飞为“武穆”。但是，他只是想要岳飞这块北伐的金字招牌罢了，未必是发自内心地喜欢这位将军。

否则为什么在配享太庙时，宋孝宗不让这位心中偶像上位呢？

第二次禅位大典

父皇宋高宗病逝后，宋孝宗悲痛欲绝，天天以泪洗面。在悲痛之余，这个皇帝也萌生了退休的念头，他打算禅位给太子，也去安享晚年。

宋孝宗之所以选择禅位，原因有二。

第一个原因，守孝。

宋孝宗之所以选择退休，是因为他想为父亲守孝三年。

在儒家思想中，父母去世是最大的事情。父母故去后，儿女们不管担任何种职位、在什么地方，都要放下手头的工作、第一时间赶回祖籍守孝，这就是我们常说的丁忧。

丁忧时间，一般是二十七个月，但大家为了表示自己的孝，一般都守整三年。除非此大臣有特殊情况，比如打仗或者是正在处理某件大事，皇帝可以对其夺情，让他继续处理事情，为国效力。

当然，丁忧三年，是针对一般人的，皇帝不在这个范围之内。

毕竟，皇帝三年不上班，天下还不乱套了！

鉴于此，唐朝以后，皇帝为先帝守孝的时间，“以日代月”，即守孝三日，十三日后小祥祭礼一次，二十五日后大祥祭礼一次，二十七日后就可以结束丧期、临朝听政。

进入宋朝后，宋朝将唐朝的祭祀制度进行了一些小改动，即守孝三日，十二日后小祥祭礼两次，二十四日后大祥祭礼二次，也是二十七日后丧期结束，开始工作。

本来，宋孝宗完全可以按照这个祭祀制度，守孝二十七日。但是，为了表示自己的诚意，也为了表示自己的决心，宋孝宗昭告天下，说他要真正地守孝三年，与民间百姓无异。

此诏书一出，群臣接连劝谏，说皇帝这样守孝，要是耽误了工作，咋办？而且，从来没有一个真正守孝三年的君主，皇帝完全可以不用这么干；谅太上皇在天之灵，也不会怪罪陛下；等等。

对于群臣的劝谏，宋孝宗毅然决然道：“我可以一边守孝一边处理政事，绝不耽误国家大事。至于那个从来没有守孝三年的君主问题，就从我开始吧！”

就这样，在群臣的惊讶中，宋孝宗以身作则，开始为父亲守孝了。而且，为了表示自己的诚意，宋孝宗还颁布了一道圣旨——从今日起至守孝结束，他不再吃任何荤腥之物。

宋孝宗是这么说的，他也是这么做的。

然而，宋孝宗已经是一个垂垂老者了，没有肉类补充营养怎么行呢？这不，仅仅守孝了数周，宋孝宗就面黄肌瘦，衰老得很厉害了。

见此情景，宋孝宗的前邸旧人吴夫人很是心痛，她劝慰皇帝，让他吃点肉。劝慰未果后，吴夫人又偷偷告诉御膳房的厨子：“皇帝甚是清瘦，你们在做面食时，可以加一些鸡汤进去，增加素面的营养，让皇帝恢复健康。”

厨子依计而行，结果，可能是鸡汤太浓了，也可能是皇帝的鼻子太灵了。宋孝宗一闻这个面食的味道，就发现不对了。他第一时间传来厨子，问这是怎么回事。

厨子见事情败露了，不敢隐瞒，把吴夫人交代的事情全都说了。

宋孝宗听完雷霆大怒，他立刻颁布一道圣旨，把吴夫人轰出京城，永不再见。

众大臣一看，宋孝宗连吴夫人这种至亲之人都能轰走，那我们还劝什么呀？于是，大家全都偃旗息鼓，由着他的性子来了。

说实话，众人都不劝了，宋孝宗反而有点儿后悔了。毕竟，守孝这件事情太辛苦了。这天天不吃肉的，他也受不了。于是，宋孝宗萌生了退休的念头，打算退居后宫，专心守孝，不再处理朝政了。

当然，宋孝宗之所以选择退位，有守孝的原因在里面，但更多的则是面子问题。

第二个原因，面子。

原来，就在此时，金国的“小尧舜”金世宗也病逝了，其孙金章宗即位。

这里多说一句，宋孝宗与金世宗真是中国历史上一对神奇的皇帝了。他们同年登基称帝，同年卸任离职，都是在位 27 年。

书归正传，金世宗死后，继任的金章宗是一个 20 多岁的年轻人，论年纪、论辈分，60 多岁的宋孝宗都能当他的爷爷了。然而，根据“隆兴和议”的规定，“世为叔侄之国”，不管金国的皇帝多小，他都是“叔叔”；不管宋朝的皇帝多大，他都是“侄子”。也就是说，60 多岁的宋孝宗看见 20 多岁的金章宗后，也得称这个年轻人一声：“叔叔，您好，侄子给您问安了。”

可想而知，宋孝宗一琢磨，算了，我也禅位吧，不再受这种侮辱了。

就这样，在“守孝”和“面子”的双重压力下，宋孝宗打算禅位给太子，让太子登基称帝，替自己管理这个国家。

那么，宋高宗打算禅位给的这位太子，又是谁呢？

宋孝宗的子女

北宋的很多皇帝陷入了一个怪圈，他们要么子嗣稀少，要么就彻底绝后（宋徽宗除外）。

北宋如此，南宋也是一个德行！

在南宋九位皇帝中，除去最后的三个小娃娃外，剩下的六个健全的皇帝中，竟然有三位皇帝绝后（宋高宗、宋宁宗、宋理宗），一个皇帝只有一个独子（宋光宗）。

当然，在这个方面，宋孝宗一共有四子二女，长大成人的有三子一女。

在这三个儿子中，宋孝宗最看重的也最寄予厚望的，是他的长子——赵愭。

宋孝宗非常喜欢这个长子，对他重点培养，要把他打造成一个合格的接班人。

当时，宋孝宗刚刚即位，就册封赵愭为少保、永兴军节度使，不久又加封为邓王。乾道元年（1165 年），正式册封赵愭为太子。

在宋孝宗眼中，赵愭宅心仁厚、文武双全，是一个合格的接班人。然而，人生不如意事，十之八九！正当宋孝宗认为自己有一个合格的接班人时，厄运悄悄降临了。

乾道三年（1167 年）秋，赵愭得了一个中暑之类的小病，本来没什么事情，结果，在庸医的误诊下，赵愭的病情突然加剧了，仅仅过了三天就病逝了。

赵愭稀里糊涂病逝了，死时年仅 24 岁。

宋孝宗悲痛欲绝，把儿子葬在了西湖的南屏山荔枝峰下。久而久之，人们就把那里叫作太子湾了。

书归正传，太子赵愭病逝后，宋孝宗再悲痛，也要强打精神工作，赶紧册立一个新太子，以安社稷民心。

当时，宋孝宗一共有两个选择，老二庆王赵恺和老三恭王赵惇。

按理来说，老二、老三都是宋孝宗原配郭皇后所生，他们没有嫡庶之分，而且老二、老三都是忠孝仁义之人，并没有什么重大过失。在这种情况下，宋孝宗应该立老二赵恺为太子，毕竟选择继承人就要“立嫡立长”。

结果呢？乾道七年（1171 年）二月，宋孝宗正式颁布圣旨：“三子惇，仁孝严重，积有常德，学必以正，誉日以休，蔽自朕心，俾膺主鬯，以永宗社之庆，可立为皇太子。”

就这样，三皇子赵惇超越了哥哥赵恺，成为南宋的新储君。

那么，宋孝宗为什么选择老三当太子呢？

关于这个原因，两点足矣。

第一个原因，在宋孝宗眼中，老二“福薄”，老三“命厚”，因此弃老二而选老三。

如今，在现在人眼中，什么命薄、福厚，全是封建迷信，不值一提。然而，古人相信这套。而且，您还别说，宋孝宗的眼神非常准，他真的看出赵恺命薄了。

在赵惇当太子后，为了避嫌、也为了避祸，宋孝宗就把赵恺发配出京，让他去地方上任。结果，在地方期间，赵恺竟然重病缠身，不久就仙逝了。死时年仅 35 岁。

再次白发人送黑发人后，宋孝宗这叫一个悲痛欲绝。宋孝宗大哭道：“我之所以越过他而立储，就是因为他的福气差。但我万万没有想到，他会这样的福薄……”

可见，如果从事实来说，宋孝宗弃老二而选老三，也不是没有道理。

当然，“福薄”固然重要，但这并不是宋孝宗选择太子的主要原因。毕竟，选择太子还得从实际情况入手，如此才能给天下一个名正言顺的理由。

这个理由，就是宋孝宗废长立幼的第二个原因。

第二个原因，在宋孝宗眼中，老二“不类我”，老三“类我”。

在宋孝宗眼中，老二赵恺属于温柔善良类型的，他太软了，也没有勇武之力。赵恺若在一个太平盛世里，当一个守成天子，绰绰有余。但在这个乱世，赵恺的个性不适合继承皇位。

对比软弱的赵恺，老三赵惇就跟自己很像。宋孝宗喜欢北伐大业，赵惇也侃侃而谈，阐述“中兴”的思想。宋孝宗为了某一件事情而高兴，赵惇也喜形于色；宋孝宗为了某一件事情而烦恼时，他也忧见于色。

除此之外，赵惇还特别会拍父皇马屁，更懂得在重要的时刻，显示自己的才华，以取悦父皇，引起注意。

淳熙年间，宋孝宗带着诸皇子和大臣到玉津园骑马射箭。练习了一段时间后，宋孝宗有感而发，赋诗一首：

一天秋色破寒烟，别籞连堤压巨川。欣见岁功成万宝，因行射礼命群贤。

腾腾喜气随飞羽，袅袅凄风入控弦。文武从来资并用，酒馀端有侍臣篇。

宋孝宗赋完后，赵惇当即起身和诗一首：

秋深欲晓敛轻烟，翠木森围万里川。阊阖启关传法驾，玉津按武会英贤。

皇皇圣父明如日，挺插良臣直似弦。蹈武欢呼称万寿，未饶天保报恩篇。

这首和诗，不管是词语还是意境，都对得非常工整。更主要的是，这首诗还狠狠地拍了一下宋孝宗的马屁。

通过这件事情，宋孝宗更喜欢这个皇子了。他也深信，这个皇子能够继承他的衣钵，成为一个合格的君主。

淳熙十六年（1189 年）二月，宋孝宗正式颁布圣旨，禅位给太子赵惇，自己退居后宫，成为南宋第二个太上皇。

当时，宋孝宗的这封禅位诏书，是这样写的："朕以菲质，循尧之道，兢业万几，历岁弥长。赖两仪九庙之德，边鄙不悚，年谷顺成，底于小康。爰自宅忧以来勉亲听断，不得日奉先帝之几筵，躬行圣母之定省。固已慊然于怀，况乎春秋浸高，思释重负。皇太子惇仁孝聪哲，久司七鬯，军国之务，历试参决，宜付大宝，抚绥万邦。俾予一人获遂事亲之心，永膺天下之养，不其美欤。皇太子可即皇帝位，朕移御重华宫。"

对于这种教科书式的诏书，这里不妨解释一下其中的大概意思：朕这个人呀，不怎么聪明，只会按照古代圣人的方法治理国家。这么多年了，在老天爷和祖宗的庇护下，边疆没有出什么乱子，国家每年收入还行，至少能让大家吃饱饭，迈入小康。国家如此太平，朕很欣慰。如今，朕要去守孝了，因为这件事情，朕没法安心治理国家，所以朕今天宣布，传位给太子。太子仁孝聪明，足以担此大任，在他的带领下，国家一定会平稳发展、再创辉煌。

宋孝宗光荣卸任，他在太子和群臣的簇拥下，欣慰地回后宫了，而太子赵惇也正式登基称帝，他终于熬出头了。

这个皇帝，就是南宋历史上的第三位皇帝，史称宋光宗。

一个新的时代，就此开启。

据说，宋光宗登基之初，群臣看见赵惇那器宇轩昂、英俊潇洒的模样后，皆兴奋不已，大家认为，这个皇帝跟他的父亲一模一样，一定是一位英明神武的帝王。

当时，张俊的后代张镃也在场，他一口气赋了十首诗以表自己激动的心情。其中一首是这样写的——“乍从黄繖窥天表，愈觉英资似寿皇”。

这个意思是说，从黄伞下面看见新皇帝的英姿后，惊讶地发现，这个皇帝简直跟他爹一模一样！

这是当时群臣的共识。然而，没过多久，群臣就惊讶地发现——他们眼中这位新皇，一点儿也不英武，所谓“似寿皇”更是扯淡。这个新皇懦弱、不孝，最后还变成了一个疯子！

这一切的一切，都是拜一个女人所赐。这个女人，就是南宋历史上最著名的刁蛮皇后——李凤娘。

这个女人不简单

宋孝宗在退位前，曾召集群臣开会，在会上他表明自己想禅位给太子赵惇，问问大家的意思。

对于这个建议，群臣都同意。毕竟在大家眼中，太子宅心仁厚，是一个合格的继承人。然而，枢密使黄洽却一言不发、若有心事。

见此情景，宋孝宗问其原因。黄洽忧心忡忡道：“太子可担大任，但太子妃李氏不足以母仪天下，还望陛下三思。”

一听这话，宋孝宗立刻沉默不语了。

黄洽继续忧心忡忡道：“陛下问臣，臣不敢不答。但是，这不是臣应该说的话。既然臣说出了这番话，以后就再也不能见圣上了。以后，陛下再见臣，也是一件不可能的事情了。”

说完，黄洽请求外放。

本来，对于黄洽，宋孝宗还是极力挽留的，但见黄洽态度决绝，他也犯了“挑拨皇家关系”的重罪，于是，宋孝宗只能挥泪把黄洽发配出了京城，让他去地方了。黄洽这一走，就再也没有回来。

其实，黄洽说太子妃不足以母仪天下，都算是轻的了！我们即将看到，这个女人有多么利欲熏心、刁蛮任性、不孝不仁。她不仅祸乱朝纲，还把整个天下搅得不得安宁！

现在，就请这位南宋王朝最著名的悍妇，闪亮登场。

李凤娘出生在一个军旅家庭，他的父亲是岳飞的部将、庆远军节度使——李道。

据说，李氏出生时，军营上空突然出现了一只黑凤凰，嘎嘎嘎地乱叫（也可能是黑乌鸦）。它一直徘徊不走，直到李氏出生了，才悻悻然飞走。

见此情景，李道很是纳闷，说凤凰突然驾临，这是天意呀！

虽然李道不解其意，但为了纪念这件事情，他给闺女取名叫李凤娘。

李凤娘长大成人后，有一年，四川道士皇甫坦路经李道的军营，前来拜见。

要说这个皇甫坦，虽说是一个道士，身在三界外，不在五行中，但他可是一个狠角色。此人就是南宋版的“文莹和尚”，交友甚广，黑白两道通吃，社会关系极其复杂，还与很多神秘人物都有交情。就连皇族也把这个道士视为上宾。

李道哪里敢怠慢，他赶紧把皇甫坦请到大营内，好酒好菜招待。李道还叫出家人，让他们挨个给皇甫坦请安。

孰料，等李凤娘请安时，本来一直坐着的皇甫坦却站了起来，他不仅对李凤娘请安，还使用了君臣礼节。

皇甫坦一边仔细看李凤娘的面相，一边大惊道：“恭喜大人，贺喜大人！令嫒一副大富大贵之相，将来必定母仪天下，位列中宫！”

一听这话，李道大喜过望，送给了皇甫坦很多的钱财。当然，对于皇甫坦的话，李道并没有特别在意。

毕竟，李道是一个远离中央的边陲小官，见到皇帝都费劲，更别说让皇帝看中自己的闺女了。因此，对道士之言，一笑了之。

殊不知，李道没有上心，皇甫坦却真的用力了。

拜别李道后，皇甫坦直奔京城。在熟人的引荐下，皇甫坦不费吹灰之力就见到了宋高宗。

面见宋高宗后，皇甫坦就开始推介李凤娘了，说这个女子有母仪天下之姿，庄雅贤淑之貌。

在皇甫坦巧舌如簧的忽悠下，宋高宗和宋孝宗竟然真相信了他的鬼话。他们颁布了一道圣旨，让李凤娘嫁入太子府，成了赵惇的太子妃。

就这样，在皇甫坦的运作下，李凤娘真的进入了皇宫，飞上枝头变凤凰了。而且，没过多久，李凤娘就生下一个儿子，让自己的地位更加巩固了。

至此，把李凤娘捧上凤位后，皇甫坦当年的预言成真了！然而，皇甫坦这么干，也开启了一个天下大乱的时代。

没错，自从李凤娘嫁入太子府后，就真的乱了套了！

简单来说，李凤娘生于军营、长于军营，身边都是一群大老粗、大兵哥。天天跟这群人为伍，李凤娘就是一个“女汉子”，她谈吐不佳，举手投足也毫无贵族之气。

李凤娘嫁入太子府后，把太子府搞了一个鸡犬不宁。这个女人为非作歹、恣意妄为，家中奴婢稍有怠慢，她就将她们殴打致死。最后，大家都躲着她走。

除了欺负下人外，就连自己的婆婆，李凤娘也照欺负不误。

当时，宋孝宗的谢皇后见李凤娘如此行事，就有点儿看不过去了。这位皇后找到儿媳妇，委婉地告诉她：“你这样嚣张跋扈不好。做人要谦卑低调，也要诚恳待人。”

结果，李凤娘根本不听劝，反而用一句话把婆婆怼哭了。

这句话就是——“臣妾再有不是，也是官家的结发夫妻，是皇家明媒正娶的！”

听完这句话，谢皇后直接就哭了。

原来，谢皇后不是宋孝宗的原配皇后，她本是吴太后的宫女、一介平民。后来，吴太后见她知书达理、庄静多姿，就把她赏给了宋孝宗，让她成了宋孝宗的妃嫔。

再后来，宋孝宗的原配夫人郭皇后、继任夏皇后先后病逝，吴太后见皇后之位空虚，就自作主张让谢氏转正，成了中宫新的主人。

因此，谢皇后不是宋孝宗的原配夫妻，就是一个小妾转正罢了。所以李凤娘这句话，等于揭了谢皇后的伤疤，让她颜面扫地了。

谢皇后哭着回来后，宋孝宗一看，这还得了，敢骂哭朕的女人，这个儿媳妇是疯了不成！

要知道，谢氏一直勤俭节约，以身作则，绝不铺张浪费，也绝不参与朝政。当时，宰相们对这个皇后赞不绝口，夸奖道："从皇后俭朴的品德中，就可以看见陛下的齐家之效。"

鉴于此，宋孝宗一直对谢皇后恩宠有加，双方也非常恩爱，宋孝宗不许任何人欺负她。

看见皇后委屈哭了，宋孝宗勃然大怒，痛骂道："是妇将种，吾为皇甫坦所误！"

你个该死的算命道士，给我找了这么一个悍妇！

痛骂后，宋孝宗下令宰执们开会，要休了这个儿媳妇，重新给赵惇选一个贤妻。

当时宰执们的头头，是成事不足败事有余的史浩。听完宋孝宗的话后，史浩强烈反对，他劝慰道："赵惇的位置刚刚稳固，贸然撤换其夫人，恐引起天下人的非议，不利于江山社稷的安稳。不如这样，给李凤娘一个改过自新的机会，再等几年，若她一直如此，再换不迟。"

最终，宋孝宗听从了史浩的建议，准备缓几年，看看这个悍妇是否改过自新了。

结果，没几年，宋孝宗卸任、宋光宗登基了。而伴随着夫君的即位，李凤娘也位列中宫，成为一个母仪天下的皇后了。

那么，李凤娘是否会改过自新，成为天下的表率呢？

关于这个问题，我只能说——如果这个人能改的话，她就不是李凤娘了。

第十八章 刁蛮皇后

宋朝最刁蛮的皇后

李凤娘位列中宫后，更加嚣张跋扈了。当时，因为痛恨那个曾要休了自己的公公宋孝宗，李凤娘得势后立刻挑拨离间，不让宋光宗去见父亲。

按理来说，李凤娘不让宋光宗见父亲，宋光宗身为皇帝也不会干这种事情的，单凭李凤娘此举，就可以把她打入冷宫。结果呢？宋光宗听从了妻子的建议，他真的不去看父亲了！

原来，宋光宗赵惇是一个表里不一的人。他之前所有的举动，都是在表演，都是为了拍宋孝宗的马屁，好得到这个皇位。如今，皇位到手了，宋光宗可以脱去伪装了！

当时，根据惯例，皇帝要每个月四次去朝见太上皇，以表孝心。刚开始的时候，宋光宗还老老实实去，一段时间后，他就厌烦，不想去了。后来，在李凤娘的推波助澜、挑拨离间下，宋光宗能不去就不去了。

要知道，宋孝宗是一个以孝著称的皇帝，随便翻看宋史，宋孝宗去见宋高宗的故事，比比皆是。而宋光宗见父亲的故事呢？要么就寥寥数笔，内容不值一提，要么就是双方狠狠地打了一架，不欢而散……

可见，要想退休过得好，继承人就要选得好。在这个方面，宋高宗选对了一个继承人，而宋孝宗只能打掉牙往肚子里咽了。

就这样，两宫的交流越来越少，父子之间的感情也越来越淡，天下也越来越危险了。

两宫关系已如此恶劣，在这个背景下，作为两宫之间的桥梁、也就是那些互传物品的太监，不仅没有起到好作用，反而从中挑拨离间，唯恐天下不乱。

太监们这种挑拨离间的招数，主要有三。

第一个招数，恶意中伤。

有一年，宋孝宗听说儿子在御花园设宴，就命太监捧着玉杯和美酒过去助兴。结果，太监来到时，宋光宗正跟大臣争论问题呢。因言辞很激动，一不小心撞了太监一下，把太上皇赏赐的玉杯摔碎了。

本来，宋光宗误摔了一个玉杯，不是一件大的事情，解释一下就行了，但是，经过太监添油加醋、歪曲事实后，他摔杯子就是一件绝不能原谅的事情了。

原来，太监回禀时，竟然这样说道："启奏太上皇，皇帝看见您送的玉杯后，非常不喜欢，一怒之下就把它给摔碎了，今有残骸为证。"

可想而知，宋孝宗有多么生气，他听信了太监的谗言，迁怒于宋光宗了。

第二个招数，假传圣旨。

在李凤娘的淫威下，宋光宗精神紧张，生病了。宋孝宗得知儿子生病后，非常着急，就寻访了很多良药，做了药丸。做好后，宋孝宗命太监传旨，请赵惇来自己寝宫服药。

结果，这些太监竟然假传圣旨了。他们没有去找宋光宗，而是找到了李凤娘，对其道："太上皇做了一个大药丸，命皇帝过去服用。万一皇帝吃完药后有什么不测，江山社稷可怎么办呢？"

这番话，真可谓毒辣。因为，这里有一个潜台词——宋孝宗想毒死这个儿子，另立新君！

可想而知，李凤娘听完这番话后有多惊恐。她心想，太上皇不喜欢我，要是皇帝再没了，自己就死定了！不行，不管用什么办法，我也不能让皇帝去太上皇那里吃那颗药丸。

于是，李凤娘就开始给宋光宗“上眼药水”了，让他不要去太上皇那里；即使去了，也不许吃太上皇的东西，更不许吃药。

在一番威逼利诱下，宋光宗听从这个“贤妻”的建议，他真的能不去就不去太上皇那里了；即使去了，也是滴水不沾、什么也不吃了。

第三个招数，故意嘲讽。

有一次，宋孝宗去公园游玩。按照规矩，宋光宗应全程陪同、以尽孝道。结果，这个皇帝根本没打算来，宋孝宗等了很久很久，太阳都快下山了，也没有看见儿子的身影。

这时，这些太监开始使坏了。太监们故意放了一群鸡，然后去抓，他们边抓鸡边大声喊道：“今日捉鸡不着！今日捉鸡不着！”

一听这话，宋孝宗满脸怒色，他气得拂袖而去。

原来，在临安的土语中，把那些乞求酒食、等人吃饭的人，叫作“捉鸡”。太监们这么叫，就是故意气宋孝宗，把他比喻成一个寄人篱下、等主人来喂饭的小鸡崽，也难怪宋孝宗会如此动怒。

综上所述，在太监的挑拨离间下，宋孝宗对宋光宗越来越不满了，两宫之间的裂隙也越来越深了。

那么，这里有一个问题，为什么太监们要三番五次挑拨离间、重创这对父子的感情呢？

对于这个问题，史书给出的答案是——

宋光宗刚刚登基的时候，曾想改变被老婆控制的局面，为此就想来一个釜底抽薪，先把李凤娘身边的亲信太监都杀掉，这样李凤娘在后宫也就无人可用，进而就无法继续干政了。

然而，宋光宗的这个计划，被耳目灵通的太监知道了。太监一琢磨，说皇帝要办咱们，咱们肯定活不了。为今之计，只能玩命挑唆皇帝和太上皇的关系。这样一来，两宫关系恶劣，皇帝就无暇顾及自己，只能去解决家庭矛盾。

于是，太监们玩命离间、挑唆两宫之间的关系，让他们大乱，自己从中得利。

这就是太监玩命挑唆两宫关系的根本原因。

当然，仅仅凭借几个太监的谗言，不足以摧毁两宫之间的感情。这对父子之间的感情之所以如此不济，更多是因为他们交流的机会太少，给了那些小人进谗言、挑拨离间的机会。

这其中，最主要的原因还是在李凤娘身上。若不是她胡言乱语，两宫也不会产生这么大的裂隙。

那么，李凤娘到底说了什么话呢？

刁蛮胡来，天下无双

在李凤娘刁蛮、宋光宗不孝和太监们的挑拨离间下，两宫的关系越来越恶化。无数的怨气被一点点积累起来，形成了一个巨大的“怨气球”，只等着被“火星”引爆。

这个“火星”，就是立储。

咱们都知道，新皇登基后，立刻要册立太子，给天下一个名正言顺的继承人。毕竟，社会险恶，万一哪天皇帝驾崩，国家没有继承人可就天下大乱了。

在这种情况下，皇帝一天不立储，天下就一天不得安宁，臣子们也会群起而攻之，逼迫皇帝赶快册封太子。

在立储这个问题上，宋光宗却遇到了一个难题，他想立自己的儿子为储君，群臣也同意他这种做，但是太上皇宋孝宗却死活不同意，他想让别人家的孩子当储君。

这是一个什么情况？

原来，太上皇不同意立赵惇的儿子为储君，他想立已故的二皇子赵恺的儿子赵抦为储君。

太上皇这么干的原因有二：

第一个原因，宋孝宗心中有愧。

宋孝宗当年立太子时弃老二选老三，就是因为赵惇“类我”。结果呢，宋孝宗发现自己原来瞎了眼！

这个“类我”的老三赵惇，原来是一个不孝的逆子，一个惧怕老婆的妻管严，一个“听纳虽广，诚意不加；燕饮太频，声乐竞进；赐予太多，用度滲广；胡乱提拔，任人唯亲”的昏君！

反观二皇子赵恺，反而是一个不错的孩子！赵恺与皇位失之交臂后，一不抱怨，二不报复，一直保持谦恭谨慎的姿态，让人称道。

出京到地方后，赵恺也不怨天尤人，反而用积极的心态去治理地方、造福百姓。他管理地方期间，发展经济、治理水患、兴办学校、教书育人，为百姓干了很多的实事，深得百姓的厚爱。

据说，赵恺英年早逝后，百姓们悲伤不已，大家身穿缟素，匍匐哀号。

这样一对比，宋孝宗感觉非常愧对这个二儿子，他想立二儿子的子嗣为储君，以弥补自己的愧疚。

当然，除了愧疚之情外，宋孝宗选择赵恺的子嗣为储君，还有一个更加重要的原因。

第二个原因，赵惇的儿子赵扩“不慧”，不能担任储君。

虽然在选择儿子的问题上，宋孝宗瞎了眼，但是在选择孙子的问题上，宋孝宗却独具慧眼。这个赵扩，确实不是一个合格的储君人选，因为他甚至有点弱智。

淳熙年间，宋光宗还是太子的时候，宋孝宗就安排名师，教皇孙赵扩读书识字，想把他培养成下一代明君。

结果，从老师的反馈来看，宋孝宗对这个皇孙很失望。

有一次，宋孝宗偷看皇孙的学习情况。当时，著名大儒黄裳正在为赵扩讲解宋朝的知识。黄裳道：“宋朝南渡后，虽然国土面积变小了，不能与太祖太宗时相比，但还是拥有吴、蜀、荆、广、闽、越等二百多个州的土地。治理这二百个州的人是二百州守，统率这二百州军队的人是九都统……”

黄裳尚未说完，赵扩就瞪着一双天真的眼睛问道：“何为九都统？这是一个什么官职？”

一听这话，黄裳叹了一口气，道：“昔日，唐太宗李世民十八岁时，就已起义兵、平祸乱了。如今，您已经到了这个年龄，却连九都统是什么都没有搞明白，怎么能不努力读书呢？”

“都统”是宋朝统率军队的武将官职，所谓“九都统”，是九位统率军队武将的简称。而赵扩竟把“九都统”当成一个官职，只能说明他非常无知。

可想而知，听完这对师徒的对话后，宋孝宗有多么失望。在他的眼中，赵扩不慧，不足以担任储君之位，所以就迟迟不同意立他为储君。

宋孝宗不着急立储君，但其他人着急。为了让自己儿子当上储君，宋光宗和李凤娘都非常着急，他们就委派大臣打探宋孝宗的口风。结果，等听完宋孝宗的话后，这对夫妻心里更加没底了。

原来，宋孝宗是这么回答的："你们知道，当年，予之所以立老三而舍老二，是因为赵惇英武类己，但结果呢？大家也都知道了，予就不再说了。如今，虽然魏王已经病逝了，但他的儿子赵抦却在，且英武类我……"

可想而知，宋光宗夫妻有多么慌张。看来，若不是赵恺英年早逝，皇位到底传给谁真不可知。现在呢，父亲公开表扬赵恺的孩子，这是什么意思？难道说，父皇要对死去的赵恺做一个补偿吗？难道他要立赵恺的孩子为太子！若是那样的话……宋光宗夫妻都不敢继续往下想。

在这种心态下，李凤娘豁出去了，她准备跟宋孝宗摊牌。

绍熙二年（1191 年），在一次家宴中，大家聚在重华宫一起吃饭。酒席中，李凤娘主动给宋孝宗等人敬酒。随后，在众目睽睽下开门见山道："请太上皇立嘉王（赵扩）为太子！"

一听这话，宋孝宗满脸不悦，心想这个儿媳怎么这么不懂事呢？

宋孝宗委婉地回答道："我儿才当了一年皇帝，就要册封太子，是不是太早了点儿？而且，立储乃国家大事，必须谨慎，等群臣商议后再做决定。"

见宋孝宗拒绝了自己，李凤娘大声道："再次恳请太上皇立嘉王为太子！"

宋孝宗满脸不悦道："不是跟你说了吗？此事以后再说！"

见宋孝宗态度坚决，李凤娘彻底不管不顾了，她大吼道："臣妾是六礼所聘的皇后，嘉王是臣妾亲生的嫡子，我们都名正言顺，为何不立我儿为太子？"

要知道，这是皇家的家宴，皇室重要成员都在。当时，除了宋孝宗外，吴太皇太后、谢太后等人，也悉数落座。结果，李凤娘的这番话，等于是揭了太后、皇后的老底，说她们不是明媒正娶的女人。此外，她还揭了宋孝宗的伤疤，说他不是宋高宗的亲生儿子。

可想而知，这样的说辞，让这些人情何以堪！

听完李凤娘的话后，谢太后当时就委屈哭了，吴太皇太后也不知道该说什么，而宋孝宗更是气得语无伦次，一直破口大骂："放肆，放肆！不懂规矩，不懂规矩！"

就这样，一场好好的家宴，就此不欢而散。大家各自回宫，各自找人倾诉去了。李凤娘离开后，她第一时间奔着宋光宗去了。

原来，家宴时，宋光宗并未第一时间到场，他要先处理一些公务。结果，宋光宗刚刚要起驾，就迎来了哭哭啼啼、一脸委屈的李凤娘。

宋光宗大惊，问其原因。李凤娘哭诉道："刚才聚会时，太上皇要废了臣妾和扩儿，还要立你的侄子为太子。"随后，她把太上皇私自配药、讨厌赵扩喜欢赵柄等事，添油加醋地说了一遍。

听完李凤娘的话后，宋光宗大吃一惊，他对父亲的感情，也由"怨"升级到了"恨"。宋光宗当即表示——没有父皇这么办事的！他既然那么讨厌我，从此以后，我再也不见他了，我也不去重华宫了。

这位皇帝是这么说的，也真的是这么干的！

从此以后的整整一年，宋光宗没有踏入重华宫一步，没有再见父亲一面。

当然，整整一年时间，宋光宗之所以不去见宋孝宗，除了感情因素外，更主要的是因为他生病了。而他之所以生病，是被李凤娘吓着了。

那么，这个悍妇干了什么事情，把皇帝吓得重病缠身了呢？

嫉妒成性，吓傻皇帝

纵观整个宋朝，不仅是一部出豪杰、出战将、出诗人、出思想家的历史，也是一部出女子的历史！

毕竟，整个一部宋史，从宋太祖赵匡胤的老妈（金匮之盟）开始，历代的太后、皇后们都不是省油的灯，她们在自己的时代里留下印记，影响历史的走向。

在这些女子中，如果比美貌、智慧、贤良，这位李凤娘皇后可能就自惭形秽了。但是，若比残忍二字，李凤娘说自己第二，就没有人敢说自己是第一。

那么，这位悍妇李凤娘，她干了哪些残忍的事情呢？

举几个例子，用来说明。

李凤娘嫉妒成性，她决不许皇帝跟别的女人好。皇帝别说册立妃嫔了，就是眉目传情一下也不行！

有一天，宋光宗洗手时看见一旁伺候的宫女的手非常好看，就称赞了一句:“真是好手，好手！”

说完这句话，宋光宗就走了，他也忘记此事了。然而，说者无心，听者有意，知道了这件事情后，李凤娘就动手了。

过了几天，李凤娘拿着一个大食盒，高高兴兴地来找皇帝，道:“官人呀，您看，臣妾给您带好东西来了。”

看见了这个大食盒，宋光宗高兴道:“爱妃真是善解人意，知道朕饿了，快快打开，是什么好吃的。”结果，打开后，宋光宗差点吓晕过去。

原来，食盒里面装着的根本不是食物，而是一双血淋淋的手。断腕处，还不停地流着血水……

怎么样？惊不惊喜？意不意外？刺不刺激？

李凤娘指着这双手，对宋光宗道:“陛下，前不久您不是夸一个宫女手好看吗？如今，臣妾就把这双手带来了。您看，我是多么为您着想呀。”

“爱妃……您真是……太善解人意了！”

后来，在很长的一段时间内，只要宋光宗一闭上双眼，就能看见那双血淋淋的手。

这样时间一长，宋光宗就得了一种精神病，又称怔忡病，他天天精神恍惚、闷闷不乐，常常自言自语，独自哭泣。

如此凶悍的媳妇，莫说是礼教甚严的宋朝，就是纵观中国上下五千年历史，也是少得可怜。

殊不知，对于李凤娘而言，这个行为虽然残忍，但还不是她最残忍的……

李凤娘最残忍的行为，就是她杖杀了宋光宗的爱妃——黄贵妃。

宋光宗最喜欢的就是黄贵妃。宋光宗宠爱黄贵妃到了什么程度呢？不敢说到了“纵使后宫佳丽三千，也要独宠于一身”的境界，但也八九不离十了。

绍熙年间，黄贵妃得了一场重病，面黄肌瘦，不思饮食。见爱妃生病了，宋光宗很是着急，他张贴皇榜，聘请天下名医来给爱妃治病。宋光宗还许诺，只要能治好爱妃的病，要啥给啥，全部满足。

虽然皇帝诚意十足，但黄贵妃的这个病很怪，来了数位名医，用了无数名贵药材，都不见效果。对此，宋光宗一筹莫展。

这时，一个江湖郎中揭榜进宫，请求为贵妃治病。对于这种江湖中人，宋光宗本是比较反感，但现在无计可施，只能试一试。

江湖郎中诊完脉后，道："启奏陛下，贵妃的这个病一点也不难治。只要用冰糖与红果（山楂）一起煎熬，每顿饭前吃五至十枚这种果实，不出半月就能药到病除。"

事已至此，也只能依计而行。结果，这个疗法还真好，仅仅过了一周，黄贵妃就痊愈了。而且，她还喜欢上了这一口。

后来，民间百姓知道了这个疗法后，也开始尝试，并把果实串起来吃，最终诞生一种民间小吃。您猜出这是一个什么小吃了吗？

对，这就是老百姓常吃的冰糖葫芦！这种食物的诞生地，不是北京，而是杭州。

可见，对这个爱妃，宋光宗非常宠爱。当然，黄贵妃如此得宠，就不是幸运，而是灾难了。

黄贵妃上了李凤娘的黑名单，成了她的眼中钉、肉中刺。

李凤娘一直想除了这个黄贵妃，只是碍于皇帝的面子，不好下手。等了很久后，李凤娘终于找到了机会。

绍熙二年（1191 年）十一月，皇帝去祭祀宗庙，晚上要独自住在斋宫，把黄贵妃留在了后宫。

皇帝刚刚率领群臣出宫，李凤娘就带人来到黄贵妃的寝宫。李凤娘也不废话，直接把黄贵妃按倒在地，将其杖毙。把黄贵妃打死后，李凤娘命人把她的尸体拖出皇宫，随便找了一个地方草草下葬了。

处理好了这一切，李凤娘这才不慌不忙地派人告诉宋光宗："黄贵妃已经暴病身亡了。臣妾怕她的尸体传染疾病，已经将其安葬。皇帝无须担心，后宫一切安好。"

可想而知，得知这个消息，宋光宗都吓傻了。虽然知道这里面的真相，但他实在不敢找这个彪悍老婆算账。最终，宋光宗只能默认了这个事实，让爱妃不明不白地"暴病身亡"了。

据说，当天晚上，宋光宗哭了很久很久……

无独有偶，冬至那天宋光宗祭祀天地时，突然天色大变，狂风席卷而来，随后又下起了倾盆大雨，把黄坛烛都熄灭了。在这种情况下，祭祀活动无法继续进行了。

咱们都知道，古人讲究天人感应，他们把这种自然现象归为老天爷对自己不满，是在示警。于是，宋光宗的精神再次受到重创，他一病不起，甚至没法执掌朝政了。

宋光宗病倒后，李凤娘反而得意了，她见皇帝不能处理朝政，于是趁机干政。从此以后，朝中的大小事务都由她说了算，史称“帝疾由是益增剧，不视朝，政事多决于后矣”。

得知宋光宗病倒、李凤娘执政后，宋孝宗勃然大怒，他起驾至前朝，来看望这个儿子。

宋孝宗看儿子时，宋光宗刚刚吃完药，正在睡觉。当时，看着这个抑郁成疾、重病缠身的儿子，宋孝宗泪如雨下、不能自抑。就在这时，李凤娘听说宋孝宗来了，急急忙忙赶来问安。

看见这个仇人后，宋孝宗立刻新仇旧恨一起涌了上来，破口大骂道：“皇帝病成这样了，你不在旁边老老实实伺候，上哪里逍遥快乐去了！”

李凤娘跪倒行礼，委屈道：“臣妾没有去逍遥快乐，只是皇帝重病不起，前朝有一堆事情等着去处理。臣妾去了一趟朝堂，看看有哪些奏章需要处理，以免耽误了国事。”

李凤娘尚未说完，宋孝宗勃然大怒，歇斯底里地大骂道：“我朝有规定，后宫不得干涉朝政，违者严惩，你竟敢独断专行、处理朝政！真是留你不得！再敢如此行事，小心予用祖宗家法伺候！”

宋孝宗越说越激烈、越说越愤怒，临走时，他放了一句狠话，让李凤娘心有余悸，浑身颤抖不止。

这句话就是——“万一皇帝不康复，予当诛你全族！”

请你好自为之！

那么，李凤娘怎么好自为之的呢？

过了一段时间，宋光宗的病情开始好转了。李凤娘哭着对其道：“陛下呀，您不知道呀！您昏迷期间，父皇来看过您。看望时，他是这么说的：‘予怎么生了这么一个废物皇帝，如此身体，焉能为帝？’他还说了，要废了您，另立新君。听说，大臣已经得到圣谕了，只要您一过宫，立刻将您软禁起来，逼您也去当太上皇！”

李凤娘这番话的结果，可想而知。

大家想呀，宋光宗大病初愈，脑袋本就是一团糨糊，再加上李凤娘的恐吓，他竟真的相信父皇会这么干了。

从此以后，他不再去重华宫见父皇。不管群臣如何劝慰，他都以大病初愈、不宜远行为由，拒绝过宫。

至此，在李凤娘的挑拨离间下，两宫的关系彻底决裂。后来，就在这种动乱的局面下，爆发了南宋历史上大名鼎鼎的“过宫风波”。

过宫风波

赵惇的这场大病非常严重，他在病床上躺了数月，直到绍熙三年（1192年）三月才好转起来。

宋光宗大病痊愈后，也不见父皇。

当时，群臣见皇帝病愈了，就上疏让皇帝去拜见太上皇。对于群臣的请求，宋光宗总以自己刚刚大病初愈，不宜过度劳累为由，拒绝去见。

刚开始的时候，大家真以为皇帝刚刚痊愈，需要休息，就没有在意这件事情。结果，随着时间的推移，大家惊讶地发现，皇帝是在找借口，他能躲就躲、能拖就拖，就是不过宫。

最终，宋光宗索性对大家直言道：“朕身体不好，过宫之事以后再说吧。”

孝道不仅是中国传统文化中最基本的社会伦理准则，身为一国之君的皇帝，竟然不守孝道，这让群臣怎能释怀！

群臣全都怒了，大家接连上疏，请求皇帝过宫。

终于，绍熙三年（1192年）十一月丙戌，宋光宗还是去了一趟重华宫，缓解了一下这个矛盾。

原来，那一天是宋孝宗赵昚的生日。按照庆祝流程，本来在父皇生日前十日，宋光宗就应该去重华宫为太上皇祝贺。结果呢？到了太上皇生日那天，宋光宗也没有动身的意思。

眼看宋光宗死活不过宫，群臣大怒。大家在宰相留正的带领下，集体叩首，请求皇帝过宫给宋孝宗拜寿。与此同时，京城各界人士也纷纷上书，加入到劝谏的行列中，请求宋光宗过宫。

在这集体声讨中，宋光宗有点儿慌了。毕竟，这位皇帝生于深宫之中，哪里见过群起而攻之的局面？于是，宋光宗找来李凤娘，跟她商量过宫之事。

按理来说，李凤娘跟宋孝宗矛盾那么深，肯定不会让宋光宗过宫。结果，出乎意料的是，李凤娘竟然答应了，她愿意跟宋光宗一起去给宋孝宗拜寿。

那么，李凤娘为什么同意了呢？

原来，李凤娘有自己的小九九。此时的她正在干一件大事，为免得把事情闹得很僵，自己的正事干不成，她打算给宋光宗一个人情。

李凤娘干的这件大事，就是修建自家的太庙。而这件事情，也成了两宫彻底决裂的导火索。当然，这些都是后话。

就这样，宋光宗率领李凤娘和文武百官来到重华宫给宋孝宗祝寿。酒席中，双方非常友好，气氛也非常融洽。

当时，李凤娘主动给宋孝宗和谢皇后敬酒，并叩头谢罪，宋孝宗也接受了她的道歉，表示冰释前嫌，从此以后，咱们还是相亲相爱的一家人。

相亲相爱的一家人？可惜的是，这终究是宋孝宗的一个梦想。因为他的儿媳妇，可是那个刁蛮任性、让人无话可说的李凤娘。

这不，没过多久，因为修庙这件事，两宫再次打了起来。

前面讲过，因为要修太庙，所以李凤娘给了宋光宗一个面子，同意过宫，以免引起众人的异议。但是，她都盖到那种程度了，给面子又有什么用呢？

李凤娘盖庙，盖到了什么程度呢？

瞠目结舌一下吧，李凤娘盖的太庙，竟然超过了皇家的等级！这个庙宇不仅占地面积大，规格高，就连在太庙守卫的士兵，也比皇家的多。

另外，在册封家族成员时，李凤娘也毫不客气，不仅加封了三代祖先为王，还大封天下，推恩了 26 个亲属、172 个亲信，以及无数个亲信的门客。

一时间，李家官员遍布天下，史称“中兴以来未有也”！

可想而知，在李凤娘大封天下的背景下，宋孝宗的心情有多愤怒。

最终，在一次游玩后，矛盾彻底爆发。

绍熙四年（1193 年）三月，两宫相约一起去玉津园游玩。本来，当时两宫关系还过得去，宋光宗虽然不常去重华宫，但基本上还是几个月去一次，双方还是能够见面的。然而，游玩玉津园期间，正好从李氏太庙门前经过。虽然当时宋孝宗早有耳闻李氏豪宅多么辉煌、多么地豪华气派等，但一直未曾见到，结果，等看见如此排场的李氏太庙，宋孝宗瞬间就被震撼住了，也彻底怒了！

宋孝宗当场骂了李凤娘一顿，说她铺张浪费、逾越等级、以下犯上。结果，仗着皇帝的宠爱，李凤娘竟然和太上皇吵了起来，双方不欢而散。

回宫后，怒气冲冲的李凤娘找来宋光宗，狠狠地抱怨了一顿，并告诉他："从此以后，不许过宫！谁劝也没用，就是不去！"

宋光宗刚想反驳一句，李凤娘就恶狠狠地盯着宋光宗，说了一句狠话："除非我死了，否则绝不过宫！"

说完，李凤娘拂袖而去。

从此以后，李凤娘真的不允许宋光宗过宫了。

至此，两宫关系彻底破裂。最终，在无数次的酝酿下，引出另一起历史事件。

这起事件，史称"绍熙内禅"。

第十九章 绍熙内禅

死不瞑目

绍熙四年（1193 年）九月初九是重阳节。按照惯例，宋光宗要去重华宫，父子一起过节日。然而，因为李凤娘从中作梗，宋光宗死活不过宫，也不准备去见父皇。

见此情景，大臣接连上疏，请求皇帝去重华宫向太上皇请安。当时，给事中谢深甫更是直言不讳道："父子至亲，天理昭然，太上之爱陛下，犹如陛下之爱嘉王。太上春秋高，千秋万岁后，陛下何以见天下！"

这段话的大概意思是说：父子情深，天理昭然，孝宗疼爱陛下，就跟陛下疼爱嘉王一样。如今，太上皇的年纪已经很大了，万一哪天死了，陛下就再也见不到父亲了。到那时，陛下怎么面对天下呢？你不后悔吗？

谢深甫的这番话，说得合情合理，也说得非常重。每句话，都戳在了宋光宗的心窝上。这位皇帝就同意了群臣的请求，准备去给父皇请安。

消息传到朝廷后，群臣欢呼不已，大家赶紧摆好队伍、列好仪仗，等待宋光宗过宫。一会儿的工夫，宋光宗穿戴整齐地走了出来，他在太监宫女的簇拥下，准备出发。

在群臣的眼中，只要宋光宗过宫了，两宫的关系就能缓和，天下也能太平了。

然而，宋光宗刚刚准备出发，就见李凤娘急匆匆赶来，她一把挽住宋光宗的手，羞答答道："陛下，天气这么冷，您先回宫喝杯酒暖暖身体吧。"说完，不由分说，李凤娘拽着宋光宗的手就往后宫走。

眼看皇帝就要被这个悍妇留下了，大臣们既惊恐又无计可施。这时，中书舍人陈傅良急眼了，他冲上前拽住宋光宗的衣服不放，请求宋光宗过宫。

见有人拽自己老公衣服，李凤娘大怒，就与陈傅良互相拉扯了起来。就这样，二人上演了一场"拔河大赛"，宋光宗成了中间那根绳子。

这个场面，也算是可以了。

在一番拉扯下，李凤娘获胜了，她把皇帝拉回了宫殿，直接拽到了屏风后面。陈傅良虽然拔河失败了，但他不甘失败，也追到了屏风后面。

一看见陈傅良追了进来，李凤娘大怒道："这里是什么地方，你竟然敢进来？不要命了！信不信我砍了你这个穷秀才的驴头！"

古代礼法森严，屏风后面，就是皇帝的私人领域了。朝廷有明令，未经召唤，不得进入后宫。陈傅良随意越过屏风，犯了大忌，于是他也只能出去。

抢夺失败、还被骂作驴头，陈傅良极度郁闷和委屈，他索性跪在地上嗷嗷大哭。

李凤娘大怒，她派一个宦官出去责问陈傅良到底意欲何为！

陈傅良大义凛然道："子谏父不听，则号泣而随之！"

在儒家思想里，臣是子，君是父，父亲干了错事，儿子又劝不了，只能玩命哭，以表示自己的心情。

陈傅良话音未落，其余大臣就知道该干什么了。来吧，哥几个，别站着了，干活了！

于是，大臣全部冲了过来，大家撩袍跪倒，开始号啕大哭。其间，一些大臣甚至哭出来花样，他们哭天喊地，双手抱头，玩命磕头，活脱脱一副痛不欲生、寻死觅活的模样。

见群臣如此哭泣，李凤娘彻底怒了。在她的眼中，群臣如此行事，这是要跟自己作对啊，而且，这么多官员集体痛哭，政治影响太坏了。不知道的人，还以为是皇帝驾崩，或者是自己挟持了皇帝呢！

最终，愤怒的李凤娘竟颁布了一道懿旨。

这道懿旨的内容很短，就三个字——罢，还内。

至此，宋光宗再也不过宫了，不管官员如何劝慰，他也不见自己的父亲了，哪怕父亲生病了，即将驾崩了也是如此。

从绍熙五年（1194 年）正月开始，宋孝宗的身体每况愈下，后来，因为长期看不见儿子，在愤怒、着急、憋屈的心情下，宋孝宗病倒了。

但是，直至宋孝宗病逝的六月，整整半年，宋光宗没有探望过父亲一次……

再说一遍，这个逆子，这个让人无话可说的逆子！

就这样，当时间转到绍熙五年（1194 年）六月时，那个分别的时刻终于来到。

当时，宋孝宗已经到了弥留之际，他已经说不出话了。但是，太上皇多次望着左右，两眼通红、泪流满面，不肯闭眼。

虽然太上皇无法说出话来，但群臣知道他的想法——这位皇帝，就想看儿子一面，哪怕只是一眼……

然而，这个愿望，宋孝宗至死也没有实现。

原来，不管群臣如何劝慰，宋光宗就是不过宫。这位皇帝认为，过宫就是一个套，群臣跟宋孝宗联手准备把他骗到重华宫，软禁起来，另立新君！

当时，为了劝皇帝过宫，大臣们都磕头劝谏，全都磕得满头大包，甚至血流满面。但是，宋光宗依旧不理不睬，只用“稍后再议”这句话敷衍群臣，安抚这些愤怒的大臣。

最终，群臣见皇帝毫无过宫的意思，只能退而求其次，请求嘉王赵扩前往去见太上皇最后一面。

就这样，千等万等后，宋孝宗只看见了自己的孙子，也算聊胜于无。

绍熙五年（1194 年）六月戊戌（6 月 28 日）晚，宋孝宗赵昚驾崩于重华宫，享年 68 岁。这位在中国历史上以“孝”闻名天下的皇帝，竟然生出了一个中国历史上最不孝的皇帝，禅位后，他度过了五年寂寞、无奈、苦楚、伤心的生活，最终黯然病逝。

这真是世事难料，天意也。

据说，宋孝宗死后，他的双眼仍继续望着宫门，渴望看见儿子的身影……伴随着宋孝宗这个深深的遗憾，南宋势必会掀起一场血雨腥风的浪涛，为这位郁郁而终的帝王讨回公道，也会让那些恶人血债血还！

一场席卷整个南宋的风浪，即将爆发。

造反进行时

宋孝宗病逝后，群臣痛哭不已。第二天早朝时，大臣赵汝愚奏报了太上皇病逝的消息，并请求宋光宗去重华宫给父亲主持葬礼。

对于丧事，宋光宗是没有任何理由推托的。这位皇帝马上颁布圣旨，起驾重华宫。说完后，宋光宗就急匆匆返回后宫，去换衣服、准备出行物品。

看见皇帝准备过宫了，群臣非常高兴，大家排列整齐地站在宫门外，等待皇帝出来。结果，群臣傻乎乎等了一天，直等到太阳都下山了，也没有看见宋光宗。

原来，又被皇帝给放鸽子了！

其实，宋光宗本打算过宫的，但是李凤娘的一番话让他彻底改变了主意。

李凤娘是这样说的："前几天，太上皇还好好的，这才过了几天，怎么就驾崩了呢？我看，这里面有诈，定是太上皇与大臣联手了。太上皇耍花招诈死，骗你去重华宫，好把你软禁起来，再立新君。陛下千万不能中计呀。"

爱妃这么说太有道理了！

最终，这个疯子皇帝听信了李凤娘的鬼话，他躲进了宫殿里，再也不出来了。

至此，群臣再也忍无可忍了。老子死了，儿子竟然无动于衷，还不去主持葬礼，即便在一个寻常百姓家，都足以让人颜面无存了，何况这还是帝王家！皇帝如此昏庸，不配再治理国家了！

于是，在群臣的心中，一个"撤换皇帝，另立新君"的计划出炉了。

虽然群臣想撤换皇帝，但眼下有更重要的事情要处理。毕竟，太上皇一直躺在那里！

最终，无计可施的群臣只能求救于吴太皇太后，希望老太后出山，主持宋孝宗的葬礼，解了这个燃眉之急。

吴太皇太后却怒了，她痛骂群臣道："你们疯了不成！我一个妇道人家，焉能走到前台发号施令，这不是王朝的大忌吗？而且，哪有母亲主持儿子葬礼的道理。赵昚又不是无子，如今赵惇健在，我去主持什么葬礼呀？"

虽然吴太皇太后说的话句句在理，但是，你摊上这么一个不孝的孙子，又能怎么办呢？最终，在群臣的玩命请求下，吴太皇太后只能硬着头皮主持了葬礼。

就这样，在母亲的主持下，将宋孝宗安葬在了宋高宗陵墓旁的永阜陵，终于可以入土为安了。

至此，宋孝宗的事情解决了，但是，其余的生者却无法平静。毕竟，朝廷有太多的烂摊子等着去处理，这个天下也陷入动乱不安中了。

这个说法，绝非危言耸听。

目睹了皇帝不出席、太皇太后主持了葬礼的局面后，大家皆认为天下无主了，一时间，各种谣言满天飞，百姓惶惶不可终日。一些百姓甚至收拾好了细软，准备离开京城去逃难了。

后来，这种情绪席卷全国，甚至深入到军队中。当时，襄阳归正人陈应祥得知天下无主后，准备发动兵变，诛杀邓州守军，用此城为见面礼，投奔金国。

当时的局面，实在是内外讹言汹汹，叛匪借此四起，百姓聚众痛哭，若再不处理的话，南宋王朝就危在旦夕了。

在这个危如累卵的局面下，群臣开始商量对策。最终，尚书左选郎官叶氏提出了一个解决方案——现在唯一的办法，就是赶紧册立嘉王为太子，以安天下民心。最不济，也可让太子去收拾这个烂摊子。

此计一出，群臣全票通过。宰相留正马上写奏章，上奏宋光宗："皇子嘉王，仁孝夙成，宜早正储位，以安人心。"

留正上疏了奏章后，他本以为，这就是一个例行公事罢了。毕竟，皇帝已经不理朝政，他肯定不会看这封奏章。不出意外的话，这封奏章定会石沉大海，杳无音讯。

然而，没过多久，宋光宗竟回信了，而且他还回复了两封手诏。

第一份手诏，上面写了两个字——"甚好"。

第二份手诏，上面写了八个字——“历事岁久，念欲退闲”。

得此两封手诏，留正越看越觉得不对劲，甚至惊恐不安，打算逃跑了。

第一份手诏中的“甚好”二字，虽然意思是“同意”，但是，这句话缺少一个主语。皇帝说的“甚好”，指的是什么呢？是天气甚好，还是饮食甚好，抑或是心情甚好。留正担心万一揣错了圣意，自己就吃不了兜着走了。

同样地，第二份手诏中的“历事岁久，念欲退闲”，是皇帝打算“退休”还是另有所图？要知道，当时宋光宗从没有流露出一点退休的意思呀？那么，皇帝不打算退休，却这样说，他这是要干什么呢？

看着这两封手诏，留正百思不得其解。最终，他得出了一个结论——皇帝这么写，就是一个“引蛇出洞”的计谋！谁同意册封太子，谁就中了皇帝的计，从此上了皇帝的黑名单。

留正越想越怕，他打算再也不蹚这池子浑水了。第二天早朝时，留正故意崴脚摔倒，就请求告老回家了。随后，留正没有经过任何人的同意，“肩舆”逃跑了。

伴随着当朝宰相无故失踪，朝廷群龙无首，彻底乱套了。而留正逃跑的消息传遍京城后，人心惶惶，天下也大乱了！

看看现在南宋王朝面临的局面吧——皇帝不知是生是死，孤儿寡母毫无对策，文武百官群龙无首，黎民百姓人心惶惶，敌国使臣窃窃私语，叛乱分子蠢蠢欲动……

好一派亡国之相。

看来，南宋王朝的历史，也就到此而已了。

好在，每当国家到了危难的地步，就会出现力挽狂澜的英雄。辽国是如此，北宋王朝是如此，这个南宋王朝也是如此。

这位力挽狂澜的南宋英雄，叫赵汝愚。

惊天动地的反击，就此开始！

力挽狂澜，此人也

赵汝愚，字子直，饶州余干人。此人是宋太宗赵光义八世孙，汉恭宪王赵元佐七世孙。

史书称其“早有大志，擢进士第一”。意思是，他少年的时候便有大志，科举考试还得了第一名，绝对是一个超一流的人才。

若在别的朝代，像赵汝愚这样的人才，早就功成名就了。然而，赵汝愚却出生在了宋朝，只能怪自己生错了时代。

原来，宋朝祖宗家法明确说了，宗室成员不得出任执政大臣，以防止宗室成员利用血脉的天然优势，收买人心，谋权篡位。

然而，虽然有明确的祖宗家法，但是这个赵汝愚，却成了宋朝历史上唯一的例外。当时，宋光宗见赵汝愚能力出众、声望颇高，还是理学的掌门人之一，就排除众议，大笔一挥，破格提拔赵汝愚为枢密院知事，让他成为国家高级干部。

事实证明，宋光宗这辈子就没干过几件正确的事。破格提拔赵汝愚，成了他的得意之作。毕竟，这个亲戚没让自己失望，他扶大厦于将倾，成了一个救国英雄。

当然，破格提拔赵汝愚，也成为宋光宗的一个败笔。因为，赵汝愚发动了一场政变，直接让宋光宗回家了。

史料记载，留正逃跑后，朝廷群龙无首，赵汝愚义不容辞地成了他们的领袖。

对比懦弱怕死的留正，赵汝愚要刚毅果断得多，他上台后，立刻与群臣商议了一件事——废除皇帝，另立新君，把嘉王扶上宝座，取代宋光宗！

说干就干，赵汝愚找来亲信，让他们制作龙袍。他还派人游说殿前司的将士，让他们控制皇宫，便于自己起义。

虽然政变行动在紧锣密鼓地进行着，但很快，赵汝愚就发现了一个让他无计可施的缺憾。

原来，如今万事俱备，却东风不来！

这个东风，就是皇宫内资格最老的人——吴太皇太后。

按照赵汝愚的计划，他想让吴太皇太后出面，垂帘听政，宣读“禅位诏书”，发动一场名正言顺的政变。然而，“东风”藏在深宫中，赵汝愚根本见不到，这可让他如何是好。

就在此时，一个人主动请缨，表示愿意担起这个艰巨的重任。

这个人，就是知阁门事、外戚人士韩侂胄。

韩侂胄，字节夫，相州安阳（今河南安阳）人，魏郡王韩琦的五世孙。南宋著名宰相、著名权臣、著名外戚。

韩侂胄的母亲，是吴太皇太后的妹妹；韩侂胄的夫人，是吴太皇太后的侄女；韩侂胄的族孙女，是新皇帝赵扩的皇后。因此，韩侂胄是一个有三重身份的外戚。

此外，因为祖先的战功和皇室的亲属关系，韩侂胄还是一个功勋之后、老牌外戚和新科贵戚的结合体。这样的身份，就更加显赫。

当时，韩侂胄任知阁门事的职务，负责管理宫中的宫门，职位局中。韩侂胄对这个官职不满，他想干出一番大事、加官晋爵。于是，得知赵汝愚等人要造反后，韩侂胄二话不说就加入了进来，并主动进宫游说吴太皇太后。

因为官职、身份的便利性，韩侂胄不费吹灰之力就见到了吴太皇太后。然而，因为口才不行，任韩侂胄苦口婆心，吴太皇太后就是不参加政变。

韩侂胄连续游说了两次，都以失败而告终。

正当韩侂胄准备第三回合时，宦官关礼走了过来，问其为何烦恼。韩侂胄也是病急乱投医，就把政变告诉了关礼。

得知此事后，关礼先是大惊，随后拍胸脯道："既然小臣已经知道了此事，自当全力协助，请大人少安毋躁，小臣这就进去游说太皇太后，您就瞧好吧。"说罢，关礼走进宫殿。

要说游说这种工作，还得交给察言观色、舌尖齿利的太监。

关礼见到吴太皇太后后，根本不废话，直接撩袍跪倒，嗷嗷大哭。

见此情景，吴太皇太后大怒道："有事说事，你哭啥！"

关礼道："启奏太皇太后，如今朝廷一盘散沙，即使是圣人再世，也无计可施了。"

吴太皇太后大怒道："你们不应该知道这种事情！"

关礼道："此事天下皆知，已经瞒不住了。如今，宰相无故离开，朝廷能够依靠的，只有赵知院（赵汝愚）了。万一赵知院也要挂冠而去，朝廷可怎么办呢？"

吴太皇太后大吃一惊，问道："赵知院是皇家同宗，不同于一般大臣，难道他也要辞官吗？皇家也对他不薄，排除众议，委以重任（赵汝愚是宋朝唯一的宗室宰相)。”

关礼道:“赵知院之所以没有离开，是想仰恃太后您出来主持公道。如果您不出来主持大计，赵知院心灰意懒，只能离开。如果赵知院辞官回家了，天下还能仰仗谁呢？还请太后三思。”

这番话，说得有理有据，句句说到了太后的心坎里，让她无力反击。

最终，太皇太后叹了一口气道:“你去告诉韩侂胄，我同意他的计划。但是，这是大事，务必小心谨慎，好自为之。”

至此，在关礼的一番忽悠下，这件事情终于成了。

得此结果后，关礼立刻把这个消息告诉了郁闷无比的韩侂胄。而韩侂胄也马上出宫，把这个消息告诉了望眼欲穿的赵汝愚。

至此，万事俱备，东风也来了，政变的准备工作全部完成，只等着次日在朝堂之上，宣布结果了。

绍熙内禅

整整一夜，赵汝愚都没有合上眼。

兴奋、恐惧、激动……各种心情充斥着赵汝愚的内心，让他无法入眠，他一遍一遍地演算着政变的过程，看看哪里还有疏漏，哪里还需要补充。他甚至害怕皇帝会突然出现在朝堂之上，当众揭穿他们的计划，治他们一个谋权篡位的大逆之罪。

当太阳再次升起后，赵汝愚长舒一口气。因为，朝内依旧，宋光宗也依旧躲在后宫，没打算出来。

看来，天意如此！

赵汝愚选择政变的日子，正是除服祭奠大礼的日子。按照礼仪规定，身为皇子的赵扩是不用进入祭奠现场的。鉴于此，前天晚上，赵扩派人告诉赵汝愚，说不参加明天的祭祀大礼了，他在家祭拜爷爷的亡灵。结果，赵汝愚派人明确告诉他:“明天大典，非常重要，你必须参加！”

就这样，本来不用参加祭祀大礼的赵扩，稀里糊涂地来了。他一头雾水，不明白为什么大家都参加了这个祭祀活动，就连身居后宫、一直神龙见首不见尾的吴太皇太后也出席了。

人员到齐后，赵汝愚持笏出列，率领文武百官撩袍跪倒，上奏道："皇帝患病，不能处理朝政。臣等乞求皇帝立嘉王为太子，以安人心，皇帝已批复'甚好'二字。请太皇太后代为处理此事，册立嘉王为太子。"

太皇太后道："既然有御笔亲书，就按皇帝的意思办吧。"

赵汝愚从怀中掏出一份诏书，大声道："此事事关重大，需有诏书为证，才能昭告天下。臣等草拟了一份诏书，请太皇太后过目。"

太监走了下来，接过诏书，交给太皇太后。太皇太后看完后，口述"甚善"二字，交还给大臣，允许他们昭告天下。

至此，第一件事情圆满结束。赵扩都不知道怎么回事，就稀里糊涂当上了太子，成了国家的储君。

惊喜，意外……殊不知，还有让他更惊喜的事情呢！

接回册封太子的诏书后，赵汝愚又掏出一份诏书，继续上奏道："皇帝以疾，未有执丧，曾有御笔，'念欲退闲'，太子嘉王扩可即皇帝位。现在，请太子登基，尊皇帝为太上皇，皇后为太上皇后，移御泰安宫。"

太皇太后看完后，继续口述"甚善"二字，交还给大臣，允许他们昭告天下。

至此，第二件事情也圆满结束。赵扩都不知道怎么回事，就稀里糊涂地升级为这个国家的皇帝！

什么情况？今天让我出席，不是来参加祭祀仪式的吗？怎么稀里糊涂的，就让我当上皇帝了。我这一点儿心理准备都没有呀！你们这么搞，让我情何以堪？

看见群臣要拥立自己为帝，赵扩根本不敢登基，他拔腿就跑，绕着大殿的柱子直转圈。赵扩一边逃跑，一边大叫道："儿臣做不得，做不得，恐负不孝之名啊。"

赵汝愚在后面边追边劝道："太子当以安社稷，定国家为'孝'。如今，有皇帝御笔、太皇太后口谕在此，太子应该即位，安邦定国，以尽孝道。如果固辞不受，万一国家发生了不测，将置太上皇于何地？"

虽然赵汝愚说的话句句在理，但赵扩依旧选择了满屋子乱跑，他大喊道："告大妈妈，儿臣做不得、做不得！"

眼看这个局面没完没了，吴太皇太后出马了，她怒吼一声："我见你公公（宋高宗），见你大爹爹（宋孝宗），又见你爷在位上（宋光宗），今日又见你！"说完，吴太皇太后情绪激动，流下了伤心的眼泪。

没错，吴太皇太后确实太伤心了。因为这里的潜台词是："你们这几个家伙，全都不是省油的灯，就不能让我省心吗？"

看见太皇太后哭了，赵扩一时语塞，就不逃跑了。群臣立刻围了上来，不由分说，给他穿上龙袍，将其架在龙椅上，对其三跪九叩，行了君臣之礼。

即使赵扩依旧喊着"做不得、做不得"，群臣也不管不顾地行完朝拜之礼，默认了这个皇帝，迫其登基称帝。

至此，在这场稀里糊涂的政变下，赵扩成了南宋王朝第四位皇帝，史称宋宁宗。

这场政变，就是南宋历史上著名的"绍熙内禅"。

如今，在回顾这场"绍熙内禅"时，史学家们认为，虽然有群臣的拥护，有皇帝的诏书，有太皇太后的口谕，宋宁宗登基称帝堪称合法，但是，这依旧是一场宫廷政变，最多是一场在合法外衣掩盖下的宫廷政变。

换句话说，赵扩继承的这个王位，根本就名不正言不顺。这事往大了说，赵扩就是一个谋朝篡位的乱臣贼子！然而，当时并没有任何人认为此事不妥。

毕竟，以当时的形势而言，如果不逼迫宋光宗退位，南宋王朝还将经历更大的动乱，甚至动摇国本。而"绍熙内禅"虽然不合理，但它却帮助南宋王朝躲过了这场大劫。因此，利大于弊，那些小小的错误，也就可以忽略不计了。

当然，如果真有错误的话，也就只剩下这个了——对于新皇帝的选择，赵汝愚跟宋孝宗一样，也瞎了眼！他选择的这个新君，不仅是一个懦弱的昏君，还因为自己的怠政，开启了一个权臣专政的时代。

如今，史学家们一致认为，南宋由盛转衰就是自这个宋宁宗时代开始的。可以说，南宋皇权旁落与权臣崛起，也是始于这个宋宁宗时代。也就是说，赵汝愚在"绍熙内禅"中的选择，开启了一个亡国的时代！

单凭此举，赵汝愚负有不可推卸的责任。

当然，没有人能够预知未来，赵汝愚也不例外。我们唯一能做的，就是阅读这些历史，并发出自己的唏嘘感叹。

好吧，不管怎么，伴随着宋宁宗的登基称帝，一个旧的时代结束了，另一个新的时代拉开了序幕。

在这个新时代里，不是所有老人都能生存，这包括太上皇宋光宗赵惇，以及他的皇后李凤娘。

新的时代

绍熙五年（1194年）七月，一个时代落下了帷幕，一个新的时代开始上演！

这个新时代的起点，就从处理前朝余孽开始。

宋宁宗登基后的第二天，在韩侂胄的引导下，赵扩前来拜见自己的父皇。当然，拜见是假，逼宫是真。因为此时此刻，宋光宗已经不能再掌握玉玺以及居住在皇帝的寝宫里了。

当时，对于这个逼宫，群臣都捏了一把汗。毕竟，宋宁宗可是靠谋朝篡位登的基，若宋光宗不答应的话，双方只能兵戎相见了。

然而，让大家始料未及的是，这次会面竟然非常和平，不仅和平，还留下了一段在历史上并不出名却非常搞笑的话。

宋宁宗到来时，宋光宗正在宫殿里休息。看见了群臣、听见了只有皇帝才能用的钟鼓声后，宋光宗大怒道："你们如此大胆，敢来扰我清净，还敢用天子的礼乐！"

一听这话，群臣不知道如何回答，只能面面相觑。宋宁宗也惊得无话可说，低头不语。

这时，韩侂胄上前一步，毕恭毕敬道："是新皇帝驾临了。"

宋光宗问道："谁是新皇帝？"

韩侂胄对着宋宁宗方向行礼，道："此乃新帝。"

宋光宗看了一眼，问："是我儿吗？"

韩侂胄道："是。"

宋光宗问道："你是谁？"

韩侂胄道："臣知阁门事韩侂胄。"

宋光宗问："你们来干什么？"

韩侂胄道：“如今，新皇已经登基，请太上皇交出玉玺，并移宫别住。”

宋光宗道：“你这意思，是你们发动了政变，让我下岗了？”

韩侂胄道：“是。”

……

沉吟了一会，宋光宗道：“这么大的事情，你们为何不早一点儿告诉我？”

对于这个问题，韩侂胄无言以对。

虽然宋光宗情绪很激动，但他的态度还是不错的。没有过多的抵抗，宋光宗就接受了这个事实，认可自己下岗了。

见大势已去，李凤娘也非常平静，她拿出玉玺，交给韩侂胄，并自我安慰道：“反正皇帝也是我儿，玉玺就给他吧。”

这个女人，终于认输了。

就这样，伴随着李凤娘的服软，宋朝皇帝的这次交接仪式圆满完成。宋宁宗名正言顺地登基称帝，而李凤娘只能收起自己所有的欲望，隐居后宫，从此再也不问政事了。

庆元六年（1200年）六月，在度过了六年痛苦的生活后，李凤娘郁郁而终，享年57岁。

据说，李凤娘病逝后，太监们为她收尸，突然一人大喊道：“快跑，快跑，疯太皇来了，疯太皇来了！”

原来，因为重病缠身，宋光宗已经神志不清了，他一会糊涂一会清醒，但听说爱妻病逝后，宋光宗急了，他跑到了李凤娘病逝的寝宫，想来看爱妻最后一眼。

当时，听到“疯太皇”来了，太监们就一哄而散了。而宋光宗又陷入神志不清之中，他忘记此行的目的，直接去追太监了。结果，李凤娘的尸体就在那里躺着，一连数日，无人敢过去，等再为李凤娘收尸时，她的尸体已经腐烂，发出刺鼻的恶臭。

为了掩盖这种臭味，大家只能行“秦始皇之事”，找来一堆鲍鱼，让它们与李凤娘一起下葬。

一代悍后，竟然落得如此下场，也算是报应了。当然，虽然这个故事明显是来自野史，但这种剧情颇为符合百姓的心理。

对这个女人，盖棺论定一下吧：纵观两宋的所有后妃，影响朝政、建功立业者，比比皆是。然而，像李凤娘这样的女人，却绝无仅有。简单来说，这个李凤娘既无辅政之才，又无后妃之德，就是一个有野心却没有政治头脑，更没有聪明手段的悍妇。

其实，李凤娘当时的处境非常好，在皇帝多病且听话的情况下，若她好好地经营，绝对能够做到大权独揽的地步，甚至取代刘娥，成为宋朝最著名的一个皇后。然而，这个女人除了会控制丈夫、与群臣为敌、大肆封赏自己人之外，就没有干过一件实事。

她在控制皇帝的同时，得罪了整个天下，只能落得一个众叛亲离的下场。

对比下一个登上历史舞台，同样书写自己历史的皇后，李凤娘就更加惭愧了。而这个皇后也用自己的所作所为给李凤娘上了一课，告诉她什么样的女人才是一个好皇后。

这个女人，就是宋朝历史上又一个大名鼎鼎的皇后——杨皇后。当然，关于她的故事，未来再说，现在我们继续说宋光宗夫妻。

李凤娘病故后，仅仅过了两个月，太上皇赵惇就不行了，他重病缠身，一病不起。在休养期间，赵惇突然听见了皇帝才能使用的乐声，就问侍卫道："这是什么音乐？"

侍卫怕说了实话惹得太上皇不高兴，就撒谎道："这是街头老百姓奏乐的声音。"

太上皇此时非常清醒，一听这个回答就大怒道："这分明是皇帝专用的乐声，你们这群狗奴才竟然敢骗我，该当何罪！"

说完，宋光宗挣扎站了起来，他挥起拳头，要打这些侍从。结果，因为起得太急，宋光宗脑袋一晕，啪的一声，就昏倒在地。没过多久，他就驾崩了。

庆元六年（1200 年）八月，宋光宗病逝在寿康宫，享年 54 岁。

至此，伴随着宋光宗夫妻的逝去，一个属于他们的时代彻底完结。

从此以后，宋宁宗可以心安理得地登基称帝、处理朝政了。

殊不知，这个崭新的时代刚刚开始，群臣就窝里斗了。在他们的争斗下，宋朝迎来了新一轮的政治风暴！

这场政治风暴的主角，就是那两个拥立新君的功臣——韩侂胄和赵汝愚。

第二十章 祸起萧墙

窝里斗

拥护赵扩登基称帝后，韩侂胄就开始邀功了，他想要论功行赏。

韩侂胄认为自己有两大奇功，一是说服吴太皇太后出山；二是带领皇帝去要玉玺。身上有这么两个大功，韩侂胄自恃功劳甚高，想要最丰厚的赏赐。

本来，韩侂胄的要求不过分，他就想要一个节度使的头衔和一个地方州县的实职。然而，韩侂胄却得到了一个非常过分的结果。

原来，韩侂胄的要求上呈后，赵汝愚二话不说就给否决了。他否决的理由，也非常合情合理："我是宋朝宗室，你是后族外戚。咱们拥立新君，是给自家人办事，这就是一件分内的事，怎么能言功呢？只有那些外人，才需按功劳行赏。"

这番话说得如此大公无私，以至于让人都不知道怎么回答了。当然，赵汝愚是这么说的，他也真的是这么做的。

在论功行赏时，他真的册封了外人，不照顾自己人——赵汝愚颁布诏书，册封了很多功劳不如韩侂胄的人，而功劳最大的韩侂胄，仅仅升官一级，得到了一个汝州防御使的官职，还是一个兼职。

可想而知，这样的结果，焉能让韩侂胄服气？从此，他恨死赵汝愚了，准备弄死他以泄心头之恨。

那么，到底是什么原因，让赵汝愚如此行事呢？

关于这个问题，史书没有给出答案，如今，史学家们给出了两个答案，作为参考。

第一个答案，赵汝愚是一个坦荡荡的君子。

赵汝愚虽是天潢贵胄，但绝不是纨绔之子，他饱读诗书，是理学的掌门人之一，精通理学，朱熹都是其好友。因此，赵汝愚说出这种大公无私的话，一点儿也不奇怪。

第二个答案，赵汝愚痛恨韩侂胄的出身，故意不让其升级。

咱们都知道，在宋朝，有两种人最让人瞧不起，一种是武人，另一种是外戚。这个韩侂胄既是武人又是外戚，那就更加让人瞧不起了！

作为根正苗红的宋朝宗室子弟，赵汝愚优越感十足，他本能地鄙视韩侂胄，也不打算与这种人为伍。所以，他不打算提拔韩侂胄的官职，不让韩侂胄吃这个胜利的蛋糕。

到底是因为什么，由于史料匮乏，已经不得而知了。但是，我们都知道不给韩侂胄升级的后果。

目睹了其他人加官晋爵，韩侂胄怒了。要知道，他可没学过什么理学，不能通过反省和参悟来化解心中的怨气，他决心干掉赵汝愚，以化解自己的愤怒。

从此以后，韩侂胄时刻准备着报仇，好让赵汝愚死无葬身之地。

当时，对于韩侂胄的这种不满情绪，很多人都有所察觉，比如叶适、朱熹等都曾提醒赵汝愚："韩侂胄是一个狼子野心的人，若留在朝廷，早晚得出事。不如满足他的胃口，给他一个节度使的官职，调离朝廷，消除隐患。"

然而，对于这些劝告，赵汝愚一句也没有听进去。

在他的眼中，韩侂胄就是一条"小泥鳅"，根本掀不起什么大风大浪。

轻敌，太轻敌了……最终，赵汝愚就死在了轻敌上。

要知道，韩侂胄虽然官职不大，但他的能量却极大。对比赵汝愚，韩侂胄拥有两个优势，让他足以立于不败之地。

韩侂胄的第一个优势，就是他外戚的身份。

当时，韩侂胄可以凭借外戚的身份随便入宫，去后宫联络感情，去窥视皇帝的一举一动，也可以给赵汝愚“穿小鞋”。

对比韩侂胄，赵汝愚就没有这种优势。

毕竟，赵汝愚是宗室出身，正是皇帝最忌讳的那类人，为了防止“斧声烛影”的事情重演，皇帝是不会放松警惕的。

韩侂胄的第二个优势，就是他的知阁门事的官职。

虽然在宋朝的官员编制中，知阁门事是一个不大的官职，但不可否认的是，这个官职却有一个超级优势，它可以频繁见到皇帝（知阁门事的主要任务，就是替皇帝传达文件）。

就这样，凭借这两个超级优势，没费吹灰之力，韩侂胄就成为皇帝的贴身近臣。后来，得到重用的韩侂胄甚至替皇帝草拟圣旨，发号施令了。再后来，宋宁宗索性撂挑子，当一个甩手掌柜，把国家的所有大事都交给韩侂胄去处理了。

没错，宋宁宗就是当一个不管事的后台掌柜了。

那么，皇帝为什么要这样做呢？

关于这个问题，就得从宋宁宗的秉性讲起了。

弱智皇帝

现存的史料明确记载，官员百姓们可以用“仁、孝、夙成”等词语来形容这位宋宁宗，却从未说过这位皇帝“智”。可见，宋宁宗的智商，比较有限！

宋宁宗体弱多病，他不胜酒力，也不敢吃生冷的东西，在他吃饭时，都会让太监举两个小屏风，上书“少吃酒，怕吐”和“少食生冷，怕疼”。若妃子劝他喝酒或吃冷食时，他便会手指这两个牌子，加以拒绝。

虽然宋宁宗这么做，有维护后宫和平、不伤对方面子的意思，但是，身为九五之尊的皇帝，举着牌子到处走，不就是挑明了告诉别人，自己是一个弱智吗？不就是说自己记不住事情，所以才做了两块“记事牌”吗？

宋宁宗这种弱智的事情，还有很多。

宋宁宗不爱处理朝政，有时会观看伶人表演。有一次。两个伶人看不过去了，他们编了一个段子调侃这位皇帝。

这两个伶人模拟了一个买卖雨伞的场景，一人买伞，一人卖伞。买伞的这位，看见伞后非常生气，说这个伞有瑕疵，不是什么好伞。

一听这话，卖伞者就急了，大怒道："你说我的伞不好，那你必须给出理由。否则，咱俩没完。"

买伞者道："你看啊，你的伞偷工减料。一般的伞，都要正反两面刷油。你的伞呢？正如客人买伞，里面不刷油，只在外面刷油，这怎么行呢？"

伶人此言一出，看戏的大臣都傻了，大家面面相觑、瑟瑟发抖，不知道该说什么。

原来，伶人的这句话，就是调侃皇帝不上朝、玩耍怠政。伶人讽刺皇帝正（政治）如"客人买伞"，不油（由）里面，只油（由）外面，全都是朝臣说了算。

听完这句话，大家全都屏住呼吸，等待着雷霆之怒。结果呢？别说雷霆之怒了，连个乌云都没有！

原来，宋宁宗根本没听懂这句话的意思，根本没有意识到伶人在痛骂自己，反而哈哈大笑道："哈哈哈，好一把破伞，不油里面，只油外面。"

宋宁宗无能跟弱智的表现，远不止于此。

南宋周密的《癸辛杂识》记载，宋宁宗不善于交流，每次面见金国的外交使节时，都不能从容应答对方的问题，只能暗地里让太监代为作答。

单凭此事，这个皇帝的智商水平，就可想而知了。

皇帝能力有限，也不喜欢处理朝政，在这种背景下，大权旁落是一件不可避免的事情。既然皇帝是这种情况，朝中势必会出现一个强权人物，将其"取而代之"。

当时，国家的这个新统帅，就是韩侂胄。

见皇帝不喜欢处理朝政后，韩侂胄大喜过望，他主动请缨，代替皇帝批阅奏折、颁布圣旨。

对于韩侂胄的所作所为，宋宁宗认为没什么事。毕竟，韩侂胄是有三重身份的外戚，他就是自家人，绝对忠诚可靠。更重要的是，韩侂胄精明能干，把朝政打理得井井有条；他还特别贴心，让自己干真正喜欢的事情，而不是天天坐在御案前，批阅堆积如山的奏折，还得听几个老学究（比如朱熹）的无聊说教！

于是，在默许下，韩侂胄成为皇帝的枪手。

刚开始的时候，韩侂胄颁布的圣旨，全是皇帝的意思，但时间一长，圣旨中哪些是皇帝的意思，哪些是韩侂胄的意思，就完全分不清楚了。

就这样，不动声色之间，韩侂胄越过了“高层主管”赵汝愚，直接效忠“董事长”宋宁宗了。而且，伴随着宋宁宗的怠政，他取代了董事长的位置，直接独立经营这家“公司”了。

韩侂胄这条昔日的小泥鳅，终于一步升天，成了一条呼风唤雨的“蛟龙”。而他接下来的所作所为，也可想而知了。

陷害贤良

大权独揽后，为了稳固自己的权力，韩侂胄准备干掉赵汝愚。他想用这个政敌的首级作为基石，加固自己的位置。

然而，说归说，做归做。等韩侂胄真正要干时，他这才发现——这个活儿，不好干。

不好干的原因，有三——

第一，赵汝愚是皇室宗亲，理论上比韩侂胄的关系更进一步。人家跟皇帝同宗同祖，血浓于水，打碎了骨头也连着筋。

第二，当初是赵汝愚发起的“绍熙内禅”，他是拥护皇帝继位的第一功臣。因此，赵汝愚颇得皇帝信任，皇帝对其的宠爱一点儿也不亚于韩侂胄。

第三，赵汝愚是一个清廉正派、谦虚谨慎的好官，深得大臣们的拥护。若想消灭这种圣贤，除非有能“绝杀”的武器。

在这三个原因下，韩侂胄投鼠忌器，不敢贸然动手。

后来，在小人刘强的帮助下，韩侂胄终于找到了突破口。

刘强是韩侂胄的同事，他也担任知阁门事一职。他见韩侂胄跟赵汝愚闹掰了，就主动投靠了韩侂胄，成了韩侂胄的一个小弟，为他出谋划策，陷害忠良。

当时，刘强对韩侂胄道："大人，姓赵的已经跟咱们闹掰了，他不喜欢咱们，也是天下皆知的秘密了。今日，他讨厌您，不授予您节度使官职；他日，他若继续讨厌您，大人可就要来一趟岭南之行了。"

韩侂胄明白刘强的意思，他无奈道："我懂你的意思，但是，我找不到扳倒赵汝愚的方法呀。"

刘强道："大人，自古以来，要想扳倒一个人太容易了，让台谏弹劾即可。"

韩侂胄无奈道："你说得容易，那台谏之人又不会听命于我！"

刘强笑笑道："大人，这有何难？你录用几个听话的台谏之人不就得了。"

真是一语惊醒梦中人，刘强的这番话，说得韩侂胄茅塞顿开。于是，他立刻用内批的形式颁布了一道圣旨，任命了几个听话的御史，让他们去弹劾赵汝愚。

弹劾的借口，简直太好找了。赵汝愚的出身，就是弹劾的最好理由。

御史们各就各位后，他们立刻上疏，以"同姓居相位，非祖宗典故。方太上皇圣体不康之时，欲行周公故事。倚虚声，植私党，以定策自居，专功自恣"为由，诬告赵汝愚居功自傲，图谋不轨，危害社稷，意图谋反，请求将其罢免，以谢天下！

图谋不轨，意图谋反……看来，要告一个人有罪，"谋反"真是再好不过的罪名。

赵汝愚真要谋反吗？除非吃饱了撑的，他才会造反！但是，人家挑明了要办你，别说谋反了，就是你娶个小妾、路边吐口痰，也照办不误。

这就叫欲加之罪，何患无辞。

除了诬告赵汝愚谋反外，韩侂胄还说了一堆谗言，让宋宁宗更加痛恨赵汝愚。

韩侂胄是这样说的："启奏陛下，您说赵汝愚有拥立之功，但在卑职眼中，他有什么功劳呢？要知道，您登基称帝时，他可没看好您，他看中的可是您身边的赵抦！而且，这个人在您登基时，还说过'谁当皇帝都一样，反正都是赵家的一块肉，立谁都行'。现在想想，他那个时候就已经有了不臣之心！"

韩侂胄的这番话，太狠了。

原来，部分史料记载，宋宁宗登基前，他的竞争对手赵抦也在现场。

当时，吴太皇太后宣他们一起进来，对赵抦道:“外面一直有谣言，说先帝想立你为帝。对于这个问题，老身想了想，认为不妥。毕竟，嘉王年长，且教他做。他做了，你再做，这才是祖宗之法。”

一听这话，赵抦就放弃了，他对太后行礼后就规规矩矩地出去了。随后，宋宁宗在顽强抵抗的“做不得、做不得”声中，被迫登基称帝了。

虽然记载中并没有赵汝愚的故事，也没有只要是赵家一块肉就行的话，但是，你架得住韩侂胄的挑拨离间吗？而且，以宋宁宗的智商水平，他能分辨出这些话的真伪吗？

跟韩侂胄的预料一样，听完这番话后，宋宁宗都气得蹦起来了，他当即颁布了一道圣旨，罢免赵汝愚的宰相职务，发配出京，贬为福州知府。

后来，在韩侂胄继续挑拨离间下，宋宁宗又颁布了一道圣旨，罢免赵汝愚官职，发配永州（今湖南零陵）安置。

至此，赵汝愚彻底败了，败得一败涂地。当然，政治上的失败，并不意味着完结。毕竟，只要肉体不消，这个事情就没完。

简单来说，韩侂胄不仅要消灭政敌的官职，还要消灭他们的肉体，这样才能永绝后患。

于是，就跟当年丁谓陷害李迪一样，韩侂胄命押送的钦差找碴儿，天天痛骂、侮辱赵汝愚，逼他赶紧去死。

赵汝愚可没有寇准的大心脏，也没有邓余替他保驾护航，他惶惶不可终日，只能慷慨赴死了。

庆元二年（1196 年）正月，赵汝愚走到衡州（今湖南衡阳）时，再也受不了这种侮辱，就服毒而卒了，享年 57 岁。

临死前，赵汝愚给儿子等人留下了最后的遗言——观韩侂胄之意，必欲杀我。我死后，你们或许就能免除灾难……

这是一个慈爱的父亲，留给儿子最后的保护。

至此，消灭了赵汝愚后，韩侂胄终于成了继秦桧之后，南宋的第二个权臣。

就这样，在这个小人手中，一个天下大乱的时代终于到来。

重用小人

物以类聚，人以群分，韩侂胄这个大奸臣身边聚集了一群奸诈小人和无耻之徒。

这群人中，最著名的，就是韩侂胄的亲信、南宋少有的无耻官员、“狗叫侍郎”——赵从善。

那么，赵从善怎么得到这么一个头衔呢？

关于这个问题，就要看赵从善的本事了。

有一年韩侂胄过生日，文武百官玩命送礼物、献殷勤，期望得到韩侂胄的青睐。

结果，赵从善就跟没事人似的，他不仅一点儿也不主动，反而还迟到了。

当时，韩侂胄寿宴的气氛异常火爆，结果，等到了宴会快结束时，赵从善才姗姗来迟，手里也没有拿什么名贵的礼物。

看见这个不给自己面子、敢迟到的官员，韩侂胄大怒，其他官员也为其打抱不平，痛骂赵从善不守规矩，敢藐视当朝宰相，等等。

韩侂胄大怒道：“说，你送了什么礼物？”这里的潜台词是：“我看看你送的啥东西。送的好，不追究你迟到之罪；送差了，老子今天弄死你！”

赵从善举起礼盒，满脸堆笑道：“无，水果也，还请大人品尝。”

一听此言，群臣哄堂大笑，说今天什么日子，你就是送精美绝伦的古董、稀有难寻的珠宝都不为过。你竟然送水果，还敢迟到，真是愚蠢至极。啥也别说了，等死就行。

就这样，盛怒之下的韩侂胄命人打开那个礼盒，准备看一下里面的东西，然后让赵从善去死。

结果，等看清里面的东西后，韩侂胄转怒为喜，不仅不给赵从善治罪，反而把他视为上宾，亲自倒酒道谢了。

原来，这礼盒中的物品，真是水果，是一串“葡萄”。只不过，这是一串镶满珠宝的“葡萄”。赵从善用黄金做枝条，玉石做绿叶，每一颗葡萄，都是一颗价值连城的珍珠。

这哪里是水果呀，这简直就是一个价值连城的工艺品呀！难怪韩侂胄会转怒为喜、喜笑颜开。而看见这件工艺品后，其余大臣也都瞠目结舌，再也不敢嘲讽赵从善了。

这就是赵从善的本事。

赵从善清楚地知道，自己就是一个三流的官员，在这群星璀璨的宾客中，要想脱颖而出绝非易事。以他的官职和送的礼物（真不是特别名贵），根本不入韩侂胄的法眼，也难以引起韩侂胄的注意。

因此，赵从善选择了“富贵险中求”的办法，他故意迟到、故意激怒韩侂胄，以达到引人注目的效果，随后顺势送给韩侂胄名贵的礼物，得到宰相大人的青睐，留下深刻的印象，完成自己的目的。

果然，经过了生日献宝后，赵从善给韩侂胄留下了深刻的影响，紧接着，一个突如其来的小插曲，让赵从善抓住了机会，从此一飞冲天了。

原来，韩侂胄寿宴时，有一个大臣进献了四颗稀世罕见的明珠。这些明珠晶莹剔透、鲜艳耀眼，每一颗都有鹌鹑蛋那么大，实属罕见。

收到这些明珠后，韩侂胄很是高兴，他就把明珠送给了四个最得宠的小妾。结果，韩侂胄的噩梦开始了。

得到明珠的小妾们，嚣张跋扈、嘚瑟无比；没有得到明珠的小妾们，妒忌愤怒。

于是，没有得到明珠的十个小妾群起而攻之，把韩侂胄围了起来，要求一视同仁，否则没完。

韩侂胄脑袋都大了，他只能好言相劝道：“好好好，买买买。等着，过几天，我就送你们一人一颗明珠，决不食言……”

哄走了这些烦人的小妾，韩侂胄找来那个送礼的人，让他再去找十颗明珠，他愿意出钱购买。

然而，这个人却面露难色，委婉道：“启奏大人，您想要明珠，属下自当双手奉上。但问题是，我手里真的没有了。而且，这些明珠出自金国的宫廷，能找来已属万幸，已经无法再得到了。”

一听这话，韩侂胄泄气了。

就在此时，赵从善站了出来，把这个问题解决了。

原来，得知韩侂胄在寻找明珠后，赵从善立刻派人出使辽国（西辽），花了十万缗的价格，从辽国贵族手中买来十颗大明珠。随后，赵从善聘请了京城最著名的工匠，用这十颗明珠为材料，打造了十顶精美华丽的金冠送给了韩侂胄。

可想而知，看见这十顶金冠后，韩侂胄有多么高兴。而得到金冠后，韩侂胄的小妾们也是玩命吹枕头风，让韩侂胄提拔这个贴心、忠诚的下属。

韩侂胄提拔了赵从善的官职，并把他当成了贴身近臣。

当然，即使没有小妾的劝说，韩侂胄也会提拔赵从善。毕竟，这种有能力又贴心的人才，确实不好找。而且，这个人还对自己忠心耿耿，就像一条“看门狗”一样。

事实正是如此。

韩侂胄大权独揽后曾修建了一处极其奢华的园林，用来改善自己的生活。

这就是让陆游差点儿被喷死的园林（故事后面再说）——南园。

园林竣工后，韩侂胄很是高兴，邀请文武百官来这里参观游玩。当时，南园内有一处特意模仿农村风格的建筑群，里面有一个小桥，有一个水车，还有一座茅草屋，外加几亩稻田。

看见这个景色后，韩侂胄百感交集，道：“在朝多年，老夫已经厌倦了这些功名利禄的生活。他日，我一定交出权位，就在这里归隐山林，种田为生。”

此言一出，那些阿谀奉承之辈，立刻拍马附和。大家各抒己见，说大人如此高风亮节、不贪名位，真是我等的榜样，等等。

其实，大家心里跟明镜似的——就你？你个利欲熏心、贪恋权力的败类！你也能归隐山林？

后来，在大家的歌功颂德中，韩侂胄很是高兴，他若有所思地看了一下四周，叹了一口气，道：“这里的风景如此美好，可惜少了犬吠鸡鸣之声。”

此言一出，草丛中就传来了“汪汪汪”的狗叫之声。一听这声，韩侂胄大喜过望，真是想什么就来什么。他立刻率领群臣奔向草丛，看看是什么狗在叫唤。

结果，眼前的一幕让韩侂胄等人惊讶不已，随后全都哄堂大笑了。

草丛中哪里有狗？只见赵从善正趴在地上学狗叫呢。

一个国家大臣，竟然趴在地上学狗叫，用这种办法博取领导开心。赵从善这个拍马屁的办法，也算是可以了。

见此情景，韩侂胄哈哈大笑，当场称赞道：“不错，不错，赵大人真是一个赤胆忠心的大臣。”其余的人，看似对赵从善的所作所为赞不绝口，却又不禁投来了鄙视的微笑。

虽然文武百官鄙视赵从善，但对于这种“笑骂从汝，好官须我为之”的小人来说，你嘲笑他又有什么用呢？

毕竟，小人成功的三要素，一是坚持，二是不要脸，三是坚持不要脸，这就是他们的成功之道。

在韩侂胄的满意中，赵从善继续加官晋爵，成为一个二品的工部尚书了。

第二十一章 庆元党禁、讨伐金国

南宋第二个权臣

何谓奸臣？

我个人认为，中国近代思想家、政治家、教育家、史学家、文学家梁启超大师的一番话，是对奸臣二字最好的注解：“其下者，则巧言令色，献媚人主，窃弄国柄，荼毒生民。如秦之赵高，汉之十常侍，唐之卢杞、李林甫，宋之蔡京、秦桧、韩侂胄，明之刘瑾、魏忠贤，穿窬斗筲，无足比数。”

在梁启超的列举中，宋朝奸臣无数，却只有蔡京、秦桧、韩侂胄三人入榜，可见他们三人也算是极品了。

那么，这个韩侂胄到底干了什么事情，让他如此臭名昭著呢？

赵汝愚死后，朝廷开始了一轮重组。而在这个重新洗牌中，毋庸置疑，韩侂胄是最终的胜利者。

他的这些胜利成果，如下：

庆元二年（1196 年），被加封开府仪同三司，权力等于宰相。

庆元四年（1198 年），被加封为少傅，封豫国公。

庆元六年（1200 年），被加封为太傅。

嘉泰三年（1203 年），被加封为太师，封平原郡王。

开禧年间，韩侂胄更是被加封为平章军图事，从此军政一把抓，相当于这个国家的摄政王。

当时，韩侂胄的权力大到什么程度呢？

韩侂胄权力巅峰时，他三日一上朝，平时就在自己的府邸办公。他把国家的尚书、门下、中书三省的所有官印，全部放在自己的办公桌上。有什么事情，他直接盖章办公。

就这样，韩侂胄的这个府邸，成了宋朝的第二个朝堂。他颁布的命令，相当于圣旨。无论是罢任官员，还是制定国家大政方针，全都由韩侂胄一个人说了算。对于这种恶形，皇帝被蒙在鼓里，大臣们敢怒不敢言，大家只能任由这个权臣独断专行了。

当然，虽然大权独揽了，但韩侂胄也丝毫不松懈，他用各种办法巩固自己的权力，不给任何人取而代之的机会。

在韩侂胄眼中，最好的防守，就是进攻！与其费尽心力防守，不如主动出击，去消灭那些潜在的政敌，把他们消灭在摇篮里。

于是，跟当年的秦桧一样，韩侂胄利用“台谏”这个工具，指使御史们弹劾政敌，把他们挨个拉下马，全都轰出京城。

在消灭政敌期间，韩侂胄发现一个迫在眉睫需要解决的问题。

这就是，用“台谏”的办法，太慢了！

可不是吗？咱们以苏轼的“乌台诗案”为例，首先要御史弹劾（诬陷），把其抓进监狱。随后，御史出示证据，证明罪人有罪。其间，要打无数次架，还要当心各种来营救的人。最终即使陷害成功了，陷害者也累得身心俱疲，无力再战。

这样烦琐复杂的害人过程，焉能让韩侂胄满意？他迫切需要一种简单有效的办法，来陷害政敌、巩固自己的权力。

经过一番冥思苦想后，韩侂胄终于找到了一个办法，可以把这些政敌一勺烩了。

这就是那个屡试不爽的老办法——党争。

咱们前面讲过，用结党营私这个理由攻击政敌，真是一打一个准，一打一大片，瞬间就能干掉无数人，把他们全部罢免。而且，该着韩侂胄的运气好，当时就有这么一种思想和一个人，成为党争的绝好借口。

这种思想，就是理学；这个人，就是理学的掌门人——朱熹。

至此，一场围绕朱熹的党争拉开了序幕。

此时此刻的朱熹已经惹恼了皇帝，韩侂胄攻击他，简直手到擒来！

事实正是如此。

那么，朱熹干了什么事情，惹恼了皇帝呢？

庆元党禁

赵汝愚得势时，他曾投桃报李，让自己的好友朱熹入朝为官。赵汝愚任命朱熹为经筵官，为皇帝讲经论史。

殊不知，这是赵汝愚一生中最坏的一个任命。

原因，一句话足矣——作为一个无理想、无责任、无志向的君主，宋宁宗是打死也不喜欢理学的。

别的不说，只朱熹说的那些话、干的那些事，就能给宋宁宗烦死。

朱熹授课后，天天讲述他那套“正心诚意，存天理去人欲”，把皇帝烦得要死。此外，朱熹还请求皇帝取消假期，无论单双日都得来上课。

原来，宋朝以前的讲课旧制是，大臣单日给皇帝授课，双日休息。可是，为了培养出一位千古明君，朱熹恳求废除这个制度，让皇帝单双日都来学习。

本来，腐败奢靡的宋宁宗就极其讨厌朱熹的那套理念，现在朱熹还要每天给他上课，这还得了！此外，朱熹还给宋宁宗灌输了一套“尽孝”的理论，更让这位皇帝受不了了。

当时，宋光宗不是退位，去当太上皇了吗？朱熹告诉宋宁宗，让他每日一见太上皇，见面时还必须跪在门口号啕大哭，表示自己的“孝”。

可想而知，天天被灌输这种理论、被如此管束，宋宁宗清楚地知道，自己该干什么了。

绍熙五年（1194 年）十月，忍无可忍的宋宁宗颁布了一道圣旨，以朱熹年迈、现在又是隆冬季节、他无法站立讲课为由，把他轰出了皇宫，“允许”他告老还乡了。

至此，朱熹结束了他短暂的帝王师之旅。他只当了 46 天的帝王师。

朱熹下岗后，一直在家里赋闲，除了讲讲课外，一直也没惹什么是非。结果，等赵汝愚被陷害致死后，韩侂胄就瞄上朱熹，准备拿他开刀了。

韩侂胄瞄上朱熹的原因很简单。在韩侂胄的眼中，朱熹是当时理学的掌门人，弟子遍布天下，这些人不仅入朝为官，还都是赵汝愚的支持者。当时，赵汝愚被迫害致死后，这些理学门徒竟然撰写悼念诗，公开跟自己作对。这些人的存在，对自己是一个巨大的威胁，必须全面消灭，一劳永逸。

就这样，为了收拾掉朱熹，韩侂胄开始了“先把他搞臭，再把他搞倒，最后把他搞死”的流程。

为了把朱熹搞臭，韩侂胄告诉宋宁宗:“朱熹这个人，就是一个道貌岸然的伪君子，他当面一套，背后一套。他让皇帝‘存天理、去人欲’，自己却有两个妾，天天跟他公然同行。朱熹还是一个衣冠禽兽，他把自己儿媳妇的肚子搞大了，让她为自己生了一个‘孙子’！这等人，简直就是一个……”

可想而知，韩侂胄说完这些劲爆的消息后，皇帝已经瞠目结舌，不知道该说什么了。

“启奏陛下，朱熹就是一个衣冠禽兽。这等人，焉能为人师？他培养的那些徒弟，秉性也可想而知。臣听说，那些理学的门人已经自成一党，祸国殃民、危害朝纲了。再不严惩这些人，这些人就会严重危害大宋王朝的统治了。”

宋宁宗是一个毫无主见的君主，当听说自己的天下出现了一派“逆党”，这可把他吓了一跳。随后，在韩侂胄的挑拨离间下，宋宁宗颁布了一道圣旨，要求韩侂胄严惩这些“伪学之人”，把这些害群之马轰出朝廷。

得此圣旨，韩侂胄终于可以名正言顺地害人了。

韩侂胄马上拟定了一份伪学逆党的名单并据此清理这些人。当时，在这份名单中，有赵汝愚、留正、王蔺，周必大、朱熹、彭龟年等，韩侂胄挨个儿一口气清除了 59 位大臣，方才罢休。

其实，那份名单上的人，有的根本不信奉理学，有的甚至跟理学没有一点关系。韩侂胄这样做，就是清除异己。

由于这件事情发生在南宋庆元年间，所以史称“庆元党禁”。

相比遗臭万年的“元祐党人碑”事件，这个“庆元党禁”也是把人往死里整。

韩侂胄下令，名单中的人都是“伪学党籍”之人，该流放的流放，该改造的改造，一个不留。他们的徒弟，也都是“伪学党籍”之人，不许当官，不许留京，全部革职查办。这些人的著作，也都是“伪学党籍”之书，全部销毁，一本不留。

在销毁书籍的过程中，韩侂胄竟然把《论语》《孟子》《中庸》《大学》这些儒学经典也给销毁了。因为朱熹按照自己的思想，给这些书写过注解。

最终，这个“庆元党禁”闹得人人自危，理学门人只能隐姓埋名。

“庆元党禁”最严重时到了什么地步呢？考试的举子们，在试卷的第一行必须写上“系不是伪学”这句话，以表示自己不是理学中人，跟这个学派毫无关系。不这样写的都不让参加考试。

单凭这件事情，这个“庆元党禁”的影响力，就可想而知了。当然，在这种背景下，作为“台风眼”的朱熹，也得不了好。

自“庆元党禁”开始后，朱熹就没有过过一天安生日子。当时，为了避祸，朱熹饱受颠沛流离之苦，他一条腿瘸了，左眼也失明了。

最终，在这种孤苦无依的岁月里，朱熹迎来了最后的时刻。

庆元六年（1200 年）三月初九，朱熹自知大限将至，他让身边几个仅存的弟子为其穿好衣服，清洗了一番。随后，在大家的祝福声中，朱熹不甘心地闭上了双眼，享年 71 岁。

朱熹生前号称桃李满天下，结果他死后，门生好友为了避祸，无人敢来为其送葬。只有辛弃疾敢冒天下之大不韪，不仅为其送葬，还写了一篇祭文。

这个女人也不简单

朱熹死后两年，即嘉泰二年（1202 年），韩侂胄下令解除党禁，恢复了那些被迫害者的官职。

虽然在史料记载中，韩侂胄解除党禁的原因是得饶人处且饶人，给伪党人士一口饭吃，不让他们继续仇视自己，以达到和解，但是，所有人都明白，韩侂胄之所以解除党禁，是因为他开始失势了，他想通过解除党禁，跟士大夫们和好。

韩侂胄之所以失势，原因很简单——后宫易主了，韩侂胄在后宫没人了。

原来，庆元六年（1200 年）十一月，恭淑皇后韩氏崩于宫中。此时中宫空虚，韩侂胄要赶紧选一个继任人，接替侄女的位置，成为其新的盟友。

那么，选谁当这个皇后呢？

当时，后宫有两大热门人选，一个是杨贵妃，另一个是曹美人。

这两个人选中，曹美人与韩家走得很近，她是韩家四位夫人的闺密，而韩侂胄的四位夫人也仗着势力，在宫中横行无阻。每次跟曹美人聊天也是平起平坐，没有一点尊卑之分。

反之，杨贵妃对这四位夫人不感冒，她也极其痛恨大权独揽的韩侂胄。因此，只要一有机会，她就教训这四位夫人。导致这四位夫人进宫时全都绕着杨贵妃走。

就这样，鉴于这两位候选人对自己的表现，韩侂胄打算拥立曹美人为后，弄死杨贵妃。

当时，韩侂胄自信地认为，自己权倾朝野，满朝文武都是自己的爪牙，只要大家一起上，就没有办不成的事。届时，曹美人称后，就是一件板上钉钉的事了。

韩侂胄万万没有想到，在他准备期间，皇帝中了杨贵妃的计谋，册封这个女人为皇后了。

原来，为了得到皇后的宝座，杨贵妃使了一个计谋，狠狠地算计了曹美人一把。

有一天，杨贵妃满脸笑容地找到曹美人，对其语重心长道：“妹妹呀，你看，咱俩形同姐妹，这个皇后的宝座，不是你的就是我的，谁坐不是坐呀。但是，我听说前朝有几个大臣想做国丈，他们正在四处走动，打算让自己的女儿为后。到时候，咱俩鹬蚌相争，却让别人得利，这怎么办呢？”

曹美人一听大吃一惊，问其解决的对策。

杨贵妃道：“不如这样，为了防止夜长梦多。今天晚上，咱们各自在宫中设宴，宴请皇帝，询问皇帝的意思。皇帝让谁当皇后，就谁当皇后。”

曹美人一听，愁眉不展道：“这个办法甚好，只不过，两宫同时宴请皇帝，总得有一个先后顺序吧。”

杨贵妃知道曹美人的意思，她当即表示：“这个主意是我出的，自然我在后面，妹妹先宴请皇帝。等皇帝跟你吃完饭，再去我那里。”

曹美人一听当即大喜，立刻同意了杨贵妃的建议……殊不知，她是中计了。

到了约定的那一天，按照之前的协定，皇帝先去曹美人处。结果，皇帝刚刚喝了一杯酒，杨贵妃就闯了进来。

杨贵妃二话不说，直接羞答答地依在皇帝的胸前，撒娇道：“哎呀，皇帝应该一视同仁呀。既然来到了曹美人的寝宫，那也应该去臣妾那里才公平呀。陛下您说，是不？”

说完，杨贵妃不等宋宁宗同意，就拉着宋宁宗往外走。见此情景，曹美人着急得站起身来，准备说几句。结果，她还没有说话呢，就被杨贵妃怼了回来。

杨贵妃道：“妹妹，着急什么？咱们之前是不是有规定，皇帝来了你这里，也要去我那里。现在，陛下该去我的寝宫了，你说是不是该遵守协定？何况，陛下就是去我那里小喝几杯，马上就会回来，你等一会便是。”

曹美人无言以对，眼看着皇帝被杨贵妃拐跑了。这时，她才知道中了诡计，只能气得放声大哭。

宋宁宗来到杨贵妃寝宫后，这个女人立刻使出浑身解数，跟皇帝把酒言欢。把皇帝灌醉后，杨贵妃羞答答问道：“陛下呀，您这么爱臣妾，是不是应该册封臣妾为皇后呢？”

宋宁宗当时已经喝断片了，他随口道：“可以，爱妃才貌双全，善解人意，足以位列中宫，母仪天下。”

杨贵妃高兴道：“陛下，您这么随口一说，是否在欺骗臣妾？要是欺骗臣妾，臣妾就不理你了。”

宋宁宗道：“不可能，说到做到。”说完，宋宁宗醉醺醺地爬了起来，用颤抖的手写了“贵妃杨氏可立为皇后”九个字，交给了杨贵妃。

宋宁宗道：“看见没有，朕一言九鼎，决不食言……”说完，宋宁宗往床上一趴，呼呼大睡了。

得到这个任命诏书后，这个有心计的女人深知今天的事情必须今天干完的道理（参考刘娥和寇准）。她立刻把这份诏书交给了结拜哥哥杨次山，让他做成圣旨，第二天早朝时当众宣读。

就这样，第二天早朝时，当着文武百官的面，杨次山宣读了这份诏书，等韩侂胄来上朝时，这份诏书已经公告天下了。

韩侂胄来不及修改这份诏书，只能接受这个木已成舟的事实。韩侂胄无可奈何地看着杨贵妃登上了皇后宝座，成为自己的一个心腹大患。

是的，确实是一个心腹大患，因为在不久的将来，韩侂胄将败在这个女人的手下。届时，他输掉了一切，包括自己的生命。

有的时候，女人要起手段来，并不比男人差，甚至有过之而无不及。

谋划北伐

自从杨氏当上了皇后，韩侂胄就无奈地发现，自己越来越不受宠了。毕竟，他再亲近，也不如皇帝的枕边人。有这么一个天天说自己坏话的女人在皇帝耳边，韩侂胄还能不失宠，那才叫新鲜。

最终，韩侂胄想明白了，如果按照现在的形势发展下去，自己迟早会彻底完蛋。届时，没有皇帝的庇护，自己也免不了被罢官流放、身首异处。于是，为了不迎来那个结局，韩侂胄必须重新振奋，建功立业，从而力挽狂澜。

那么，怎么建功立业呢？

自古以来，建功立业最好的办法，就是两条路——改革内政和发动战争。

韩侂胄没法改革内政，因为现在宋朝最大的内政弊端，就是权臣当道，他要是改革的话，第一个被革的人，就是他自己。

不能改革内政，那就只能去发动战争了。与金国开战，收复祖先的失地，洗刷靖康之耻的仇恨，也能建立一个不朽的功勋，不仅能永载史册，还能成为宋朝举国上下的英雄。

很好，主意已定，就这样干吧。

就在此时，上天仿佛也眷顾了韩侂胄一样。此时此刻，金人内乱不断，他们出现了亡国之兆，给了宋朝一个北伐的机会。

嘉泰三年（1203 年）年底，监察御史邓有龙奉命出使金国。他带回来一些被称为“跳河子”的人，送给了韩侂胄一份大礼。

所谓“跳河子”，是宋金边境一群黑白两道通吃的不逞之徒，他们熟悉金宋的国情，在边境贩卖消息。按照今天的说法，就是一群情报贩子。

这群“跳河子”告诉韩侂胄，金国的北面出现了一个强大的敌人，叫作蒙古，虽然这个国家还没有统一，还是部落形式，但在那个非凡领袖的带领下，蒙古已经成为金国的心腹大患。如今，金国要在北面屯守重军，抵御蒙古，已经没有军事力量在两线作战了。同时，金国的内部也已经一团糟了，金章宗根本不会治理国家，如今的金国饥馑连年，民不聊生，王师若来，势如拉朽。

一听这话，韩侂胄大喜过望。后来又发生了一件事，让韩侂胄信心倍增，消除了所有的顾忌，正式准备动手了。

庆元六年（1200 年），南宋户部尚书赵善义奉命出使金国，去给金世宗拜寿。结果，宴会期间，因为一件小小的事，赵善义和金国军人发生了口角，双方争执了起来。

赵善义不管不顾地对着金国军人大喊道：“你们牛什么？如今，你们被蒙古鞑靼所扰，已经自顾不暇了，还有工夫跟我争吵！信不信我回去就启奏我主，跟蒙古结盟，两线夹击讨伐尔国！”

赵善义说出的这番话，非常失礼。你一个小小的外交官，老老实实祝寿就行了，岂能用言辞威胁对方，还要出兵讨伐，这不是故意挑唆两国关系吗？若金人一怒之下把他宰了，也只能是赵善义咎由自取。

殊不知，神奇的一幕发生了。听完赵善义大放厥词后，金人竟然没有任何表示，也没有追究赵从善的“失礼之罪”。

这个结果……有点儿意思。

赵善义回国后，立刻把所见所闻告诉了“主子”韩侂胄。得知这个消息后，韩侂胄大喜过望，看来，那些“跳河子”说的话都是真的，金国真的不行了。

从这一刻起，韩侂胄坚定了讨伐金国的决心，他准备出兵金国，建立不朽的功业。

主意已定，韩侂胄立刻干了下列事情以收揽民心。

第一件事情，定标杆。

当时，南宋王朝对于岳飞、秦桧的评语，是主战、主和的风向标。如果南宋打算主战，则崇岳飞、贬秦桧；如果南宋打算主和，则贬岳飞，褒秦桧。朝廷对秦桧、岳飞的态度，反映出对金国的态度。

韩侂胄打算北伐，自然要崇岳飞、贬秦桧。于是，在他的建议下，宋宁宗颁布了一道诏书——对岳飞加谥号“武穆”，不久后，又加封其为“鄂王”，以最高规格赏赐岳飞。

其后，宋宁宗还颁布圣旨——削去秦桧所有的王爵赏赐，改其谥号为“缪丑”，以示对其的鄙视。朝廷还对秦桧做出了新的评价：“一日纵敌，遂贻数世之忧。百年为墟，谁任诸人之责？”

这些评语昭告天下后，一时间，百姓大快人心、交口称赞，甚至开始喜欢这位权臣了。

第二件事情，改国号。

为了制造舆论，韩侂胄奏请皇帝，改年号为“开禧”。这个年号是从太祖皇帝的年号“开宝”和宋真宗的年号“天禧”中各取一字而成。

要知道，这两个年号都是宋朝当年对外战争胜利后取的年号。韩侂胄的用意，真是不说自明。

第三件事情，招揽忠义的主战派人物，让他们出兵北伐。

主战派人物很多，这里就不一一介绍了。在这些人中，最著名的，还是非那两个人莫属。

他们就是郁郁不得志、在家等待了很久很久的陆游和辛弃疾。

陆游出山

得知宋朝要北伐后，陆游都高兴得蹦起来了。

虽然此时此刻，他已经是一位 82 岁的老人了；虽然此时此刻，他已经没有力气再为国效力了；虽然此时此刻，宋朝已经把他遗忘了二十多年，不关心他了，但是，听说宋朝要北伐了，陆游还是激动不已。他忘记了那些委屈，赋诗一首，以表自己的心情。这首诗，就是大名鼎鼎的《老马行》：

老马虺隤依晚照，自计岂堪三品料？玉鞭金络付梦想，瘦稗枯萁空咀嚼。

中原蝗旱胡运衰，王师北伐方传诏。一闻战鼓意气生，犹能为国平燕赵。

在这首诗中，陆游把自己比喻成一匹没人关心的老马，每天只能吃最劣等的草料，饿得骨瘦如柴，还重病缠身。但是，只要这匹老马听到朝廷的传召，他立刻就能精神抖擞，踏入战场，冲锋陷阵，收复失地！

可见，时间无法摧毁这位老人，蹉跎的岁月也无法让这位老人低头弯腰。

陆游这辈子，都是一个渴望北伐的主战派。

除了写诗表述自己激动的心情外，陆游还干了一件事，就因为这件事，让他背上了一个晚节不保的罪名。

这就是陆游曾亲自写诗，赞美大奸臣韩侂胄。

为了鼓励韩侂胄北伐，陆游忘记了过去的委屈，为韩侂胄写了两篇文章（《南园记》和《阅古泉记》），以他的园林为引子，歌功、赞美这个奸臣。

这里说一个小花絮，最初韩侂胄想找大诗人杨万里，让他（此人与尤袤、范成大、陆游合称南宋"中兴四大诗人"）为自己写作。结果，杨万里根本不买账，反而说了一句狠话，把韩侂胄怼走了。

这句话就是——"官可弃，记不能作！"

看看，这就是杨万里的骨气。

后来，见杨万里如此不给面子，韩侂胄退而求其次，聘请陆游动笔。结果，这两篇历史上著名的马屁文章，就此成为陆游一生的污点，也成为其攀附权贵、爱慕虚荣的证据了。

如今的"陆游迷"都坚信，这两篇文章不是出自陆游之手，是别人写的。

在他们的眼中，陆游是一位伟大的爱国诗人，不可能写出这种卑微、荒诞、毫无骨气的文章。

然而，这两篇著名的马屁文章，就是出自陆游之手。陆游之所以写这些文章，也是有苦衷的。

第一个苦衷，陆游心存侥幸心理，他坚信韩侂胄出自名门，一定能够北伐成功。

韩侂胄的祖先，是北宋大名鼎鼎的韩琦。当年，韩琦镇守边关时，曾有一句流行语"军中有一韩，西贼闻之心骨寒"。就是说，只要韩琦一出现，敌人立刻闻风丧胆，吓得不战而退。

正因为韩琦曾为宋朝立下了赫赫战功，陆游错误地认为——韩侂胄是名门之后，他骨子里流淌着韩琦的血液，这个人一定能够扛起北伐的大业，重振家族昔日的荣光！

当然，全部将宝押在韩侂胄身上，也是陆游的无奈之举。因为第二个苦衷制约着他，让他没有第二个选择机会。

第二个苦衷，陆游已经老了，已经没有机会再等了。他只能支持韩侂胄北伐，以完成自己那个恢复中原的梦想。

这个心情，从陆游晚年写的词《诉衷情・当年万里觅封侯》中就可窥见端倪。

当年万里觅封侯，匹马戍梁州。关河梦断何处？尘暗旧貂裘。
胡未灭，鬓先秋，泪空流。此生谁料，心在天山，身老沧州。

此生谁料，心在天山，身老沧州……可见陆游的内心，是多么愤恨和不甘呀。

综上所述，在侥幸和壮志未酬的双重心理下，陆游支持韩侂胄北伐。

毕竟，陆游比任何人都迫切地希望看见北伐成功的那一天，他也希望在自己有生之年，能够重新看见祖国统一。

陆游除了主动承担骂名、不保晚节外，还当起了说客，亲自写诗劝辛弃疾出山，也把他拖下水了。

原来，因为庆历党禁，辛弃疾恨死了韩侂胄，誓死不与这个小人为伍。不管韩侂胄怎么劝诱，辛弃疾都不出山，不给他效命。为了请辛弃疾出山，韩侂胄让陆游出马了。

事实证明，陆游不负众望，他写了一首诗打动了辛弃疾。

陆游劝辛弃疾的诗《送辛幼安殿撰造朝》中，是这样写的——

古来立事戒轻发，往往谗夫出乘罅。
深仇积愤在逆胡，不用追思灞亭夜。

在这首诗中，陆游用了一个典故“灞亭夜”。

“灞亭夜”，是关于“飞将军”李广的一个典故。昔日，因为打了败仗，李广郁闷地去喝酒。天都黑了，李广才返程回家。

路上，李广路过了一个叫灞陵亭的地方，被负责治安的官员拦住了。当时，汉朝有规定，不得夜行，所以官员拦住了李广。

李广很是生气，他大怒道："我是前任将军李广，速速让我通过！"

在当时，飞将军的大名天下皆知，李广更是天下人的偶像。然而，这个管治安的小官却不买账，他直言不讳道："我只认国法，不认将军，何况还是一个前任将军！"

行，算你狠，老子记住你了……

后来，汉武帝复起李广，命他去讨伐匈奴。出发前，汉武帝问李广："还有什么需要，尽管提。"

李广想了想，道："没啥要求，我想带一个人去，就是那个灞陵亭的治安官。"

对于这个请求，汉武帝虽然觉得奇怪，但还是同意了。就这样，治安官落在李广手里了。后来，他刚到李广军营，就被李广找了一个由头，斩首示众了。

可见，陆游这么说，就是在委婉地告诉辛弃疾，要以大局为重，不要窝里斗，也不要"小肚鸡肠"，这样不好。

最终，就是因为这首诗，辛弃疾被深深地打动了，再加上他也想去北伐，就同意了韩侂胄的请求，重新出山了。

第二十二章 重新出山

辛弃疾复出

嘉泰四年（1204 年），辛弃疾接受了宝谟阁待制的官职，成为一个可随时参加重要会议的官员。随后，辛弃疾开赴镇江，去那里当知府了。

虽然知府的官职并不大，但在辛弃疾的眼中，这个任命意义非凡，他非常喜欢这个官职，也感觉距离收复中原的梦想越来越近了。

因为，镇江不仅是宋金的分界之地、兵家必争之所，还是英雄成名之所（昔日，韩世忠夫妻就是在这里大战金兀术，保住了南宋半壁江山）。

能够镇守如此重要的地方，与偶像的英魂并肩作战，完成自己心中的梦想，辛弃疾当时的心情可想而知。

然而，随着时间的推移，辛弃疾惊讶地发现，事情不妙。因为，一个人跟他对着干，让自己备受牵制而毫无作为。

这个人，就是韩侂胄。而韩侂胄之所以跟辛弃疾唱反调，原因很简单，是因为辛弃疾跟他唱反调。

看晕了吧……关于这个问题，还得从头说起。

韩侂胄认为辛弃疾能够重见天日，全是自己的功劳，他应该对自己效忠才是。结果呢？不是那么回事。这个辛弃疾，根本不与自己为伍，还鄙视自己的决策，这让韩侂胄很受伤。

辛弃疾鄙视韩侂胄的事情，主要有三。

第一，辛弃疾恃才自傲，根本不把韩侂胄放在眼里。

辛弃疾回归朝廷后，根据惯例，要来一场“平台对策”，以汇报工作。结果，汇报期间，辛弃疾的一句话就把韩侂胄气死了。

这句话就是——金必乱必亡，愿付之元老大臣，务为仓促可以应变之计。

这句话的意思是说，金国一定会发生动乱和灭亡的，希望陛下把讨伐金国的事情交给一个元老大臣去干，并做好万全的准备。

虽然在历史中，听完这句话后，韩侂胄的表现是“大喜”，但是，没过多久，韩侂胄就大怒了。

因为，这位仁兄琢磨过来了，辛弃疾口中的元老大臣，指的不是他，而是说的自己！

原因很简单，虽然辛弃疾的官职没有自己大，但他可是一个经历了宋高宗、宋孝宗、宋光宗、宋宁宗四朝的元老，威望颇高。

这种背景下，论资历、论年龄、论名望，韩侂胄跟辛弃疾就是一个天一个地，根本没法比。

从这时起，韩侂胄开始提防辛弃疾，不给他太多的权力，防止其取而代之。

就是在这种猜疑下，韩侂胄把辛弃疾轰到了镇江。

虽然把辛弃疾轰走了，但他们之间的矛盾一点儿也没减少，反而愈演愈烈。这不，备战过程中，辛弃疾和韩侂胄的分歧越来越严重，彻底分道扬镳了。

这个分歧，就是他们各自对战争的态度。

第二，各自的战争态度决定了，辛弃疾和韩侂胄不是一路人。

原来，咱们都知道，辛弃疾的战争态度是“无欲速”，慢慢来，准备充分了，再北伐中原。然而，在这个问题上，韩侂胄的态度却是“一口闷”，他恨不得马上出兵，直接收复旧都，让自己永载史册。

可见，虽然都是主战派，但他们一个主张慢，一个主张快，两人分歧严重。

此外，昔日，韩侂胄被“跳河子”忽悠，说金国饥馑连年，民不聊生，王师若来，势如拉朽。结果，辛弃疾根本不信这番话，他花费重金，派遣间谍入金国，重新得到一份情报。

辛弃疾在镇江期间，亲手绘制了一张地图，上呈给朝廷，重新解释了宋金之间的军事对比。

这一张一平方尺大小的地图，详细记录了金国的兵马数量、驻扎地点、统帅将领的名字。大臣们看见了这张地图后，全都大吃一惊，都不知道该怎么形容自己的心情。

辛弃疾说，他花费了整整四千缗钱，才得到了这封详细的军事地图。这封军事地图真实可信，大家可以看见，金国的军事力量还是很强大，他们虽然为蒙古所困，但南线的兵力一点儿也没少。因此，对付这么一个强大的国家，谈何容易，轻易出兵只能重蹈“符离之败”的覆辙。

此外，根据《清容居士集》记载，辛弃疾阐述自己思想时，说了一句话——“对金国的最佳用兵时机，还需要再等二十年！”

这句话对韩侂胄的冲击可想而知。毕竟，韩侂胄一个一天都嫌久的人，他怎么可能再等二十年！

于是，在这种到底是慢还是快的分歧中，韩侂胄越来越讨厌辛弃疾了。后来，伴随着辛弃疾那首伟大诗词的诞生，韩侂胄更是想把他轰走了。

第三，辛弃疾写了很多悲观的诗词，韩侂胄认为他是在蛊惑军心、降低士气。

辛弃疾在镇江期间，看着自己的谏言没有被重视，他郁闷无比，对朝廷的未来，也是忧虑重重。

怀着悲伤郁闷的心情，辛弃疾登上了镇江的北固亭，写下了那首永载史册的词《永遇乐·京口北固亭怀古》：

千古江山，英雄无觅孙仲谋处。舞榭歌台，风流总被雨打风吹去。斜阳草树，寻常巷陌，人道寄奴曾住。想当年，金戈铁马，气吞万里如虎。

元嘉草草，封狼居胥，赢得仓皇北顾。四十三年，望中犹记，烽火扬州路。可堪回首，佛狸祠下，一片神鸦社鼓。凭谁问，廉颇老矣，尚能饭否？

在这首词中，辛弃疾依旧用了很多的历史典故和历史名人，比如孙权、刘裕、拓跋焘、廉颇等。但在这些典故中，辛弃疾最想表达的则是这句——“元嘉草草，封狼居胥，赢得仓皇北顾”。

南北朝时期，南宋开国皇帝宋武帝刘裕是一位贤明的君主，他有金戈铁马，气吞万里如虎的英雄之志，也有收复中原的雄才伟略。然而，刘裕的继任者宋文帝刘义隆却是一个能力不足的官二代。刘义隆在准备不充分的情况下，于元嘉年间三次发动北伐之战，结果被北朝的魏国打得大败而归，留下了一个“仓皇北顾”的笑柄。

可见，辛弃疾引用宋文帝北伐失败的例子，明显是另有所指。他就是在借古喻今，警告韩侂胄等人以史为鉴，做好万全准备后再北伐中原。否则只能得到一个失败的结局和一个万世的笑柄。

可想而知，看完辛弃疾这首词后，韩侂胄的心情会怎样了……

经过了上述三件事情后，韩侂胄对辛弃疾彻底失望了。在他的眼中，辛弃疾如此唱反调，已经影响了北伐大业。他这种人，也不能再继续留用了。

就这样，开禧元年（1205 年）六月，在韩侂胄的授权下，朝廷御史开始大规模状告辛弃疾，让其下岗了。

这次弹劾辛弃疾的罪名，还是那个老套餐——贪加酷，即“用钱如泥沙，杀人如草芥”。后来，为了加点儿花样，韩侂胄大笔一挥，送给了辛弃疾一个新罪名——“好色”。

天地可鉴呀！要知道，此时此刻的辛弃疾，已经是一个一身是病、六十六岁的老人了。他就是有那心，也没那个力呀！

这就叫欲加之罪，何患无辞！

就这样，轰走了辛弃疾后，韩侂胄终于可以北伐中原，完成自己的梦想了。

开禧北伐

虽然轰走了辛弃疾，但韩侂胄并没受到任何影响，他继续紧锣密鼓地筹备北伐之事。

在准备了一段时间后，韩侂胄打算试探性地攻击一下金国，摸一下这个老虎屁股，探一下对方的底。

嘉泰四年（1204 年）十一月，宋军攻打宝鸡、眉县一带，进行试探性的进攻。

开禧元年（1205 年）正月，宋军攻占了平县，杀掉了当地的官员，夺走了金国的官印。

同年二月，宋军攻占了泌阳。

同年三月，宋军多线进攻，分别攻打了金国的平氏镇、邓州和巩州，掠夺钱财而归。

……

那么，面对宋朝的挑衅，金国如何应对的呢？

瞠目结舌一下吧，完全汉化的金国竟然是全面和谈，希望化干戈为玉帛，解除“误会”——面对宋朝的挑衅，金章宗希望用和谈的方式，重新和平相处。

金章宗下令给边境的士兵，要打不还手、骂不还口，不要挑起战火。同时，金章宗还下令，要对宋朝的使节进行特别的照顾，以表示自己的和谈心愿，不要让两国轻易开战。

当时，宋朝使节来金国，有这么一个不成文的规定，使节在渡过淮河时，要在河道的宋金分界线上换船。对于这个规定，金章宗下令给废除了，他允许宋朝的船只直接渡过河道，进入金国境内。

除了废除不人性的礼仪、示意与宋朝交好外，对于宋朝的使者，金章宗非常尊重，不仅把他们当成了座上宾，甚至当成自己的亲人。

南宋使者张孝奉命出使金国，回国途中，不幸在金国境内病逝了。得知宋使病逝后，金章宗立刻派人去吊唁，送去了无数的慰问礼物，还给张孝举行了一场风风光光的葬礼。金国官员给宋朝使臣举行葬礼，金章宗的诚意可见一斑。

为了进一步表达自己的诚意，金章宗在会见宋使时还语重心长地说了一番话，希望宋使带回去给南宋皇帝。

这段话的大概意思是：咱们是睦邻友好的“叔侄之国”，朕一直守约至今。

前不久，你们的“盗贼”犯我边境，我睁一只眼闭一只眼，就当没看见。但是你们的“盗贼”越来越多，动静也越来越大，朕希望你们好好管理自己的臣民，不要再越境抢盗了。咱们两国和好了这么多年，不容易。我希望你们珍惜这个和平的局面，不要轻易破坏。

然而，宋朝会听他的话，乖乖退兵吗？

当然不可能了。

宋使把这番话带回国后，韩侂胄大喜过望。在他的眼中，金章宗如此委婉地办事，这就是在主动认怂。他们是在害怕我们，才如此示好，现在不打你，更待何时！

在这种背景下，宋朝更加频繁地攻打金国。挑衅的手段也升级了。

最终，在开禧元年（1205 年）十二月的外交会议上，宋金的关系彻底决裂。

这一次外交，金国给宋朝皇帝一份国书。根据之前的规定，宋金之间有一个“受书礼”的规定，即金国的诏书来到南宋后，南宋的皇帝要亲自接取圣旨，以表示双方的从属关系。

结果，这一次金使捧着国书来到宋朝大殿后，宋宁宗一直坐着不动，根本没有站起来的意思。见此情景，金使刚要询问，突然一旁的宋朝官员趁其不备，一把抓住诏书，直接递给了宋宁宗。见宋朝如此不懂礼仪，金使大怒，就想质问宋廷。孰料，金使尚未开口，就听见宋朝礼官高喊了一句他绝不能听的话。

这句话就是:“躬身立！”

字面解释，就是要金国使者立定站好，给宋朝皇帝鞠躬——宋朝居然不避讳，明目张胆地喊“躬”，这让金使情何以堪！

原来，金章宗的父亲叫完颜允恭，虽然这是“恭敬”的“恭”，不是“鞠躬”的“躬”，但它们同音，必须避讳。宋朝如此明目张胆地说完颜允恭的名讳，金使愤怒了。

见宋朝如此行事，金国使者大怒回国，两国的关系彻底决裂。

开禧二年（1206 年）三月，韩侂胄终于按捺不住了。一时间，宋军全线进攻，瞬间就收复了泗州（今江苏盱眙县）、虹县（今安徽泗县）、内乡（今河南西峡）、新息（今河南息县）等地，并包围了军事重镇灵璧、寿春城。

不宣而战，取得了如此的战果后，韩侂胄很是兴奋，他请求宋宁宗正式与金国宣战，发布讨伐檄文。

《宋史》记载了这篇讨伐檄文，文章虽很长，却字字精辟。其中一句话，更是引起所有人的共鸣："天道好还，盖中国有必伸之理；人心助顺，虽匹夫无不报之仇！"

是不是看着很眼熟？

对，百年后，朱元璋讨伐无道的元朝时，就是用的这句话鼓舞士气！

这篇铿锵有力的讨伐檄文一出，天下群情激昂，人人争相传抄，导致一时洛阳纸贵。

经过了三四天后，这篇檄文传到了金章宗案前。

看完这篇讨伐檄文后，金章宗勃然大怒，立刻也颁发了一份讨伐檄文，作为回应，宣布与宋朝兵戎相见了。

这篇讨伐檄文大概内容如下：你们这群发昏的、该死的！朕一直隐忍你们的所作所为，不惜降下身段，请求和谈，结果你们毫无悔改之心。如今，你们竟敢擅自开战，撕毁三朝七十年之盟约，驱动两国百万生灵奋战……既然你们不思悔改，逆天而行，朕就顺应天命，讨伐尔等，我们约一个决战日期，"同享升平"。

来吧，不就是打仗吗？谁怕谁！

至此，两国君主的诏书一发，战争彻底爆发。第四次宋金战争，就此拉开了序幕。

简单介绍一下宋金之间的前三次战争。

第一次战争，是南宋建国时期的各种战争，战事规模小，跨度长。从建炎元年（1127 年）开始，一直到"天眷和议"为止。

第二次战争，发生在绍兴年间。即从绍兴十年（1140 年），完颜兀术撕毁盟约、收复"失地"开始，一直到绍兴十二年（1142 年），岳飞惨死、宋金签署"绍兴和议"为止。

第三次战争，发生在宋高宗执政末年。即从绍兴三十一年（1161 年），完颜亮讨伐宋朝开始，一直到宋孝宗北伐失败、签署"隆兴和议"为止。

这第四次战争，因为发生在南宋开禧年间，所以也称为"开禧北伐"。

对比前三次参战人数众多，战事跌宕起伏的战争，这第四次宋金战争，又会多么波澜壮阔呢？

唉……请先无奈地叹一口气，再继续往下看。

这场“开禧北伐”，堪称雷声大、雨点小，简直好似在一瞬间，战争就结束了。要描述这场战役的话，三句话足矣。

第一句话，宋朝不宣而战，偷袭得手，占领了金国几个城池。

第二句话，金国开始反击，宋军溃败，马上转攻为守。

第三句话，击退了宋军的进攻后，金国挥师南下，他们分兵九路，攻打宋朝。面对金人的进攻，宋军兵败如山倒，根本无力反击。金国不费吹灰之力，就把整个淮西地区占领了。

至此，这场轰轰烈烈的“开禧北伐”，仅仅持续了一个月就宣布结束了。

其实，宋军之所以有如此表现，一首诗，足以说明。这首诗，就是陆游的《关山月》：

和戎诏下十五年，将军不战空临边。
朱门沉沉按歌舞，厩马肥死弓断弦。

宋军已经十五年不打仗了，将军也不会带兵了，只知道天天莺歌燕舞。因为长时间不训练，马厩里的战马都快肥死了。弓箭也缺乏保养，不拉自断了。

在这种情况下，宋军要是能够打赢战争，那才叫见了鬼！

就这样，在金人的全力反击下，宋军损失惨重，只能灰溜溜撤兵了。

屋漏偏逢连夜雨，船破又遇打头风。正当韩侂胄不知所措时，他又遇到了一件倒霉的事，一件动摇国本的事！

原来，此时此刻，南宋西北战线、镇守川蜀的吴曦宣布造反了，他接受了金国册封的“蜀王”头衔，反叛赵宋、自立门户了。

咱们前面讲过，川蜀之地位于长江上游，是南宋半壁江山的最重要屏障，若川蜀之地易手，金人就能顺江而下，直取宋朝的“黄龙府”了。到了那个时候，南宋就真的亡国了！

伴随着川蜀之地的易手，南宋王朝最大的危机，就此降临。

吴曦造反

咱们都知道，金国南下攻宋，永远在三个战场上做文章，即东路的两淮战场、中路的京湖战场以及西路的川陕战场。

当时，伴随着中路京湖战场和东路两淮战场的失利，韩侂胄急得团团转，他命令吴曦从西路战场出兵，从川陕一带攻击金人，给金人施压，逼迫他们退兵。

然而，韩侂胄万万没有想到，他千盼万盼，没有盼来吴曦出兵的消息，却等来了他叛国投敌的消息。

这一切的故事，还得从头说起。

吴曦，德顺军陇干（今甘肃静宁）人，南宋中期将领、叛臣。信王吴璘之孙，定江节度使吴挺之子。

据一些史料记载，这个吴曦非常了不起，此人从很小就打算造反了。

吴曦十岁时，其父吴挺问他有何志向，结果吴曦的回答有“不臣之语”，把吴挺气得够呛。愤怒的吴挺给了他一巴掌，吴曦站立不稳，跌倒在了旁边的一个火盆里。从此以后，他的脸上就留下了一道深深的疤痕，家人戏称他为“吴疤子”。

后来，吴曦长大成人了，曾去京城办事。离开京城时，他花费重金，让画工把皇帝的车辇、仪仗等，全部画了下来。

见此情景，有人不解道：“画这些有何用？”

吴曦道：“无他，带回去，给孩子们看，让他们长长见识。”

一听这话，众人耻笑不已，认为其就是一个没见过世面的“土包子”。直到吴曦造反后，众人才恍然大悟，认为其“反状已萌于此”。

当然了，野史传说，终究是八卦罢了，吴曦到底是什么时候打算造反的，现在也说不清了。但不可否认的是，吴曦绝对是一个野性十足的家伙，他不甘于平静的生活，誓要干出一番惊天动地的事情才罢休。

自南宋建国后，四川就是一片神奇的土地，这里山高皇帝远，皇帝根本没法管。当时，经过了吴玠、吴曦、吴挺的治理后，吴氏一族在四川的势力根深蒂固。

可想而知，吴氏一族的势力大到这个程度，朝廷就必须下手了。吴挺死后，爵位本应该由儿子吴曦继承，结果朝廷一看，吴曦正在京城居住（当人质），他们就大笔一挥，不让吴曦回去继承家业，只让他当一名有名无权的京官（殿前副指挥）。

对于这个结果，吴曦很愤怒，却也无计可施，只能接受了这个事实。

后来，为了重回四川，吴曦花费重金，贿赂了参知政事陈自强，希望他去游说韩侂胄，让自己回四川。

刚开始的时候，韩侂胄对这个武将不感冒，没有同意吴曦的请求，让他一直待在了京城。后来，韩侂胄因为要北伐，就同意了吴曦的请求，命他回归四川整顿旧部，准备北伐。

嘉泰元年（1201 年），朝廷任命吴曦为兴州都统制，让他如愿以偿地回到了四川。

事后，对于这个决定，韩侂胄悔得肠子都青了。

简单来说，吴曦回到四川后，根本没准备北伐，他结党营私、排除异己，收编四川的兵马，准备当一个四川的土皇帝。

“开禧北伐”爆发，目睹了宋军不堪一击的战斗力以及金国强大的战斗力后，吴曦准备献土投降、叛宋归金了。

大家想呀，金国正跟宋朝在江淮一代死磕呢，突然川陕一带来了一个“大馅饼”，金章宗焉能不吃？于是，金章宗二话不说，同意了吴曦的请求，册封吴曦为“蜀王”，命其世代镇守四川。吴曦如愿以偿，成了四川的土皇帝。

吴曦叛乱的消息传到宋廷后，朝野震惊。吴曦的叛乱，无疑让宋朝雪上加霜，也解除了金国的后顾之忧。而且，若吴曦配合金人行动，顺江进攻的话，宋朝就岌岌可危了。

韩侂胄病急乱投医，他下令丢弃淮西一带的土地，调集部队去四川平叛。毕竟，四川太重要了。

然而，让韩侂胄始料不及的是，平叛的军队尚未出发，却从四川传来了一个好消息——吴曦被斩杀了，四川也重回大宋的怀抱了。

这是一个什么情况？

四川平叛

吴曦投降金国后，他是得偿所愿了，但同样他也众叛亲离了。

原来，虽然吴曦反叛得很顺利，但他根本不得民心。在这场叛乱中，除了几个心腹之人外，根本没有人支持他叛乱，也不肯跟他同流合污。

当时，得知吴曦叛变投敌后，吴氏一族的子孙们大怒，他们与吴曦断绝了关系，并视其为家族的耻辱。个别激进者，比如吴曦的叔母刘氏，更是跑到了吴曦的“行宫”门口破口大骂。

家人如此，四川的官员也是如此。

得知吴曦叛变后，蜀中的贤臣名士们不肯与他为伍，全都逃跑了。被迫留下来的，也用剃光头发、弄瞎双眼，甚至服毒自尽的方法，拒绝为其办事。而那些同意为吴曦办事的人，也是暗流涌动。

在这种背景下，有一个豪杰终于动手了。然而，让人啼笑皆非的是，这个豪杰并不是什么大官，而是一个小人物，他就是一个仓库管理员。

这个人，叫作杨巨源。

杨巨源虽不是高官，但他诛杀吴曦的心却比高官大得多。为了消灭这个奸臣，杨巨源秘密组织了一支七十多人的队伍。杨巨源还秘密接触了吴曦授予的宰相安丙，希望他弃暗投明，带领大家起义。

杨巨源找到安丙，兴师问罪道：“先生是宋臣，理应为国捐躯，报效朝廷才是，你怎能背信弃义，当逆贼的宰相？”

安丙大哭道：“我是文臣，无兵无将，为之奈何？若杀此贼，必须有豪杰相助才行。”

杨巨源哈哈大笑道：“先生说的豪杰，已经来了！这样，我去诛杀此贼，先生去摆平后事。这平定四川之事，还得仰望先生的威德。否则，恐怕一变未平，一变又起。”

安丙一听，行，就这么干！于是，在安丙的帮助下，杨巨源伪造了一份圣旨，他带了那七十多个兄弟，就“入宫”行刺去了。

开禧三年（1207 年）二月三十日凌晨，天尚未明，杨巨源就率领这七十余位好汉闯入宫中。当时，杨巨源高举圣旨，大声喊道：“奉朝廷密诏，任命安长史（安丙）为四川宣抚使。我等前来诛杀反贼吴曦，敢反抗者，杀无赦，夷其族！”

要知道，当时的护卫至少有上千人，这些护卫要是动起手来，灭这七十多个人也就是分分钟的事。然而，这些人都是大宋的官兵，热爱祖国，没有一个人真心实意投降金国。大家一听，怎么着？这些人是要来诛杀反贼的，那敢情好了，老吴，我不奉陪了，咱们回头见。

就这样，在这一嗓子的作用下，吴曦的护卫扔下手中的武器，第一时间作鸟兽散了。杨巨源等人不费吹灰之力，就来到了吴曦的寝室门口。他们正准备踹门呢，却迎头撞见了准备逃跑的吴曦。

原来，吴曦正在屋里睡觉呢，听到外面“朝廷来人了，要诛杀反贼”的声音后，吴曦知道坏事了，他赶紧打开房门，准备逃跑，一出门就撞见了杨巨源的部队。

仇人见面，分外眼红。看见吴曦后，一个义士二话不说，举刀就砍。吴曦是武将出身，身手非常了得，他躲过了这一刀，顺势把义士踢倒在地。随后，吴曦把义士压在身下，要抢夺他的刀。眼看吴曦就要得逞了，就在此时，杨巨源指挥大家冲了上去，大家群起而攻之，把吴曦砍倒在地。随后，吴曦两眼一黑，就身首异处了。

至此，仅仅做了 41 天的蜀王，吴曦就以这样的结局告终，死时年仅 46 岁。

吴曦死后，安丙走上前台，张贴告示，安抚百姓。百姓本来就讨厌吴曦，因此他死后，并没有造成什么社会动荡。相反，得知吴曦身首异处后，四川军民欢欣鼓舞，大家仿佛过节了一样，倍儿开心！

至此，伴随着吴曦的死，四川转危为安，南宋王朝也转危为安了。金人虽然懊恼不已，但也只能接受这个得而复失的结局。

如今，有这么一个问题，一直困惑着大家——为什么吴玠、吴曦兄弟的抗金战绩一点儿也不亚于“中兴四将”，但是知名度却那么低，甚至一度鲜为人知呢？

我个人认为，这里的原因，就是这个吴曦叛变事件。

毕竟，吴曦的反叛，不仅给祖先蒙羞，也毁了家族“八十年忠孝门户”的招牌。在这种情况下，后人就不会特别歌颂吴氏兄弟的战绩了。久而久之，吴氏兄弟就淡出了人们的视野。

吴曦反叛一事，就此结束。然而，在这个反叛事件中，却有一个不得不说的遗憾结局。

这就是杨巨源之死。

杨巨源去找安丙，完全是瞎了眼。从投敌叛国、归属吴曦这件事情上来看，这个人就是一个左右逢源、卑鄙无耻的小人。

根据《宋史·杨巨源传》记载，诛杀了吴曦后，安丙就把功劳给私吞了，他成了除贼的“首功”。朝廷不知真相，就没有特别赏赐杨巨源，赏给他的官职也仅仅是一个小小的通判。

得此结果，杨巨源非常生气，他觉得这里面有猫腻，有人把自己的功劳领走了。后来，又发生了一件事，让杨巨源忍无可忍了——有一个义士诛杀了吴曦的一个党羽，也被授予了通判一职。杨巨源愤愤不平，到处嚷嚷:“杀吴曦一个党羽，赏赐是通判；老子诛杀了吴曦，赏赐也是通判吗？”

可想而知，安丙听完这番言论后，对杨巨源有多憎恨了，安丙决心掩盖自己的那些龌龊事。

就这样，安丙以图谋不轨为借口，把杨巨源缉捕入狱。没过多久，杨巨源就在监狱里“畏罪自杀”了。

杨巨源到底是怎么死的，恐怕只有当事人才清楚了。

就这样，一场轰轰烈烈的平叛战役，没有给人世间留下一位英雄，却给阴曹地府增加了一个冤死鬼。这样的结果，真是让人唏嘘。而通过这件事，我们也能隐约知道，南宋王朝为何会迅速衰败、最终亡国了。

好在，杨巨源有一个好的结局。

杨巨源死后，“忠义之士为之扼腕，闻者流涕，剑外士人张伯威为文以吊，其辞尤悲判”。官员李珙更是著《巨源传》，一直为其鸣冤。

后来，宋理宗时期，朝廷终于知道了真相，赵昀肯定了杨巨源的功劳，追封了他一个宝谟阁直学士、太中大夫的官职，他的两个儿子也被授予了官职。虽然迟到了数年，但得此结果，杨巨源也可以瞑目了。

书归正传，平定了这场叛乱后，四川重回宋朝的怀抱，南宋王朝的这场危机迎刃而解了。虽然解除了后顾之忧，但南宋与金国的战争并没有平息，宋朝还得跟金人和谈，才能真正化解这场危机。

第二十三章 嘉定和议

可怜白发生——辛弃疾病逝

为了与金人议和，韩侂胄命亲信方信儒出使金国，负责一切谈判事宜。韩侂胄坚信，让这个儒生出使，一定能够马到成功。

同时，韩侂胄授予了方信儒“通谢使所参议官”的官职，给了金国一个“通谢”的意思，表示将不惜一切代价完成和谈。

虽然韩侂胄都这样努力了，金人却不给他面子。谈判了数月，方信儒始终无法与金人达成共识，他只能回国复命了。

说实话，我要是方信儒，也没法达成共识。

当时，方信儒回国后，第一时间见了韩侂胄，禀报了和谈的结果：“此次和谈，敌国提出了五个条件。第一，割两淮；第二，增岁币；第三，犒军；第四，索要归正人；第五……卑职不敢言。”

哎呀，都这个时候了，你还给我打起了哑谜！

韩侂胄大怒，再三追问第五个条件，甚至到了声色俱厉的地步。这时，方信儒才颤巍巍道："金人提出的第五个条件——欲得太师的人头。"

原来，此次和谈，金人给出的和谈条件中最重要的一条，就是必须将首谋绑送至金国。如果送不来人，就要把首级献来，否则绝不和谈。

可想而知，听到这个和谈条件后，韩侂胄气得都蹦起来了，他破口大骂，口出秽语。

方信儒谈了几个月，谈出这么一个结果，这已经是无能。和谈中竟然还谈到要自己脑袋，真是是可忍孰不可忍！

韩侂胄大怒，他找了一个由头，就把这个方信儒轰出朝廷，发配地方了。同时，韩侂胄也不抱任何幻想，他准备与金国继续开战！

在这种背景下，韩侂胄又想起那个能臣了，他对其加官晋爵，想对其委以重任。

这个能臣，就是已经看破红尘、彻底死心的辛弃疾。

开禧二年（1206 年）六月，面对金人铁蹄的压力，韩侂胄颁布了一个命令，授予辛弃疾绍兴知州兼浙东安抚使的官职，请求其出山。他希望这个"救火队员"能够帮自己一把，挽救这个危局。

对于韩侂胄的请求，辛弃疾想都没想，就给拒绝了。

见辛弃疾如此决绝，韩侂胄也认为自己这种"有福不同享，有难要同当"的做法不太地道。于是，他加大了自己的筹码。

开禧二年（1206 年）九月，韩侂胄授予了辛弃疾宝文阁待制的官职，并授予了他一个男爵的爵位。

然而，对于这些诱人的官职，辛弃疾还是想都没想就给拒绝了。

辛弃疾拒绝的原因，有二：

第一，此时此刻，辛弃疾已经重病缠身，坚持不了多久了。

第二，朝中奸臣当道，辛弃疾誓死不与奸臣为伍！

对于辛弃疾的不合作，韩侂胄毫无办法，他只能继续加大筹码，请求辛弃疾出山。特别是此时此刻，金人已经九路南下，在长江岸边安营扎寨了。韩侂胄迫切地需要辛弃疾替自己解决这个难题。

最终，韩侂胄颁布了一道命令，强令辛弃疾来京城报到，阐述退敌之术。

对于这个强征令，辛弃疾毫无办法，只能拖着病重的身体来到京城。然而，虽然来到了京城，辛弃疾也以生病为由，不管谁来也不见面。

看见辛弃疾只是挪了一个窝、来京城养病后，韩侂胄大怒，但也毫无办法，他继续增加筹码，希望辛弃疾出山。辛弃疾根本不为所动，在京城待了数月后，开禧三年（1207 年）夏，辛弃疾以生病为由，再次告老还乡了。

对于这个结果，老韩欲哭无泪。

天禧三年（1207 年）九月，面对金人要自己头颅的议和条件，韩侂胄忍无可忍，他再次强征辛弃疾出山，跟金人决战。

这一次，为了请辛弃疾出山，韩侂胄下了血本，他授予了辛弃疾一生中最大的一个官职——枢密院都承旨！

何为枢密院都承旨？就是这个国家的国防部部长，这个国家军队的最高统帅！

在南归了四十余年后，辛弃疾终于得到了那个梦寐以求的官职。

然而，对于这个任命，辛弃疾只能微笑拒绝——他已经不行了，即将油尽灯枯了。

就这样，那个分别的时刻，终于来到。

开禧三年（1207 年）九月初四，辛弃疾回绝了朝廷的任命后，九月初十，他就陷入了昏迷状态。

对于死，辛弃疾一点儿也不怕。他已经安排好了所有的后事。对于自己的一生，他也写了一首词，做了总结。

这就是辛弃疾的遗书——《偶作》：

儿曹谈笑觅封侯，自喜婆娑老此丘。棋斗机关嫌狡狯，鹤贪吞啖损风流。
强留客饮浑忘倦，已办官租百不忧。我识箪瓢真乐处，诗书执礼易春秋。

我们从中可以清楚地看出——辛弃疾的内心，已经归于平静了，他已经忘记了儿时“觅封侯”的梦想，忘记了官场尔虞我诈的事情。他完全回归了田野，懂得了“一箪食一瓢饮”的快乐，每天徜徉在诗书的海洋里。

这个男人，拿得起、放得下，他打算用平静的方式，走完自己最后的人生。

但是，他终究是那个惊天动地的辛弃疾！

弥留之际，在生命的最后一刻，辛弃疾突然睁开了双眼，声色俱厉地大喊道：“杀贼！杀贼！杀贼！”随后，愤然离世，享年 68 岁。

辛弃疾最后这几句“杀贼”，到底是说杀仇敌金人，还是杀朝廷的奸臣，抑或是杀朝廷眼中的自己……不得而知。

至此，这位一生梦想金戈铁马，气吞万里如虎的英雄，就这样坎坷地走完了一生。

对这个人的一生，盖棺论定一下吧。

其实，辛弃疾送给陈亮的那首《破阵子·为陈同甫赋壮词以寄之》，就是对他自己一生最好的注解。

醉里挑灯看剑，梦回吹角连营。八百里分麾下炙，五十弦翻塞外声。沙场秋点兵。

马作的卢飞快，弓如霹雳弦惊。了却君王天下事，赢得生前身后名。可怜白发生！

了却君王天下事，赢得生前身后名，可怜白发生……对于这样的结果，只能无语。

英雄，走好，愿天堂只有欢歌笑语，再无噬骨之痛。

强打精神，继续和谈

辛弃疾的死，对韩侂胄的打击很大。他再也找不到一个立场坚定、有勇有谋的主将了。然而，即使困难重重，韩侂胄也必须打下去。毕竟，这可是关系自己头颅的大事呀。他要是投降，就身首异处了。

咬牙、坚持、顽抗到底！即使要把全天下人拉来陪葬，韩侂胄也在所不惜。

然而，不是每一个人，都愿意跟他一起死。

毕竟，在大家眼中，既然用韩侂胄的头颅就能让宋金重新议和，那为什么不呢？何况，杀了韩侂胄，也能让朝廷多出很多位置，让自己上位。

于是，一些人蠢蠢欲动，准备诛杀韩侂胄，接替他的位置，夺取他的权力。

一场倒韩的风暴，就此慢慢形成，并席卷整个朝廷。

韩侂胄调兵遣将、准备重新开战时，他根本不知道，已经有三双眼睛瞄上自己了。

这三个人，就是杨皇后、太子赵曮，以及群臣的代表——帝师史弥远。

为了打击韩侂胄，让自己更上一层楼，史弥远利用给太子赵曮讲课的机会，痛骂韩侂胄轻易起兵，陷万民于水火之中，史弥远更是告诉太子："韩侂胄不死，天下无法太平！"

听完老师慷慨激昂的演讲，太子很是激动，他去找宋宁宗，要求杀了韩侂胄，最不济，也要把他罢官流放，才能安定天下。

宋宁宗是一个信奉多一事不如少一事的皇帝，他的脑袋也不好使。听完太子的谏言后，宋宁宗什么表示也没有。

见无法说服父皇，太子只能郁闷地离开，但他并没有回家，而是转了一个弯，去找杨皇后了。他希望她出马，继续去说服父皇。

对于太子的请求，杨皇后想都没想就同意了。毕竟，她也跟韩侂胄有仇，这个女人也一直想把韩侂胄拉下马。于是，杨皇后进入皇宫，开始哭哭啼啼地给宋宁宗"上眼药水"了。

这个世界上最厉害的风，不是暴风，而是"枕边风"；最厉害的雨，不是暴雨，而是"梨花带雨"。在这种温柔细语和柔情带泪的双重攻击下，精明强大的韩侂胄都扛不住，何况弱智无能的宋宁宗。

就这样，在杨皇后、赵曮、史弥远等人的劝说下，宋宁宗终于颁布了一道圣旨——罢免韩侂胄的官职，发配地方，轰出朝廷。

得到这封罢免韩侂胄的圣旨后，杨皇后、史弥远等人反而犹豫了，他们不敢颁布这道圣旨，让韩侂胄知道此事。

毕竟，韩侂胄权倾朝野、爪牙遍布朝廷，若贸然下手，万一遭到了韩侂胄的反击，就得不偿失了。因此，必须想一个万全之策。

殊不知，在商量期间，出事了。

原来，史弥远不敢把这封诏书公开宣布，他曾找自己的亲信问他们对策。结果，开完会后，一个亲信竟然是"大喇叭"，他直言不讳地对别人道："数日之后，耳目当一新矣！"

朝廷的这群人，虽治国不足，但搞阴谋全都绰绰有余。一听这话，群臣立刻就明白是怎么回事了。

得知有好戏看后，群臣全都热闹了。大家奔走相告，准备站好队，赌谁赢谁输。

后来，由于这个动静太大了，韩侂胄知道了这件事，他找来亲信李壁，问道："听说有人欲变局，相公可知否？"

一听这话，李壁立刻说了一堆好话，说根本没有这回事，太师如日中天，谁敢造次？哪有人敢这样做？这根本就是螳臂当车、主动找死等，他还顺便拍了一通韩侂胄的马屁。

被拍了一通后，韩侂胄很是舒服，也放松了警惕。然而，韩侂胄根本不知道，他的这个亲信早就反水了！李壁早就拜了史弥远的码头，成了他的亲信，也成为陷害韩侂胄的主要人员之一。

没有办法，韩侂胄这种人，结交的肯定都是小人。而对于小人，左右逢源才是他们的生存之道。而且在朋友倒霉时，他们也会十分忠诚地遵循自己的基本原则——落井下石，不砸死你不罢休！

这个李壁，是这种人。下面出场的张镃，也是一路货色。

得知韩侂胄察觉到有人要造反后，史弥远慌了。他找来原韩侂胄的亲信张镃，问其对策。

这个张镃，是南宋"名将"张俊的曾孙，他完全继承了家族的秉性，也是一个小人！昔日，为了巴结韩侂胄，他不惜把侄女嫁给韩侂胄的亲信，以达到联姻的目的。

据说，张镃的侄女出嫁时曾大哭大闹道："叔叔要做好官，为何要牺牲我？您勤政爱民、努力工作，不就行了？"

张镃大怒道："你一个妇道人家，懂啥？牺牲你一个，幸福全家，甭废话，赶紧嫁！"

当然，因为是小人，张镃也精通左右逢源的本领，他见韩侂胄即将失势，立刻拜了史弥远的码头，并准备用前主子的首级来博取新主子的欢心。

当时，听完史弥远的问题后，张镃觉得立功的机会来了，他直言不讳道："势不两立，不如杀之，永绝后患！"

一听这话，史弥远大吃一惊，随后大喜道："真乃将种也，吾计决矣！"

就这样，在张镃的谏言下，史弥远终于拔出了刀，准备"见血"了。而张镃也很是高兴，认为自己立了大功，可以成为史弥远的亲信，继续享受荣华富贵了。

张镃根本不知道，史弥远手中的这把刀，除了会斩杀韩侂胄，也会将他斩杀。因为，在史弥远的眼中，这种卖主求荣的小人，根本不能留！

这不，韩侂胄惨死后，仅仅过了半个月，史弥远就以“立朝则猥贱无耻，居家则渎乱朋淫”的罪名，把张镃轰出朝廷，发配到象州（今广西象州）羁管。在那个蛮荒之地，张镃仅仅生活了一年就愤恨而终了。

不用同情张镃，这是他应得的结果。毕竟，背叛了别人的人，终将被别人背叛。这是张镃应得的结果，怨不得他人。

诛杀韩侂胄

“吾计决矣”后，史弥远立刻找来亲信们，共商诛杀计划。最终，大家商量出一个可行的计划——次日早朝时，让殿帅夏震去拦截韩侂胄的马车，把他挟持到玉津园，然后杀之！

主意已定，大家各自散去，养精蓄锐，准备第二天大干一场。

可惜的是，寇准的故事告诉我们，一个晚上，可以干很多的事。毕竟，这天底下没有不透风的墙。

史弥远等人商量时，韩侂胄正在给三夫人过生日呢。他玩得很开心，宴会也开了很久，都五更天了也没有散去的意思。

当时，张镃全程陪同，监视着韩侂胄的一举一动。结果，在宴会期间，一个家丁突然闯了进来，他呈上了一份书信就神情慌张地离开了。

见此情景，张镃吓出一身冷汗，因为他知道，家丁无故闯门，肯定是有十万火急的大事。谋杀韩侂胄的事情，估计“东窗事发”了。

事实正是如此。

看完了这篇书信后，韩侂胄大怒道：“周筠告诉我，有人要对我下手了！让我明天早上不要去上朝！”

一听这话，张镃脑袋嗡了一下，差点晕倒了。周筠是韩侂胄的贴身死党，且一直效忠他，谋杀的事情让他知道了，自己就死无葬身之地了。若韩侂胄听从他的意见，不去上朝的话，也就真的没法下手了。这样一来，不出数日，韩侂胄就会全线反击，朝廷也真的“耳目一新”了。

正当张镃玩命想对策时，韩侂胄的下一个举动，又让他大吃一惊了。

原来，说完这些话后，韩侂胄喝了一口酒，继续大骂道：“老子位高权重，谁敢害我？这个白痴又在胡说八道了。”说完，韩侂胄把那封信扔在火堆里，直接烧掉了。

天意，真是天意！

看来，韩侂胄气数已尽，竟然选择了“主动找死”，那就怪不得别人了。

第二天，韩侂胄高高兴兴上朝了。这次上朝，也是他最后一次上朝。

其实，韩侂胄上朝期间，还有一次机会能够拯救自己。

当时，韩侂胄的车马刚刚出门，周筠就气喘吁吁跑来，他抱住韩侂胄的车大喊道：“有人要杀太师，太师不可上朝、不可上朝呀！”

对于这个建议，韩侂胄根本不信，他大怒道：“不可胡说，谁敢杀我！”说罢，韩侂胄命人拉走周筠，头也不回地上朝了。周筠无计可施，只能跪在地上嗷嗷大哭。

韩侂胄的车马来到六部桥后，等候已久的人现身了——殿帅夏震大吼一声，拦住了韩侂胄的马车。

无故被拦，韩侂胄很是愤怒，他走出来大喊道：“何人如此大胆，敢拦我的车马？”

夏震拿出那份早就写好的圣旨，大喊道：“皇上有旨，韩侂胄手握重兵，轻起事端，擅开战事，使数万百姓生灵涂炭，罪无可恕。今罢免其平章军国事一职，发配地方，不得停留！”

韩侂胄彻底傻了！他万万没有想到，宋宁宗竟然背着他颁布了一道圣旨，罢免了他所有的官职，还让他第一时间出京。

这个昔日唯我独尊的韩侂胄，彻底𡒄了，他灰溜溜地在夏震的“安排”下，被押到玉津园。韩侂胄见情况不妙，为了保命，跪在地上玩命求饶，请求夏震放过自己。

韩侂胄还表示，只要夏震放过自己，金银美女，荣华富贵，他想要啥就有啥。

然而，夏震微笑地拿出一个铁锤（也有说铁鞭），照着韩侂胄的下体，狠狠地砸了过去……

开禧三年（1207 年），在玉津园内，韩侂胄死于下体爆裂，享年 55 岁。

一代枭雄，居然以这样的结局而告终，真是让人唏嘘。纵观二十四史，这种死法貌似还没有发现第二人。

其实，夏震之所以攻击韩侂胄的下体，不是他非常残忍，而是有缘故。

据说，韩侂胄早就知道有人偷袭（见后），所以他浑身包裹软甲，只有下体没有包裹，夏震也只能从那里下手了。

这里说一个小花絮，有史料记载，诛杀韩侂胄，是在宋宁宗不知情的情况下进行的。但也有史料记载，诛杀韩侂胄，宋宁宗是知道此事的，他也阻止了，但他没有阻止成功。

《宋史·杨皇后传》记载，韩侂胄死后整整三天，宋光宗竟然不知道这件事，他还以为韩侂胄是请假，暂时不来上朝了。若不是其他大臣禀报了此事，宋宁宗都不知道韩侂胄已经死了。

从这条史料可知，宋宁宗不知道杀韩之事。

然而《四朝闻见录》则记载，宋宁宗知道有人要杀韩侂胄后，他实在不忍心，就颁布了一道圣旨派人去救。这时，杨皇后不仅不让皇帝去救，还用自己的生命威胁皇帝。最终，宋宁宗“收泪而止”，便不再去救韩侂胄了。

可见，这条史料明确指出，宋宁宗知道杀韩之事。他还想去救人，只是在杨皇后的阻挠下放弃了。

综上所述，在“杀韩”这件事上，宋宁宗到底是知道还是不知道，已经不得而知了。当然，这也不重要了。不管皇帝知不知道这件事情，韩侂胄都死了。

其实，大家可能不知道的是，韩侂胄有可能改变这个结局。

根据罗大经的《鹤林玉露》记载，韩侂胄大权独揽时，曾问一心腹：“我现在执掌国政，无人能敌。不知道外面之人，是如何评价老夫的？”

心腹愁眉不展道：“平章家族已经危若累卵了，还有什么好说的？”

韩侂胄愕然，问其原因。心腹慢慢回答道：说如今，册立皇后，不是您的推荐，皇后肯定怨恨您；册立太子，您也没出力，太子肯定怨恨您；排除异己，开启党争，士大夫们肯定怨恨您；贸然开战，数万士兵尸横遍野，孤儿寡母无人照顾，三军将士肯定怨恨您；金人入侵，边境百姓流离失所，苦不堪言，内地百姓增加赋税，供应前线，天下百姓肯定怨恨您。您看，这么多人一起怨恨您，您以一己之身，怎么能担起这么多的怨气呢？您未来的下场，还需要我说吗？”

听完心腹的分析，韩侂胄吓出一身冷汗，他赶紧向心腹讨教脱困之法。

心腹想了半天，慢慢道：“为今之计，仅有一策可行。皇帝并不贪恋君位，您可以上奏皇帝，请求把皇位传给太子，他去当太上皇。这样一来，太子登基，肯定对您感激不尽。即使皇后有怨言，她也变成了皇太后，对您也无能为力。然后，您辅佐新君，唯才是举，重振朝纲。再派遣使者与金国议和，消除兵祸，以安边民。您犒赏三军、减少赋税，以得民心。最终，您提拔优秀人才，把相位传给他，自己乞身告老，回归山林。这样一来，天下百姓都会念您的好，您也能转危为安，易祸为福，颐养天年了。”

不得不说，这个心腹的分析确实高超。若韩侂胄依计而行，他真的可能善始善终。然而，在想了半天后，韩侂胄还是拒绝了这个建议，他不愿意放弃手中的权力。

自古以来，在中国历史上，主动放弃权力的例子，真是少之又少。

“功成名就”这四个字，固然是一个圆满的结局，但是又有几个人，能做到全身而退呢？

用权而不恋权，到位而不越位，这其中的取舍与进退，确实耐人寻味。

就这样，伴随着“首祸”韩侂胄的惨死，宋金终于可以坐下来谈判了。

嘉定和议

经过了数月的谈判，嘉定元年（1208 年）九月，宋金双方终于签署了一个新的和平条约。因为这个合约是在嘉定年间签署的，所以史称“嘉定和议”。

条约的内容如下：

第一，宋金之间的称呼，由原来的“侄叔”之称改为“侄伯”之称。从此以后，金国成了宋朝的“大伯”，也可以称为“大爷”。金人可以骄傲地对宋人道：“我是你大爷！”

第二，宋朝每年支付给金国的岁币，由原来的二十万匹两，增加为银三十万两、绢三十万匹。另外，宋朝需再支付白银三百万两，作为金国“犒军”之用。

第三，宋朝将主谋韩侂胄的首级献给金国。

第四，双方宣布停战，金国放弃新占领的大散关、濠州等地，宋金边界线维持在战前状态。

至此，伴随着和约的缔结，宋金的这场战争正式结束。而伴随着这个“嘉定和议”的出炉，宋朝在“绍兴和议”“隆兴和议”后，又签署了第三个不平等条约，这个国家又“忍辱负重”了一次，宋朝只能继续韬光养晦、卧薪尝胆了。

其实，对于宋朝而言，正所谓虱子多了不咬，耻辱多了不怕，宋朝这么一而再、再而三地签署耻辱和约后，反而释怀了很多。

“嘉定和议”签署后，宋宁宗竟然将这个和约昭告天下，他还骄傲地告诉世人：“从此以后，天下再无战事，咱们可以安享太平了！”

宋朝开始普天同庆，所有议和的官员，都得到了升迁。然而，在这个“天下皆疯”的局面下，唯独兵部尚书倪思非常冷静，他上疏朝廷，痛骂这种行径。

倪思道：“昔日，签署澶渊之盟后，天子捷而班师，却颁布罪己诏，各级官员也都受到了惩罚。如今，咱们签署了一个耻辱条约，却普天同庆，还要论功行赏，这是什么道理？”

是的，这是一个什么道理！试问诸位，你们还有没有一点廉耻之心！

虽然倪思说得合情合理，但在这个疯狂局面下，他的话却如石沉大海一样。宋朝君臣依旧该玩玩、该乐乐，狂欢不已。

宋朝在普天同庆地狂欢，对面的金国也是一个德行。

他们打赢了一场胜仗，得到了丰厚的赔偿金，还成了宋朝的“大爷”。这太让金国君臣高兴了。

在宴会时，高兴的金章宗一边喝酒，一边问右司郎中王维翰道：“宋人这次和谈后，不会再败盟了吧？”

王维翰道：“不会了。南朝刚刚经历战争，经济萧条，已经无力再战。宋主怠于政事，手下又无良将，无法发动战争。而且，南朝看见韩侂胄的下场后，再无人敢轻易挑起战端。从此以后，南方无忧也。”

一听这话，金章宗高兴地喝了一杯酒，哈哈大笑道：“从此以后，南方无忧矣。”

“不过……”王维翰继续道，“虽然南方无忧也，但北方的威胁正与日俱增，望陛下思虑！”

是的，王维翰不愧为一位深谋远虑的大臣，他说的话一点儿也没错。

在宋金两国殊死搏斗的1206年，除了“开禧北伐”这件事外，历史上还发生了另一件事。对比此事，“开禧北伐”完全就是个小儿科。

因为，这件事件永载于史册，并彻底改变这个世界！

就在1206年，在宋金的更北面，在大漠深处，一个男人完成了对蒙古诸部的统一。他建立了一个强大的蒙古帝国，被蒙古诸族族长推举为“拥有四方海洋”的汗。

这个男人，叫作铁木真。

这个汗，就是那个伟大的成吉思汗。

从1206年开始，一个强大的蒙古帝国逐渐崛起。伴随它的崛起，不管是西辽、西夏，还是金国、南宋，抑或是欧洲一些国家，都将在蒙古铁骑的面前瑟瑟发抖。这个蒙古帝国也将撼动整个世界，并建立一个人类历史上拥有最大版图的国家。

1206年，一个神奇的年份。

从这一年开始，宋金两国开始了倒计时……可怜的宋金君臣，还在继续狂欢。

开心吧，疯狂吧……请你们携起手来，一起迎接这最后的时代。

尾声 这个时代的最后一个人

1162年，刘锜病逝，享年65岁。

1164年，张浚病逝，享年68岁。

1167年，吴璘病逝，享年66岁。

1174年，虞允文病逝，享年65岁。

1177年，李显忠病逝，享年69岁。

1187年，宋高宗病逝，享年81岁。

1194年，宋孝宗病逝，享年68岁；史浩病逝，享年89岁；陈亮病逝，享年52岁。

1196年，赵汝愚病逝，享年57岁。

1197年，吴太皇太后病逝，享年83岁。

1200年，宋光宗病逝，享年54岁；李凤娘病逝，享年57岁；朱熹病逝，享年71岁。

1207年，吴曦被杀，享年46岁；辛弃疾病逝，享年68岁；韩侂胄惨死，享年56岁。

上述这些人，是共同创造这个时代的人，没有他们，这个时代也不会如此璀璨夺目。

然而，再宏伟优美的音乐会，也有曲尽人散的那一刻，伴随着这些人的先后病逝或被杀，这个时代也即将落下大幕。

最终，伴随着那个人的黯然病逝，这个时代被画上了一个略显忧愁的句号。

这个人，就是经历了宋徽宗、宋钦宗、宋高宗、宋孝宗、宋光宗、宋宁宗六朝的陆游。

陆游的这一生，生于忧患、死于忧患，他一生坎坷，简直没有一件顺心事。科举考试，被秦桧算计，名落孙山；参与朝政，被史浩算计，黯然下岗；好不容易参军从武，却仅仅辉煌了八个月，就销声匿迹。晚年的政治生涯，更是在“颓放”的问题上大起大落，最终致仕。退出江湖、归隐山林二十余年，本以为可以安享晚年了，却因为韩侂胄这个奸臣，导致“身败名裂”，还得到了人生最大一个污点。

韩侂胄死后，朝廷开始秋后算账，他们打算严惩陆游这个趋炎附势的小人。但问题是，陆游已经是一个八十多岁的垂暮老人了，他一无钱，二无官，你还能惩罚他什么呢？

有的是办法的朝廷颁布了一道圣旨，下令取消陆游的退休金，把他彻底清出官场。

无权无势、无官无职，连最后一点微薄的退休金也被剥夺了，陆游这一生，真是干净了！

虽然混到了人生的最谷底，但陆游却并不在意。毕竟，年迈的他早已看透人生。

只是他的这一生，还有一个未了的遗憾，那就是祖国统一、华夏一统。否则陆游在九泉之下，也不能瞑目！

嘉定三年（1210 年），那个分别的时刻，终于到了。

从这一年的秋天开始，陆游重病缠身、卧床不起。入冬后，更是病情严重，无力回天。到十二月二十九日，陆游再也坚持不住了，他回归天地，享年 85 岁。

对比辛弃疾临死前的大声疾呼，陆游面对死亡时要平静得多，他只是赋诗一首，以表自己最后的心愿。

这就是陆游的绝唱——《示儿》：

死去元知万事空，但悲不见九州同。
王师北定中原日，家祭无忘告乃翁。

这是一个热爱祖国的老者，最后的遗言……

至此，陆游走完了自己的一生，他带着遗憾、带着未了的愿望，去[illegible]个世界了。

好吧，就让我们加快时间的脚步，让陆游看一下未来的世界吧。

时间推进到1234年，这是陆游死后24年。

这一年，金国为蒙古所灭，陆游一生中最痛恨的仇敌，终于不复存在了。

高兴吗？高兴！开心吗？开心！

别急，继续往下看。

时间推进到1279年，这是陆游死后69年。

这一年，蒙古大军败南宋于广东崖山，南宋王朝彻底灭亡。陆游一生最热爱的国家，也灰飞烟灭了。

在这个亡国之际，陆游的孙子陆元廷，为抗敌奔走呼号，积劳成疾而死；曾孙陆传义，与敌人势不两立，崖山兵败后绝食而亡；玄孙陆天骐，在崖山一战中宁死不屈，投海自尽。满门忠烈，全家义士！

好吧，俱往矣，不要再打扰圣贤的亡灵了，还是让陆游休息吧。伴随着陆游的逝去，我们结束了“一部陆游传，半部南宋史”的旅程。

陆游死后，仅仅不到70年，南宋王朝就灭亡了，在这最后的70年里，南宋王朝又将出现哪些波澜壮阔、跌宕起伏的故事呢？它又是怎么灭亡的呢？

关于这些南宋王朝最后的故事，下一卷继续。